西部农村居民消费潜能释放研究

王君萍 等 著

A STUDY ON THE LIVING
CONSUMPTION POTENTIAL OF
RURAL RESIDENTS IN WESTERN CHINA

人民出版社

目　录

第一章　绪　论

2017 年 10 月 18 日，习近平总书记在党的十九大报告中指出："增进民生福祉是中国经济发展的根本目的，让改革发展成果更公平惠及全体人民。保障和改善民生要抓住人们最关心最直接最现实的利益问题，坚持在经济增长的同时，实现居民收入同步增长，在劳动生产率提高的同时实现劳动报酬同步提高。"20 世纪 90 年代以来，我国政府致力于提升农村居民的消费水平，从新农村建设（2005 年）、减征农业税（2006 年）到家电下乡（2008 年）、汽车下乡（2009 年）再到实施新型农村合作医疗改革（2010 年），以上政策虽然促进了农村居民消费水平的较快提升，但与城镇居民和政府的消费规模相比，农村居民在三大主体的消费占比持续下降。受城市发展空间的限制和房地产"限购限贷"政策的出台，城市居民以住、行为主的消费结构升级进入到一个新的调整时期。对于中国经济发展较为落后的西部农村地区而言，在外部需求减少和内部劳动力等要素成本快速提升的背景下，研究提升西部地区农村居民的消费能力、提升消费意愿并释放其消费潜能，对于统筹西部地区城乡发展、化解过剩产能以及培育消费市场极具现实意义。

第一节　研究背景与意义

《中共中央　国务院关于 2009 年促进农业稳定发展农民持续增收的若干意见》指出，"扩大国内需求，最大潜力在农村"。此后，农村居民消费潜能成为国内学界研究的热点问题。对于西部地区农村居民而言，虽然其收入水平得到大幅提高，但其消费水平的增长幅度、消费规模的省域差异、消费结构的优化升级以及消费潜能的具体释放依然存在较大的研究价值。鉴于此，本书尝试系统性地分析西部地区农村居民消费潜能的规模预测、分布结构、释放制约因素和解决对策。

一、研究背景

（一）西部城镇化进程加快但农村居民人数仍占相当比例

2017年，受经济结构调整、人口老龄化加剧、内生增长动力不足等因素影响，我国GDP增速仅为6.9%，创25年来新低[①]。党的十八大报告指出，未来20年中国经济发展的动力来源于城镇化。从图1-1不难发现，中华人民共和国成立后，中国城镇化率仅为10%，进入20世纪90年代后，中国城镇化的进程开始加快，截至2018年年底，中国城镇化率已达到59.58%[②]。对于我国西部地区而言，2017年的城镇化率仅达到51.56%，明显落后于全国平均水平，因此，农村居民依然占有相当比例。需要指出的是，发达国家的城镇化率为80%，发展中国家为60%。可以看出，中国城镇化率虽然已超过世界平均水平，但仍然与发达国家的城镇化率存在一定差距，说明中国城镇化率依然有较大的提升空间。与"村庄—集市—集镇—城镇—城市"的传统城镇化演化模式不同，我国城镇化的发展路径是以城市为中心向周边扩张，在这种"由内向外"扩张的模式下，农村剩余劳动力就构成近30年城镇化的增量主体。

2017年，与中国城镇化58.52%的比例相比，西部地区城镇化率仅为51.6%，比全国均值落后6.96个百分点。在西部地区12个省份中，仅有重庆市和内蒙古自治区的城镇化率超过全国平均水平，宁夏自治区和陕西省的城镇化率与全国平均水平相当，其余8个省份的城镇化率都明显低于全国平均水平。其中，西藏城镇化率仅有30.9%，贵州、甘肃和云南三省的城镇化率仅达到46%左右，如表1-1所示。不难发现，西部地区城镇化率虽然近年来提升

---

① 国家统计局：《2017年经济运行稳中向好、好于预期》，2018年1月18日，见 http://www.stats.gov.cn/tjsj/zxfb/201801/t20180118_ 1574917.html。

② 国家统计局：《城镇化水平不断提升 城市发展阔步前进——新中国成立70周年经济社会发展成就系列报告之十七》，2019年8月15日，见 http://www.stats.gov.cn/tjsj/zxfb/201908/t20190815_ 1691416.html。

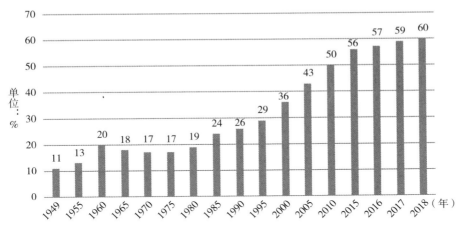

图 1-1　1949—2018 年中国城镇化率变化轨迹图

数据来源：2018 年数据来自统计公报，其余年份数据根据《中国统计年鉴 2018》相关数据整理而得。

较快，但农村居民人口仍然占据接近一半的比重。因此，研究西部地区农村居民消费就具有重要的现实意义。

表 1-1　2017 年西部地区省份城镇化率对比

单位：%

省份	西藏	贵州	甘肃	云南	广西	新疆	四川	青海	陕西	宁夏	内蒙古	重庆	西部地区
城镇化率	30.9	46.0	46.4	46.7	49.2	49.4	50.8	53.0	56.8	58.0	62.0	64.1	51.6

数据来源：根据《中国统计年鉴 2018》相关数据整理而得。

（二）消费率偏低且消费贡献率提升空间较大

早在 2011 年，我国工业总产值已超过美国位居全球首位。与强大生产能力形成对比的是，我国居民较为虚弱的消费能力。自改革开放以来，中国消费率一直处于 60% 上下，近十年来消费率始终在 50% 左右徘徊。与消费率的缓慢下降不同，消费对经济增长的贡献率自改革开放后波动较为显著，从 20 世纪 90 年代初期的 91.2% 到 90 年代中期的 46.2%，再到近年来的 60% 左右。据国家统计局网站数据显示，2018 年中国消费对经济增长的贡献率达到 76.2%，比 2017 年提高 18.6 个百分点，消费作为经济增长的主动力作用进一步巩固[①]。即使如此，中国消费贡献率仍低于世界 78% 的平均水平。从上述分析不难得知，我国是一个生产大国，但并非消费大国，消费率偏低而且消费贡献率还有较大的提升空间。

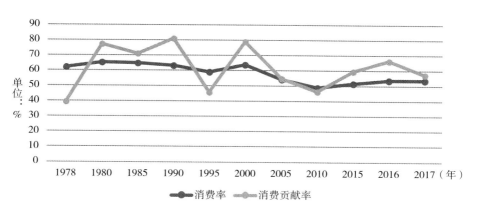

图 1-2 1978—2017 年中国最终消费率及消费贡献率变化轨迹图

数据来源：根据《中国统计年鉴 2018》相关数据整理而得。

中国政府在 1998 年首次提出"扩大内需"这一政策，试图发挥国内市场潜力。刺激国内需求一般包括两种途径，即刺激国内投资需求和刺激居民消费需求。过去 20 年以来，中国经济的高速增长更多地依赖于大规模的政府投资，这种政府主导下的投资驱动经济增长模式已带来通货膨胀等一系列问题，显然不具备可持续发展性，最终经济增长应该回归到依赖居民消费的路径上来。由图 1-2 不难发现，自改革开放以来，消费贡献率波动较大，处于 60%—80% 的水平，2010 年后消费贡献率下降到 50% 左右。令人欣慰的是，消费贡献率近两年来有所提升，继 2017 年最终消费支出对 GDP 贡献率达到 58.8% 之后，2018 年前三季度，最终消费支出的贡献率高达 78%，已成为促进中国经济增长的第一驱动力。

（三）西部地区农村居民的消费地位显著下降

在国内消费率下降的同时，与城镇居民和政府消费相比，农村居民的消费

---

① 中国贸促会研究院：《2018 年中国消费市场发展报告》，见 http://www.ccpit-academy. org/Contents/Channel_ 4117/2018/0223/967748/content_967748.htm。

地位显著下降。由表1-2发现，在三大消费主体的消费比例中，农村居民消费支出占比由1978年的48.8%下降到16.3%，与其形成鲜明对比的是，城镇居民消费占比的稳步提升，即由1978年的29.8%增长至2017年的57.1%，城乡居民消费主体的地位发生互换。相对城乡居民消费而言，政府消费支出占比一直比较稳定，近40年来处于23%左右的水平。通过上述分析不难得知，农村居民消费地位的显著下降致使城乡消费差距迅速拉大，给刺激消费需求带来很大挑战。

表1-2　1978—2017年中国三大消费主体消费规模占比

单位：%

年份	1978	1985	1990	1995	2000	2005	2010	2014	2015	2016	2017
农村居民消费	48.8	46.9	38.8	30.6	24.6	19.6	16.5	16.6	15.7	16.1	16.3
城镇居民消费	29.8	31.4	39.4	46.5	49.9	53.7	56.0	57.2	57.2	57.3	57.1
政府消费	21.4	21.7	21.8	22.8	25.5	26.7	27.5	25.2	27.1	26.6	26.6

数据来源：根据《中国统计年鉴2018》相关数据整理而得。

从表1-3不难得知，2017年，中国西部地区农村居民人口规模为1.82亿人，农村居民的消费规模达到19203.4亿元，占全国城乡居民消费总规模31.75万亿元的6.05%。与2004年相比，西部地区农村居民消费规模占全国城乡居民消费总规模的比例下降了6.09个百分点，也与其占全国12.95%的人口比例不符；进一步来看，占西部地区人口48.9%的农村居民，其消费规模仅占西部地区居民消费的28.71%。由此可见，西部地区农村居民的消费地位下降明显。

表1-3　2017年西部地区城乡居民人口及消费规模对比

省份	城镇人口（万）	农村人口（万）	农村人口比重（%）	农村消费（亿元）	城镇消费（亿元）
内蒙古	1568	961	38.0	1374.8	4660.9
广西	2404	2481	50.8	2325.0	5522.1

省份	城镇人口 （万）	农村人口 （万）	农村人口比重 （%）	农村消费 （亿元）	城镇消费 （亿元）
重庆	1971	1105	35.9	1181.3	5838.4
四川	4217	4085	49.2	5323.1	9518.1
贵州	1648	1932	54.0	1935.2	3897.4
云南	2241	2559	53.3	2334.8	5265.0
西藏	104	233	69.1	155.5	215.0
陕西	2178	1657	43.2	1649.6	5419.1
甘肃	1218	1408	53.6	1054.3	2664.0
青海	317	281	47.0	337.0	736.9
宁夏	395	287	42.1	347.6	1080.9
新疆	1207	1238	50.6	1185.2	2867.2
西部地区	19468	18227	48.9	19203.4	47684.8

数据来源：根据《中国统计年鉴 2018》相关数据整理而得。

（四）西部地区农村居民有望实现"收入倍增"

2012 年 11 月，党的十八大报告首次提出，2020 年实现国内生产总值和城乡居民人均收入比 2010 年翻一番。收入倍增计划中，其主体多为低收入群体，收入则为可支配收入。2017 年，我国西部地区农村居民人均可支配收入为 10790.4 元，人均生活消费 9604.2 元，消费收入比为 89%。由表 1-4 不难发现，无论是收入还是消费水平，西部地区农村居民与全国平均水平有着较大差距，更不用说与东部地区农村居民相比。需要指出的是，西部地区农村居民的消费收入比显著高于全国平均水平。因此，在 2020 年西部地区农村居民人均可支配收入进一步增长的背景下[①]，西部地区农村居民的人均生活消费能否翻一番，西部地区农村居民人均消费潜能水平有多大，省域消费潜能规模差异以及消费潜能释放的结构差异等，无疑具有重要的研究价值。

---

① 据《中国统计年鉴 2016》数据显示，2015 年中国西部地区农村居民人均可支配收入已经达到 9093.4 元，在不考虑通货膨胀的情况下，西部地区农村居民 2020 年收入倍增的计划已经提前 5 年实现。

表 1-4　2017 年农村居民消费收入比的区域比较

	人均可支配收入（元）	人均生活消费（元）	消费收入比（%）
西部地区	10790.4	9604.2	89.0
全国平均	13432.4	10954.5	81.6
东部地区	16911.2	13101.8	77.5

数据来源：根据《中国统计年鉴 2018》相关数据统计整理而得。

（五）西部地区农村产品生产的供给侧改革

2011 年以后，我国经济告别两位数增长状态，进入潜在增长率"下台阶"的新阶段。在"新常态"的宏观背景下，投资尤其是政府主导投资的收益率持续下降，而国外需求低迷且不确定性明显导致出口进一步萎缩，中国经济增长面临转型。此外，在国内消费需求方面，住房、汽车与家电等大宗商品已走完阶梯式消费历程，正在逐步向多元化与个性化转化，结构性的优化已成为经济成长的新支撑。因此，要转变国内经济发展模式，提升居民消费率，就有必要从供给侧改革入手，放松供给约束，真正将居民消费潜力转化为经济发展动力。

二、研究意义

（一）完善居民消费理论为政府刺激内需提供理论支撑

当前我国居民消费研究多停留在对经典消费函数的应用和验证方面，研究范式单一。由于我国与西方在消费主体、发展阶段、消费文化以及市场发育等方面存在着较大差异，因此，在将西方消费函数理论应用到中国农村居民消费研究中，会不可避免产生"水土不服"等问题。2017 年，中国西部地区农村居民人口规模仍然高达 1.82 亿，西部地区城镇化率仅达到 51.7%。在当前国内城镇居民消费升级受阻和多数行业产能过剩的背景下，城镇化引发的西部地区农村变迁、进城务工人员带来的消费主体迁徙、移动互联网普及引发的消费工具革新和信息全球化导致的消费行为转型，研究以上因素对西部地区农村居民消费潜能释放的影响，既可在理论上完善国内居民消费理论研究，又可为统筹西部地区城乡发展、培育消费热点、优化消费结构和促进城乡一体化等政府相关决策提供理论支撑。

（二）增加农村居民消费以推动经济增长方式转型

与我国东部地区不同，西部地区由于资源禀赋差异和市场经济意识淡薄，经济增长对于投资的依赖更为严重，表现为消费和出口对西部地区农村经济增长的贡献微乎其微，而投资驱动尤其是政府投资已成为该地区经济增长的主要方式。因此，系统性地了解西部地区农村居民消费水平、规模及结构，并以调研数据为基础，对西部地区农村居民消费潜能的规模、内部差异和消费热点展开研究，具体到 2022 年"收入倍增"后，西部地区农村居民收入对其消费结构影响的实物消费量进行预测，从而量度其消费潜能。最终为西部地区经济社会的持续快速发展，寻找新的增长点和发展动力，在当前国内出口受阻、内需启动不足以及经济增长转型缓慢的背景下，无疑具有较大的研究价值。

（三）缩小区域发展差距以统筹西部地区城乡发展

中华人民共和国成立后，我国采取了"以农补工、以乡保城"经济发展模式，城乡隔离的户籍制度及城市的排他性福利制度，这些都导致了中国城乡劳动力的固化，最终形成了城镇与乡村独立循环的城乡二元结构。改革开放后中国经济的"非均衡"增长模式日益凸显，邓小平指出的"让一部分人先富起来，先富带动后富"，体现东部、中部、西部地区梯度开放发展策略，最终导致不同地区居民的收入差距与消费差距快速拉大，而西部地区城乡居民的收入差距尤其悬殊，这已经对西部地区经济的可持续发展产生不利影响。未来城镇化有望成为中国进一步发展的主要动力，进城务工人员已成为城镇化的主要增量，而进城务工人员由于其收入水平的快速提升和消费观念的迅速城市化，终将有利于提升西部地区农村居民的消费能力和提升其消费倾向。因此，通过提升西部地区农村居民收入水平进而释放其消费潜能，有利于缩小西部地区城乡差距和区域差距，真正实现西部农村地区经济社会的可持续发展。

（四）为企业生产满足西部地区农村居民需求的产品提供决策依据

中国多数企业生产商品存在典型的"城市倾向"和"东部倾向"，即多数商品和服务的生产与提供是以满足城市居民消费需求为主。当前，我国多数企业对西部地区农村居民的需求了解很少，不能提供真正适合农村居民需求的产品。因此，在厘清西部地区农村居民消费特征的基础上，针对其消费行为和消费结构等不同需求特征，通过不同区域农村间、西部地区城乡间及西部地区农村内部不同收入等级间差异比较，准确把握西部地区农村居民收入对其消费结构影响的规律及特点。尤为重要的是，通过有效的调研活动，对西部地区农村居民消费潜能规模和结构展开预测，有针对性地从农村居民消费结构升级和产业结构调整视角，设计出满足西部地区农村居民消费潜能释放的配套政策，有望为企业生产适销对路的产品提供决策、参考依据。

第二节　农村居民消费潜能研究综述

自 20 世纪 90 年代以来，随着我国"三农"问题的日益凸显，部分国内学者开始关注农村消费研究。起初，国内研究更聚焦于农村居民的消费能力提升问题，林毅夫（1994）认为，80 年代中后期，西部地区农村的收入增长陷入停滞，而基础设施不足更是限制了其消费意愿的提升，因而提出加大财政支农力度，以推进农村公共基础设施建设的对策。[1] 张平（1998）指出，乡镇企业的不同发展轨迹是决定中国不同区域农村居民收入差距的根本性因素。[2] 近年来，农村居民消费潜能引发了更多学者的兴趣，相关研究围绕以下内容展开。

一、消费潜能概念的提出与完善

消费潜能的界定需要对消费需要这一概念进行简单回顾。西方学者中，马克思、马斯洛对于消费需要的分类以及分层都有大量阐述，在此不再重复论述。国内学者中，对于消费需要论述的代表性学者有尹世杰（1981），文启湘、高觉民（1999）以及卢嘉瑞（1994）等人，他们的研究表明，满足消费需求的途径包括：提高居民收入、改善消费环境、增加有效供给及完善社会保障等方面。[3-5] 此外，尹世杰强调了消费信贷、消费力、消费教育及消费权益保护对消费满足的作用。虽然上述学者的研究更多停留在理论分析层面，但其为我们研究消费潜能奠定了较好的理论基础。

国内多数学者认为，中国农村居民消费潜力巨大，高达数亿的农村居民蕴含着较大的消费潜能。但对于消费潜能定义展开研究的学者屈指可数，多数学者只是泛泛而谈，缺乏对消费潜能这一概念的清晰界定。国内学者中，黄娟（2011，2014）在这一方向的研究具有一定代表性。她指出，西方经典消费理论虽从宏观上论述了消费不足产生的原因，但忽视了微观消费个体即人的研究。她认为只有厘清人性需要的内涵及本质，才能真正开发居民消费潜力。[6]因而她提出从人的微观生理及心理感官特性的研究视角，试图通过人"需要什么"和"需要多少"来论证消费潜力的质与量。[7]此外，黄娟还通过理论消费水平与居民实际消费支出之差来计算消费潜力。[8]客观地讲，黄娟的研究虽然存在概念界定不清以及数据支撑不够等缺陷，但依然为我们提供了一定的借鉴和参考。

二、消费潜能释放的制约因素分析

随着中国消费率的快速提升，消费对经济增长的贡献愈发明显。因此，部分学者开始关注农村居民消费问题，有关农村居民消费制约因素的研究成果较多，如西库等（Sicular，et al.，2007）以1995—2002年的中国农村消费数据为基础，分析城乡居民消费差距及背后的影响因素，研究表明，城乡居民消费能力的差距与收入及其地理位置有着密切联系，而农村居民的受教育程度有助于缩小城乡差距。[9]此后，优素福等（Yusuf，et al.，2008）指出，随着城镇化进程的加快，在现代通信媒介的刺激下，中国城镇居民消费有望成为全球最大的消费市场，而与前者相比，农村居民的储蓄倾向较高。[10]此外，阿里松·泰勒、贾森·福斯特（Alison Taylor、Jason Foster，2015）分析了城乡居民的收入来源差异对其消费模式形成的影响，他认为应该推动非农产业的发展以提升居民消费能力从而释放其消费潜能。[11]

2000年后，随着西部地区进城务工人员规模的快速扩大，辛翔飞等（2008）发现工资性收入已成为影响中、西部地区间农户收入差异的主要因素[12]，卜森（2012）进一步指出，老人、妇女和小孩构成了现阶段西部地区农村居民的主体，并将其定义为"留守人口"，毫无疑问，留守人口的消费主体抑制了西部农村消费潜能的释放[13]。

2010 年以来，该领域的研究视角逐步多元化，陈冲（2011）从西部地区农村人口结构变动的角度对消费展开分析，发现老年抚养系数的上升抑制了农村居民消费[14]；而王华（2012）则从政府责任的视角出发，提出政府应改造传统农业、改善收入分配结构和促进公共资源的合理配置等建议[15]；与前两者不同，温涛等（2013）比较了东、西部地区农民收入来源差异及其对消费的影响，然后提出增加财产性与转移性收入比重的对策[16]。另外，卞靖、成丽敏（2013）通过横向的国际比较后发现，完善的社会保障与相对公平的收入分配对西部地区农村居民的消费升级极为重要。[17]

王炳（2012）从农村居民收入、未来预期及消费环境三个方面分析西部地区消费潜能难以释放的深层原因，并提出以市场为导向促进农民增收、完善社会保障和基本农田建设以稳定收入预期以及以政府为主导推动农村居民消费环境建设等释放路径。[18]李秀红（2015）从分析西部地区农村独特的地域特征和群体差异入手，探讨了影响西部地区农村消费市场开拓的因素，发现西部地区农村消费潜能未能释放主要在于消费市场需求仍然偏低、适销对路的商品供给仍显不足及中间渠道仍不畅通等缺陷，进而就如何进一步拓展开发西部地区农村消费市场提出了相应的对策建议。[19]闫星宇、高佳林（2014），董小麟、陈娟娟（2014）分别从农村市场流通及税收政策等视角对潜能释放影响因素展开分析。[20-21]

臧旭恒、贺洋（2015）基于 Bhaduri-Marglin 模型，通过嵌入劳动力过剩和信贷约束两个因素，构建分析中国初次分配格局调整与消费潜力释放的理论模型，并使用宏观数据进行了相关检验。结果显示，现阶段初次分配中劳动份额的提升能够有效促进消费潜力的释放。因此提出注重提升城乡低收入群体的劳动收入、减少信贷市场管制、引导私人投资有序投入改善居民消费的相关领域，逐步培育私人投资、政府投资与居民消费增长的"正反馈"循环机制，最终为向"消费驱动型"经济转型奠定基础。[22]

王美艳（2016）重点关注进城务工人员这一特殊群体的消费潜力。她的研究表明，由于近年来进城务工人口规模的持续扩大和工资的快速增加，再加之新生代进城务工日益成为其主体，进城务工人员已成为一个潜在的新兴消费主体。因而她提出促进进城务工人员的市民化进程，是释放进城务工群体消费潜力的关键环节。[23]

贺洋、臧旭恒（2016）则聚焦家庭财富与消费异质性的两个视角，研究农村居民的消费潜力释放。研究发现，当前我国农村家庭面临的二元资产结构，导致家庭有更强的储蓄动机，同时弱化了当期消费。因此提出削弱金融垄断，降低金融资产交易成本，发展普惠金融，同时借助消费需求的扩张带动产业升级，通过产业升级进一步推动消费需求的扩张。以此有效释放农村居民消费潜力，实现"投资—消费"的良性扩张。[24]张昊（2016）构建考虑消费者购买活动成本的理论模型，重点关注改善零售服务供给对消费挖潜的作用机制，研究发现，网点布局下沉、店铺专业化及多渠道联合经营可减少当前城乡居民抑制消费、转移消费和选择劣质商品等现象。因而提出加快建设农村商业网点，提高便民设施覆盖率、发展自动售货机产业和推进传统零售企业采购能力建设，最终达到挖掘消费潜力的效果。[25]

宋明月、臧旭恒（2018）分析了收入不确定性、黏性信息的叠加效应对农村居民季度消费储蓄行为的影响。研究发现，政府应通过缩小城乡社会保障程度、消费金融供给等差距，降低农村家庭的预防性储蓄动机，使农村居民家庭的消费预期更加乐观。尤其是对于西部农村居民而言，着重从减少收入不确定性程度入手，扩大农村居民消费的信息量，引导农村居民形成理性预期。[26]

吴石英、马芒（2018）以凯恩斯的绝对收入假说和霍尔的随机游走假说模型为基础，利用2000—2014年全国30个省份的省际面板数据，综合分析人口变动对农村居民消费结构的影响。研究发现，农村居民消费结构受过去消费习惯的影响较为显著，且与人口因素存在长期的均衡关系。因此提出发展老龄产业以拓展老年市场和推动信用消费以契合年轻人生活消费的需求，从而最终释放居民消费潜力。[27]

三、农村居民消费潜能释放的规模测度

仪明金等（2012）通过比较1978—2010年的城乡居民收入与消费水平之后发现，我国农民的消费水平随收入的增长而提高，但是消费增速低于收入，而且城乡居民的消费差距短期内很难缩小。在此基础上，提出了依靠扶贫扩大

内需的政策主张。[28]秦晓娟、孔祥利（2015）指出，消费潜能是潜在消费需要与实际支付能力的统一，并以基于绝对收入理论构建可变参数状态空间模型，进而测算1989—2010年陕西省农村消费潜能，得出以下结论：农村居民已沉淀消费潜能释放空间不大；未来消费潜能释放方向单一；消费潜能的增长优先于挖掘。[29]与上述学者不同，赵霞、何秀荣（2010）的研究结果表明，农村居民消费潜力远小于城镇居民。尤其是随着城镇化的快速推进，城市居民的人口规模会进一步增加，因此，农村居民的消费潜能会进一步压缩，故而扩大内需的潜力在城市居民。[30]

四、农村居民消费潜能释放的路径探析

范剑平（1999，2001）的研究指出，要使中国内需真正扩大，其最大潜力在于扩大农村消费需求，而加大"三农"投入力度和财政补助规模可以扩大农村消费需求。[31-32]李伟（2010）从优化公共财政政策、实施制度创新和实行差异化三个视角具体阐述了释放消费潜能的基本对策。[33]朱信凯（2009，2011）认为农村居民对消费所固有的路径依赖仍未打破，农村消费市场的分散性尚未完全克服，农村居民面对的流动性约束仍未缓解等问题均制约着农村消费市场潜力的有效发挥。[34-35]而解决这些问题的根本途径和政策措施就是加快推进城镇化和新农村建设，发展新型消费方式，有针对性地刺激农民消费。

陈溪泽、陈俊（2013）通过聚焦于可支配收入、收入预期和恩格尔系数三个指标，分析其对西部农村消费潜能的影响，并提出稳定农民增收渠道、提高城镇化水平和拓宽农民就业渠道等对策以释放农村消费潜能。[36]在农村消费潜能的省域研究方面，牛飞亮、杨恒芳（2013）以云南省农村居民为研究对象，通过统计分析发现，无论是边际消费倾向还是平均消费倾向，云南农村居民均位居全国首位。[37]因此，他们提出开拓云南农村消费市场的关键在于增加农村居民收入水平，所以地方政府的政策应该是短期与长期相结合，这样才有可能提高收入。

董小麟、陈娟娟（2014）通过税收政策对消费的作用机制研究发现，我国应降低间接税税费，减轻消费环节的税收负担，逐步改变以间接税为主的税制结构，过渡到以直接税为主的税制结构，以减税、退税或抵免的形式来减轻

居民的税收负担，增加他们手中可支配的收入，促进消费水平的增长。[38]

梁达（2015）的研究发现，我国城乡居民消费方式具有明显的排浪式消费特征，随着居民财富的不断积累和受教育程度的提高，消费行为趋于理性，多元化和个性化消费特征愈发明显。因此，应适应消费变化新常态提供优质产品、分层次引导、分情况启动农村居民消费，最终完成释放消费潜力，使消费成为经济发展驱动力。[39]

余芳东（2010）通过居民消费的国际比较表明，我国公共教育、公共医疗卫生体系以及社会保障体系比较薄弱，政府公共服务支出相对不足，失业和养老没有充分保障，居民用于教育和医疗卫生支出的负担较重。因而提出保持经济平稳增长、加强民生工程建设以促进居民消费结构升级、增加公共教育经费和公共医疗卫生经费支出，以减轻居民用于发展性和保障性消费的支出负担，释放居民对交通、居住等享受性消费能力。[40]

刘振中、吕欣（2016）将研究视角聚焦于分析不同收入群体的消费瓶颈和潜力。研究发现，低收入群体仅有消费意愿，缺乏购买力；中等偏低收入群体注重家庭保障性消费，传统消费潜力大；而中等收入群体消费能力虽强，但缺乏消费动力；最后中高收入群体虽然潜力巨大，但国内产品供给难以匹配其消费需求。因此，对于西部地区广大农村居民而言，重心在于提升其消费能力，激发其消费潜能。[41]

王蕴（2019）指出，2018 年来的中国消费增长呈现出缓中趋稳、稳中有新的态势，低线级城市消费能力逐渐增强，数字化加快发展催生出新的消费行为和消费产品需求，消费者更趋成熟理性，以及绿色消费理念不断深入带来共享经济繁荣。从消费潜力来看，消费增长的支撑力和阻力并存。从更好满足人民美好生活需要、进一步增强消费对经济增长基础性作用的角度出发，应注意提高政策稳定性、精准性和协调性，着力稳定居民收入和消费预期，进一步改革增值税和消费税，营造良好的消费环境。[42]

刘伟（2019）的研究表明，中国经济发展带来国民收入增长，为消费需求增长奠定了良好基础。但要释放消费潜力，使之与经济增长相互适应，调整和完善收入分配就极为重要。因此提出提升居民可支配收入、缩小居民收入差距和采取适当的货币财政政策才有望释放消费潜力。[43]

五、国内外研究述评

（一）消费潜能的概念界定不清晰

国内多数学者指出，占据中国人口近一半的农村居民蕴含着较大的消费潜力，但对消费潜能的内涵界定尚不清晰。国内学者对消费潜能定义展开研究的学者屈指可数，例如，黄娟从人的微观生理及心理感官特性的研究视角，试图通过人"需要什么"和"需要多少"来论证消费潜力的质与量，通过理论消费水平与居民实际消费支出之差来计算消费潜力。但对于消费潜能与消费潜力有何区别，消费潜能的主要影响因素是什么，消费潜能如何测度，消费潜能能否分为已沉淀消费潜能和未来待释放潜能，消费潜能的释放结构是否存在差异，以上有关消费潜能的内涵界定都需要展开深入的系统性研究。

（二）消费潜能的研究深度不足

不可否认，西方经典消费理论为我们研究农村居民消费潜能提供了最基本的理论基础和分析工具，但中国西部地区农村居民消费潜能并未进入到西方学者的主流研究视野。国内即使有极个别学者有所涉及，但其研究多停留在对年鉴数据的简单分析方面，多局限于某个单一视角，对农村居民的消费与收入水平展开简单的比较分析。此外，现有分析多属于个案研究，缺乏整体性分析，故而很难取得较大突破。由于现有研究没有认识到我国西部地区市场经济发展的不完善、农村居民居住的高度分散、"留守人口"构成的消费主体以及少数民族特有的消费特征，也未能厘清西部地区农村居民收入的基本特征和消费的内在规律，因此很难释放西部地区农村居民的消费潜能，导致西部地区农村消费长期的"启而不动"。

（三）消费潜能的区域研究匮乏

在消费潜能的区域细分方面，缺乏对东部、中部与西部地区农村居民消费潜能的比较研究，对消费潜能释放的区域差异都欠缺深入分析，尤其是西部地区内部，对于西部各省份间消费潜能差异的比较分析极为匮乏。就消费潜能的省域分析而言，孙小素、王培勤（2002），杨清、魏永红（2004），范金等

（2006），牛飞亮、杨恒芬（2013）分别就山西、甘肃、江苏与云南农村居民的消费潜能展开分析，但上述学者的研究视角比较单一，缺乏对不同省份农村居民消费潜能的比较分析。[44-47]需要指出的是，我国西部地区包括西北、西南地区以及内蒙古、广西等 12 个省（区、市），不同地区的农村居民消费水平、消费结构以及消费环境差异极大，因此，西部地区不同地区农村消费潜能释放的规模与结构势必存在很大不同。就西部地区农村消费潜能的研究而言，无论是西部地区整体研究还是内部差异分析，当前研究都很不充分，这也给本书留下较大空间。

第三节　研究思路、内容与框架

我国西部地区包括西北、西南地区及内蒙古、广西等 12 个省（区、市），不同区域的农村资源禀赋差异显著，因而农村居民的消费行为及消费习惯存在显著的省域差异。因此，要对西部地区农村居民消费潜能展开深入的系统性分析，必须厘清其研究思路，明确研究内容和梳理好研究框架。

一、研究思路

本书在统筹西部地区城乡发展、缩小西部区域差距、兼顾社会公平公正、刺激农村消费需求以推动西部地区经济增长方式转型的宏观背景下，以西部地区农村居民为研究对象，在对西部地区农村居民的收入消费现状调研之后，结合统计年鉴数据并以消费潜能为主线，围绕农村居民消费潜能的内涵界定、规模测算、热点分布、影响因素以及释放对策展开具体分析。具体研究思路如下：首先，梳理国内外消费潜能的已有研究成果，立足西部地区农村居民收入与消费的实际现状，寻求本书研究的切入点；通过阐述农村居民消费的相关理论并作为本书的理论基础。其次，以统计年鉴数据和课题组调研数据为依据，对于西部地区农村居民收入与消费的现状及问题展开分析；对西部地区农村居民收入增长对其消费规模及结构升级影响的规律性进行深入的学理分析。再次，在对潜能测算与预测的方法选定之后，从收入和非收入两个视角对沉淀消费潜能的规模展开测算，同时对 2018—2022 年消费潜能的释放规模和分布结构展开预测。

最后，在课题组西部地区农村居民消费调研的基础上，从农村居民消费能力、消费意愿、消费环境三个视角对影响潜能释放的因素展开实证分析；同时立足西部地区农村实际状况，提出释放西部地区农村居民消费潜能的系列对策。

二、研究内容

（一）第一部分：消费潜能的理论基础与研究综述

只有清晰界定消费潜能的内涵外延，并对其国内外研究充分梳理之后，才有望为后续实证分析奠定坚实的理论功底。首先，对农村居民消费潜能内涵进行界定，主要包括三个方面：基本定义、规模测算以及影响因素；其次，结合本课题研究主题，从古典消费经济理论、消费行为理论及现代消费函数理论三个方面对农村居民消费理论进行梳理；最后，针对消费潜能概念的提出与完善、制约因素、消费潜能的释放规模测评和潜能释放路径等内容对当前国内外农村居民消费潜能的研究进行梳理。

（二）第二部分：西部地区农村居民消费现状及问题分析

摸清西部地区农村居民的消费与收入特征，是分析其消费潜能释放的必要前提。首先，就西部农村地区居民的消费能力现状展开评价，主要聚焦于收入水平、收入结构和收入特征三个方面，具体展开不同时期的纵向对比和不同地区的横向比较；其次，对西部地区农村居民消费水平、消费结构和消费特征展开研究；最后，在上述分析基础上将西部地区农村居民消费问题总结为：消费能力不足，消费结构有待优化，消费意愿整体偏低，消费环境亟须改善等。

（三）第三部分：居民收入变化对其消费影响的机理探究

居民消费的影响因素很多，不同消费理论的分析切入点存在显著差异，但收入是消费的首要影响因素，已成为消费学界的共识。居民收入如何影响其消费。首先，使用误差修正模型分析收入对消费规模的相关性研究，运用多元线性回归模型分别分析工资性、经营性、财产性和转移性收入对西部地区农村居民消费规模的差异研究。其次，西部地区农村居民收入变化对其消费结构影响的规律性、异质性及趋势研究。具体包括，基于 Panel Data 模型的不同收入对消费结构影响的对比分析；基于空间计量模型的不同收入来源对其消费结构的分析；就收入与消费结构的灰色关联度进行预测。

（四）第四部分：消费潜能的测算与预测

消费潜能的测算与预测是本研究的核心环节，首先，根据农村居民消费潜能的基本内涵，阐述测算与预测西部地区农村居民消费潜能的基本原理，并构建农村消费潜能预测的计量模型。其次，在对西部地区农村居民的沉淀消费潜能展开测算之后，分别基于收入与非收入视角对 2018—2022 年西部地区农村居民消费结构与收入水平的关联度、总体消费潜能和各类消费支出的潜能进行了预测与分析。具体包括从收入倍增的视角对西部地区农村居民消费潜能的规模展开预测；就非收入因素对消费潜能的释放而言，我们主要集中于棘轮效应、基础设施和社会保障三个方面展开分析。最后，结合调查问卷数据，对西部地区农村消费潜能的总体规模及各省规模展开预测，并对于西部地区农村消费潜能释放的结构分布差异展开评价。

（五）第五部分：消费潜能释放的制约因素分析

到底制约西部地区农村居民消费潜能释放的因素是什么？这是本书要解决的关键问题。我们在西部地区农村居民消费调查问卷分析的基础上，从消费能力、消费意愿和消费环境三个角度出发分析消费潜能的制约因素。具体内容包括，消费能力主要从收入水平、收入差距和收入来源三个方面展开；而消费意愿则受制于消费观念、储蓄动机和社会保障的制约；消费环境的制约因素主要从宏观—中观—微观不同层次展开研究。最后基于课题组调研数据，对西部地区农村居民消费潜能释放的制约因素展开实证分析。

（六）第六部分：消费潜能释放的对策建议探析

在上述章节分析的基础上，本书基于"消费能力—消费意愿—消费环境"的分析逻辑，从上述三个视角对西部地区农村居民如何释放消费潜能提出相关对策建议。具体包括，立足西部地区资源禀赋差异大力发展非农产业以提升工资性收入比重、完善农村社会保障机制和金融体制、培育网上购物习惯引导农村居民消费行为转型、降低子女上学支出以提升居民消费倾向以及扩大农村公共产品供给以优化农村消费环境等对策。考虑到西部地区包括 12 个省份，农村居民的收入与消费存在着显著的区域差异，因此，我们突出了对策建议的省域差异分析。

三、研究框架

基于上述研究思路的梳理和明确研究内容的基础上，我们通过从消费潜能的理论基础—消费现状—影响机理—潜能测算—制约因素—对策建议，奠定其分析框架。具体内容如图 1-3 所示。

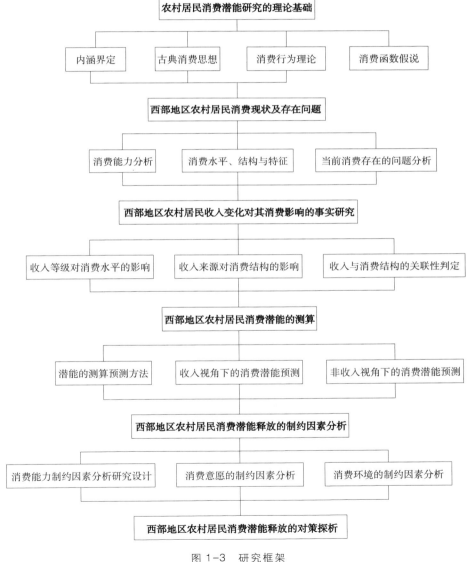

图 1-3 研究框架

第四节　研究方法与创新

　　研究方法与研究创新最能体现本书的研究意义与价值。针对当前研究农村居民消费潜能的概念界定模糊、定量分析匮乏及研究缺乏创新等不足，我们决定通过文献阅读和比较分析厘清消费潜能的内涵外延，通过问卷调查和口头访谈掌握西部地区农村居民的消费现状及存在问题，更重要的是，通过数理统计和计量分析对消费潜能规模展开测算，同时对消费潜能的制约因素展开实证研究，依次体现本书的创新性。具体内容如下。

一、研究方法

（一）文献阅读法与比较分析法相结合

　　在农村居民消费潜能的概念界定、理论梳理以及研究现状述评方面，本书大量查阅了国内外相关文献，其中包括消费专著、硕博学位论文以及经典期刊论文。

　　就西部地区农村居民的消费现状而言，本书广泛使用了比较分析的研究方法。如西部地区 12 省份之间，西部与中部、东部地区农村居民的消费比较；同时还包括西部地区农村居民与城镇居民的收入消费比较。具体比较农村居民收入增长对其消费结构影响的区域性差异，同时比较西部地区城乡居民之间以及不同收入等级的农村居民之间所存在的异质性，最终提供详细而有价值的政策建议。

（二）问卷调查法与口头访谈法相结合

　　由于西部地区幅员辽阔，不同农村地区资源禀赋、人口规模以及消费模式存在较大差异，要研究西部地区农村居民的消费水平、消费结构、消费意愿以及消费潜能，有必要深入到西部地区农村展开调研。我们组织课题组成员、部分研究生利用寒假时间深入特定农户家庭连续跟踪访谈和基于投射技术的标准问卷方法进行调查；对获得的数据采用多元统计、结构方程和层次分析法等方法进行统计验证，从而破解制约西部地区农村消费的主要障碍，探讨消费潜能的释放路径。

（三）数理统计与计量分析相结合

运用误差修正模型对收入与消费规模之间的相关性进行分析；运用多元线性回归模型分别分析工资性、经营性、财产性和转移性收入农村居民消费规模影响的差异性；使用 ELES 模型，针对收入对其消费结构影响的城乡差异和区域差异进行深入分析；采用 Panel Data 模型，对不同收入水平下的收入增长对消费结构影响以及消费结构变动的动态特征进行比较分析；采用灰色关联度模型，对西部地区农村居民消费潜能的结构展开预测。

二、研究创新

（一）内容创新

长期以来，国内学界对于西部地区农村居民消费潜能的认识，只停留在消费潜能较大的认知层面。对于农村居民消费潜能的内涵外延、制约因素、释放规模及潜能结构都缺乏综合的系统性分析。因此，本书尝试在此方面进行一定的探索，有助于完善中国居民消费的理论体系。

（二）视角创新

对于农村居民消费潜能的思考，本书基于西部区域细分的视角，从"收入倍增"的假设出发，在对西部地区 1289 户农村居民消费状况展开调研的基础上，对西部地区农村居民消费潜能的沉淀消费规模、2022 年消费潜能的释放规模和结构进行预测，并对影响消费潜能的制约因素展开实证分析。故而对于农村消费潜能的研究，本书具有显著的研究视角创新。

（三）方法创新

国内即使有少数学者涉及消费潜能的研究，更多属于定性分析或简单的数据统计整理。本书引入空间计量模型、Panel Data 模型等计量分析方法，以课题组自身调研数据为基础，系统分析收入变化对消费规模与结构的影响机理，探索西部地区农村居民消费潜能的释放规模、释放结构，实证分析制约因素并提出解决方案，有效弥补了国内学界在消费潜能领域研究方法的欠缺。

本章小结

　　本章就西部地区农村居民消费潜能的研究背景、研究意义、研究方法、研究思路及研究内容展开分析，并就当前农村消费潜能的国内外研究现状展开述评。研究发现，当前研究存在消费潜能的概念界定模糊、研究方法单一、研究深度不够以及区域细分比较研究等诸多不足。在前人研究基础上，本书对西部地区农村居民消费潜能展开系统性分析，从西部地区农村居民消费现状、消费潜能规模测评、释放制约因素以及释放路径展开具体研究，从而为完善国内居民消费理论和提升西部地区农村居民消费贡献率做出一定努力。

第二章　农村居民消费潜能研究的理论基础

在系统梳理西方消费理论的发展脉络之后，重点围绕消费潜能的内涵外延展开分析，并聚焦于消费潜能的释放规模、释放结构及影响因素等内容。通过消费理论、消费行为及消费函数对消费潜能的理论基础展开系统性分析，为后续实证研究奠定坚实基础。

第一节　消费潜能的基本内涵

一、潜能

（一）潜能的定义

从心理学的视角来讲，潜能即储存在个体身上的尚未释放出来的能量总和。

潜能不仅包括沉淀、遗留及储备能量，还包括动态及变化的能量。具体而言，潜能属于一种尚未显现的能力，一旦与外界活动联系后就会变成显在能力，即通俗意义上的能力。需要指出的是，外在能力只是潜在能力的极小部分。[48]对于人类潜能来讲，即人类潜在的体能与智能总和。现有研究多用冰山理论来形容人类潜能的巨大，如美国学者 H. A. 奥托指出："一个人所发挥出来的能力，只占他全部能力的 4%。"

（二）潜能的分类

如上所述，能力只是人的潜能的外化，通常只占潜能的极少部分。通常我们将人的潜能分为三大类，包括智力潜能、专门潜能及创造潜能。（1）智力潜能。智力潜能即潜在的一般能力的综合，包括潜在概括力、潜在记忆力及潜在观察力等。（2）专门潜能。我们所说的专门潜能是指部分特殊的潜在能力，包括绘画潜能、音乐潜能及机械潜能等。（3）创造潜能。创造潜能是指人潜在的创造力。潜能很多来自人脑的协同效应，罗伯特·奥斯汀的研究显示，人的大脑分为左、右两半球，其功能存在显著差异。左半球负责语言、分析、计算、书写、逻辑等智力活动，而右半球主管以下智力活动：音乐、想象、韵律、色觉等相关活动。

（三）潜能的特征

1. 未显性

潜能即尚未显现的能力。对于人类而言，虽然自身蕴藏着巨大能量，但一般情况下潜能很难自发显现出来。除非采取一定外在的措施，才有可能激发出来。人脑中的潜能世界是一个未被打开的宝库，在现实生活中，多数人只有在危及性命的紧急情况下，潜能才会迸发出来。

2. 可诱发性

事实上，潜能如果不能被激发，就没有其研究价值。对于多数人而言，其本身并不具备某种能力，但经过后天系统性的教育与培养，最终可以展示出这种能力。有心理学家曾进行相关实验，经过测试，受训者的潜在创造力提升了三倍以上，个体的创造潜能得到了一定释放。

二、消费潜能

（一）消费潜能的概念界定

1. 基本定义

长期以来，多数国内学者认为，农村居民消费潜能巨大，但是消费潜能到底有多少？是什么？为何未能得到释放？这些问题始终未得到解决。国内学者更多地关注于农村消费不足，具体就消费潜能的内涵、制约因素及释放路径的研究非常稀缺。多数学者仅指出，农村居民消费需求的潜能巨大，但消费潜能的具体规模、消费潜能的结构分布及不同地区的潜能差异，尚无学者做系统性研究。[49]究其根源，在于未对消费潜能的概念加以明确界定，因而后续研究难以充分展开。结合对现有研究的梳理，本书对农村居民消费潜能做出如下定义：农村居民尚未得到满足的合理性消费需求。

2. 内涵解读

居民消费潜能，即蕴藏在其身上尚未释放的消费需求，不仅包括沉淀消费需求，同时也包括未来消费需求的增长及结构的优化。这种消费需求与马克思的定义相一致，马克思认为，消费需求是指消费者具有足够的消费能力，即具有一定数量的货币的前提下，同时在商品市场上有足够数量的商品生产时，消费需要方可转化为消费需求。对于消费潜能的测算，包括两个方面：一是测算其消费规模，二是测算其消费结构①。当然潜能的测算是以其支付能力为硬性约束条件，同时需要指出的是，潜能释放并非由消费不足转为过度消费，而是消费者的合理需求得到满足。

3. 双重属性

消费潜能的概念具有两重性：一方面，它是指现有沉淀的消费潜能，属于静态指标。它反映了现有消费能力约束下，由于消费倾向不足而受到抑制的消费需求。另一方面，在消费主体消费能力提升的前提下，消费潜能反映了消费水平的提升及消费结构的优化等。因此，它又属于动态指标。

（二）消费潜能的评价测度

1. 评价内容

居民消费潜能的评价指标包括：居民人均沉淀消费潜能规模、未来消费潜能增长预测、消费潜能释放规模、消费潜能分布结构四个方面。对于西部地区农村居民而言，主要评价其在现有收入水平基础上的沉淀消费规模；未来收入倍增后其消费潜能的释放规模；西部地区不同省份的沉淀消费潜能规模做出排序，同时对其 2022 年释放的消费潜能结构展开预测。

2. 测度指标

消费潜能的测度指标包括两个方面：一是用消费者的潜在需要和现有需求的差额来衡量消费潜能的释放规模，二是消费潜能释放的结构优化升级。与国

---

① 消费潜能的测算内容及方式，适当借鉴山西农业大学秦晓娟老师的研究成果，在此致谢。

外一元化的消费主体不同，我国城乡二元结构虽然有所弥合，但依然较为突出。城镇居民与农村居民以及东部、西部地区农村居民的消费层次呈现显著的阶梯差异。因此，农村居民消费潜能的释放在很大程度上是其消费结构的优化升级过程。

（三）消费潜能释放的制约因素

由于西部地区幅员辽阔，不同地区的资源禀赋、消费环境、消费模式、消费结构存在极大差异，因而消费潜能的释放会存在显著的省域差异。一般而言，消费潜能的释放受到居民消费能力、居民消费意愿和消费环境的综合影响，对于不同地区的城乡居民而言，三大因素的制约程度会有所差异。

1. 消费能力

消费能力是制约消费潜能释放的首要因素。尤其是对于多数西部地区农村居民而言，他们具有较强的消费意愿，但受限于较为低下的收入水平最终导致其消费能力严重不足，从而致使其消费意愿很难转化为消费行为。所以，如何有效提升消费能力，成为研究如何释放居民消费潜能的首要因素。

2. 消费意愿

在西部不同地区，农村居民的消费意愿存在很大差异，普遍存在着"有钱不敢花，有钱不想花"的现象。农村居民在具备消费能力的情况下，其消费倾向整体偏低，消费欲望不强。这可能与其收入不稳定和缺乏社会保障有着较大关系。

3. 消费环境

在消费能力和消费意愿都具备的情况下，仍存在部分西部地区农村居民"持币待购"现象，这与其不完善的消费环境有着很大关系。就消费环境对消费潜能释放的影响而言，更多体现在基础设施不健全、流通交易环境不佳、缺乏适合产品供给以及流动性约束较强等方面。当然，就农村居民消费潜能的释放而言，不可能一蹴而就，其释放面临着收入分配制度不完善、社会保障体制不健全、城乡二元结构的深层体制障碍和结构性矛盾的制约。

第二节　消费潜能的相关理论

围绕居民消费问题，西方相关研究经历了三个阶段：居民消费研究始于19 世纪中叶欧洲家庭消费的经验性调查，以恩格尔定律（Engel's Law）的提出为标志。此后，门格尔（Carl Menger，1871）提出了消费者偏好理论，探讨了在消费能力相当的情况下，为何出现不同的消费选择。[50]伴随着 20 世纪 30 年代经济大危机的爆发，全行业普遍性的商品过剩使更多学者开始关注居民消费问题。其中最具有代表性的学者就是凯恩斯。他在 1936 年构建的消费函数标志着居民消费研究正式步入现代消费理论的研究阶段。[51]第二次世界大战后，居民消费研究主要围绕消费函数和消费结构两大线索展开。

一、古典学派的消费理论

早期的西方古典消费理论其核心思想即节制消费，这与当时资本主义发展早期资本积累的需要密切相关。在资本主义生产方式的确立时期，整个社会对于资本的需求极其旺盛，而资本本身非常稀缺，而这对于资产阶级的消费观有着决定性影响。新兴资产阶级的消费观念及利益诉求对古典学派的消费理论体系影响较大，但由于受到不同历史时期的经济与文化限制，此时的消费思想具有形而上学和庸俗等特征，所以具有较大的局限性。[52]这一时期，西方古典消费理论的代表学者包括斯密、李嘉图与魁奈等学者，他们出于为社会再生产积累资本考虑，主张节制消费。此外，他们也非常重视消费对生产的推动作用，具体观点如下。

（一）威廉·配第的消费思想

威廉·配第（William Petty，1623—1687），是英国古典政治经济学的创始人。他的消费思想出发点是保证资本的积累以提升财富水平，因此，他主张减少不必要消费，主张节制。所以，配第以是否有利于发展生产力为主要标准，将消费分为必要消费和不必要消费两大类。他进一步指出，吃喝消费和衣料支出的过度消费不利于生产的进一步开展，这无疑属于一种积极、进步的消费观。[53]此外，配第还提出了生存工资学说，他主张工资应等于维持工人最低限度生活必需品的价值。因而，他主张应通过立法途径确保工人没有储蓄。在此基础上，配第进一步主张通过税收调节消费，因为消费过多又使人变得懒惰。最后，在古典经济学家当中，配第首次将研究视角从流通转移到生产领域，这具有很大创新性。他的"生产决定消费"与"消费影响生产"等观点对后续研究产生了重要影响。

（二）亚当·斯密的消费思想

亚当·斯密（Adam Smith，1723—1790），作为古典经济学的主要代表，斯密被称为西方经济学之父。与配第相同，斯密消费思想的核心是把资本积累放在首位，他主张节制消费。斯密认为，"节俭与勤劳是国民财富增长的首要条件"。他指出"资本增加，由于节俭；资本减少，由于奢侈与妄为"。对于消费经济理论的贡献而言，斯密首次提出当下消费与未来消费等概念，并指出生产性消费与非生产性消费的区别。[54]斯密进一步指出，居民的当下消费会使其贪图眼前享受，最终不利于资本积累，而未来消费则可鼓励节俭，有助于再生产的扩大。因此，斯密主张增加未来消费和生产性消费的比例。需要指出的是，与重商主义强调生产而忽视消费的观点不同，斯密将消费在国民经济中的地位大幅提高，他主张消费是生产的目的，而不是相反。"消费是一切生产的唯一目的，而生产者的利益，只在能促进消费者的利益时，才应当加以注意。"斯密的这种消费思想对于我们今天研究中国农村居民消费潜能具有重要启发。

（三）大卫·李嘉图的消费思想

大卫·李嘉图（David Ricardo，1772—1823），作为英国古典政治经济学的完成者，李嘉图对于整个古典政治经济学的影响非常深远。他的消费理论主要包括：第一，李嘉图首次从赋税转嫁的视角阐释了消费问题。他指出，资本增加有两种途径：一是增加生产，二是减少非生产性消费。而税收则来源于收入和资本。李嘉图在研究了工资、利润、地租对消费的影响之后，他发现，对资本家而言，可以通过提高产品售价把利税转嫁给消费者。第二，李嘉图分析了消费欲望、消费需求与消费水平等概念的内涵与外延。第三，李嘉图还区分了必需品与奢侈品的差别。他认为，购买生活必需品的消费属于生产性开支，而购买奢侈品的消费属于非生产性开支。[55]总体而言，李嘉图的消费思想与斯密基本相同，但其消费理论体系要比斯密的消费思想更为系统和深刻。

（四）魁奈的消费思想

弗朗斯瓦·魁奈（Francois Quesnay，1694—1774），欧洲重农学派的创建者，法国古典经济学的代表人物。魁奈的消费理论主要包括以下内容：首先，与配第等学者不同，魁奈非常重视居民消费对财富增长的影响。他认为，消费是社会再生产的必要条件，人们正是因为其消费而变得有益。其次，魁奈对于重商主义的消费政策给予强烈抨击，他认为重商主义限制了人们的生活消费。[56]魁奈从重农主义出发推论出，要让农村居民富裕起来，才能使其消费更多产品，从而达到促进经济的可持续增长。此外，魁奈还区分了生产性消费与奢侈性消费。他主张优先发展农业，因为农业能增加国家财富，也可提升国民收入，因而应该减少奢侈品的消费。最后，魁奈还探讨了生产消费与个人消费的平衡问题，他首次提出消费与生产协调发展的经济思想。

（五）西斯蒙第的消费思想

西斯蒙第（Sismondi，1773—1842），法国古典政治经济学的完成者。在整个古典经济学家当中，西斯蒙第的消费思想最为完整。其消费理论贡献如下：第一，西斯蒙第首次明确提出消费决定生产的观点。他指出消费是生产的根本动力，同时消费也是生产的目的，所以生产活动应服从消费。第二，西斯蒙第首次指出，由于消费不足可能引发经济危机，该理论被后来200多年以来资本主义国家的经济发展所证实。他认为经济危机的根源在于消费不足，而消费不足则是由生产与消费的矛盾引起。客观地讲，西斯蒙第的经济危机观点对马克思的资本主义经济危机思想有着深远影响。第三，他还研究了生产和消费的平衡问题。他认为生产与消费比例的平衡短期内难以实现，容易出现生产过剩背景下的消费生产比例失衡问题。第四，与其他古典消费学者不同，西斯蒙第强调了政府对居民消费行为及习惯的干预。[57]他指出，政府应制定合理的消费税收，应采取措施扩大消费品的生产并促进其销售。

（六）马克思的消费理论

马克思（Karl Heinrich Marx，1818—1883），作为马克思经济学的主要创始人，马克思的消费思想对于后续研究影响深远。马克思认为，消费与生产具有直接同一性，两者有着不可分割的联系。在社会再生产的理论分析中，马克思将消费置于重要地位。他认为，离开消费，社会再生产便无法继续进行。此外，在研究资本主义社会再生产消费时，他揭示了资本主义消费与积累、消费与生产、生产扩大与消费缩小、个人消费与社会消费等矛盾，而这些都有利于我们深化对消费理论的深入认识。[58]马克思还论述了消费与社会主义生产的目的，他指出，消费本身不是目的，而是为了更好生产，最终以保持社会再生产的连续性，消费并非唯一目的。

二、消费者行为理论

作为微观经济学中的主要内容，消费者行为理论构成了研究居民消费需求的理论依据之一。消费者行为是研究其消费与收入间关系的基础。消费者行为理论作为微观经济学的组成部分，本身也是宏观消费理论的微观基础。1981年，美国学者伍兹在《消费者行为》一书中指出，消费者行为即"人们在获得他们所用的东西时所进行的活动"，此后，西福曼和卡乃克将消费者行为定义为"消费者在寻找、购买、使用、评定和处理希望满足其需要的产品和服务时所表现出来的行为"[59]。不难发现，以上概念界定虽然有所差异，但都将消费者行为视为一个完整的过程。此后消费者行为理论的研究持续深入，更多学者将研究视角聚焦于消费效用方面，具体内容如下。

德国学者赫尔曼·戈森（Hermann Heinrich Gossen，1810—1858），作为边际效用理论的奠基人，提出了以消费者主观感受为基础的戈森定律。戈森指出，随着对同一物品消费数量的不断增加，给消费者带来的满足程度会不断递减，即边际效用递减规律。因此，消费者要实现多种消费项目效用最大就必须使各种项目的消费量完全相等，即边际效用均等规律。[60]戈森定律后来成为边际效用学派的重要基础。到19世纪70年代，杰文斯（Jevons）、瓦尔拉斯（Walras）和门格尔（Menger）以戈森定律为基础，进一步完善了边际效用理论。该理论试图揭示出在给定价格和预算约束下，消费者如何选择商品组合以实现效用最大化。[61]此后，瓦尔拉斯以边际效用理论为基础提出一般均衡理论，而马歇尔则在其基础上构建了较为完整的微观消费行为理论。

马歇尔围绕需求定律、需求价格弹性规律、边际效用递减规律及消费者剩余等概念系统分析消费者需求理论。马歇尔同时研究了闲暇消费及消费信贷对消费行为的影响，马歇尔的消费理论奠定了现代消费需求理论的基石。[62]之后，埃奇沃思创立了无差异曲线和效用函数等工具，而帕累托则认为经济学分析的基础是序数效用，希克斯则将无差异曲线融入到微观经济学的理论体系当中。此后，美国著名经济学家萨缪尔森（Paul A. Samuelson，1915—2009）试图取消消费者效用最大化假设，他指出，消费者支出本身体现了消费者对不同商品的偏好差异，而消费者在商品市场购买的组合即其最优商品组合，萨缪尔森的这种观点后来被总结为显示偏好公理。[63]

总之，效用理论是消费者行为研究的主要假定内容。这种理论表明，效用最大化是消费者购买不同商品的主要准则。其具体内容是在商品价格与个人收入不变的前提下，消费者购买的每种商品的最后一元获得的边际效用相等。因此，消费者行为理论主要包括效用理论和消费者选择理论，在新古典的研究框架内，作为"理性人"的消费者，有选择的自由，具备较高的风险意识，有一定的时间偏好，最终追求效用最大化。

三、消费函数理论

消费函数是研究居民消费的主要工具之一，在各种消费函数不断构建并完善的过程当中，围绕影响消费的种种假设条件，杜森贝里、莫迪里安尼、弗里德曼、豪尔、扎尔迪斯及迪顿等学者都做出了突出贡献。有关消费函数的各种理论层出不穷，包括消费函数的绝对收入、持久收入、相对收入、生命周期、随机游走、流动性约束以及预防性储蓄假说的相继提出，都使消费函数的解释能力大大增强。此外，凡勃伦将居民消费与社会阶层相联系，他指出，消费者需要炫耀性消费来证明其社会地位。[64]凡勃伦将消费行为的研究往前推进了一大步。代表性消费假说如下。

（一）绝对收入消费假说

绝对收入消费假说是由凯恩斯（J. M. Keynes）在 1936 年首先提出，他对收入与消费的关系进行长时间的跟踪考察之后，提出了凯恩斯消费函数。绝对收入假说主要描述当期消费与收入之间的相互关系。凯恩斯指出，消费是收入的函数，人们短期内的消费水平主要取决于其当期收入。消费随着收入的增加而增加，但是，消费在收入增量中的比例会逐渐下降，最终居民的边际消费倾向呈现出递减规律。凯恩斯指出：“一般而言，当人们收入增长时，其消费倾向会有所增加，但增幅小于收入增长幅度。”[65]

绝对收入假说认为消费与收入之间具有稳定的函数关系，其函数形式如下：

$$C_t = a + bY_t \tag{2-1}$$

其中，C_t 代表 t 时期的消费，Y_t 代表 t 期的收入，a 代表自发性消费，b 代表消费随收入变化而变化的程度即边际消费倾向（marginal propensity to consume，MPC）。凯恩斯假定 $0 < b < 1$，即随着收入的增加消费也将增加，但消费的增长低于收入的增长，消费增量在收入增量中所占的比重是递减的，即边际消费倾向递减。

凯恩斯进一步指出，影响边际消费倾向递减的客观因素包括：工资单位的改变；收入与净收入之间差额的改变；在计算净收入时没有计入的资本价值的意外变动；现有物品和将来物品的交换比例的改变。影响边际消费倾向递减的主观因素包括：为了不时之需而积攒一笔准备金；为了利息和财产的增值；为了投机或业务项目而积累本钱；为了留下遗产等。

平均消费倾向（average propensity to consume，APC）是指当期消费占当期收入的比重，由于边际消费倾向递减，因此，平均消费倾向也是递减的。收入越高，消费占收入的比重越小，并且边际消费倾向小于平均消费倾向。这一结论说明，低收入家庭具有较高的消费倾向，高收入家庭的消费倾向较低，这意味着如果收入分配越平均，则整个社会的平均消费倾向就越高。相反，收入分配越不平均，则平均消费倾向越低。

由于凯恩斯的消费理论是整个 IS-LM 模型的核心，推翻其消费理论无疑将动摇凯恩斯宏观经济学的基础。所以，如何使凯恩斯的消费函数所代表的宏观经济关系与微观水平上新古典主义的消费者效用最大化行为相一致，从而为凯恩斯理论提供令人满意的微观基础，成了宏观经济分析中一个关键问题。由此引发了自 20 世纪 60 年代开始为宏观经济学寻找微观基础的潮流，主流宏观经济理论在很大程度上是通过限制性的代表性主体假定来构造宏观经济均衡的微观基础。

由于凯恩斯分析的是短期消费与收入之间的关系，理性的消费者在短期预算约束下追求效用最大化，对跨时期的预算约束未予考虑，流动性约束以及不确定性在短期也显得不那么重要。但是当期消费的变化会通过储蓄来影响未来的收入和消费，经济主体的消费行为必然是跨期最优选择的结果。在跨期最优选择的作用下，消费并非如凯恩斯消费理论那样仅由当期收入所决定，而是取决于行为人一生中的财富现值总和。这一点被以后的经济学家所弥补，跨期消费、不确定性、预防性储蓄以及流动性约束的问题纷纷纳入了分析范畴，形成了许多新兴的理论成果。

综上所述，凯恩斯的绝对收入假说较好地解释了有效需求不足的具体原因，在后续学者的不断努力下，最终形成以需求管理为核心的宏观政策框架。其政策含义在于，要提升消费需首先调控收入，而要提升消费水平就务必增加收入水平，尤其是提升边际消费倾向高的低收入群体的收入，这点对我们释放农村消费潜能至关重要。

（二）相对收入消费假说

该理论是由杜森贝里（J. S. Duesenberry，1949）提出，其理论体系是在绝对收入假说进行修正后发展而来。与凯恩斯的观点相反，杜森贝里认为，居民消费并不取决于其当期绝对收入，而是与人们在收入分配中的相对地位和曾经达到的最高收入水平相关。更重要的是，杜森贝里提出"棘轮效应"和"示范效应"，具体而言，不同收入水平之间的消费者其消费行为具有一定相关性，而且消费呈现出由高收入向低收入群体扩散的规律，也就是产生了较为显著的"示范"效应。[66]消费者的消费决策并非完全理性，更多与其消费习惯密切相关。从短期来看，消费者的消费习惯在很大程度上具有不可逆性，即很容易向上调整，但是很难向下调整，这种不可逆性最终导致了"棘轮效应"的产生。具体内容如下。

一是示范效应（demonstration effect），是指个人的消费支出不仅受其自身收入的影响，而且还受到周围其他与其收入相近的人消费支出的影响，即消费有模仿和攀比性。由于存在示范效应，消费者会效仿周围人追求高生活水平，即使收入没有增加，也会增加消费支出。当个人收入略有下降或者收入不变而周围人的收入略有提高时，其收入水平相对周围人来说下降了，但为了保持自己的消费水平与周围人相当，消费者并不会削减其消费支出，因此，当存在示范效应时，边际消费倾向不一定递减。

二是棘轮效应（ratchet effect），是指消费者的消费习惯一旦形成是不可逆的，消费者的消费支出不仅受目前收入的影响，而且还受其过去收入特别是过去"高峰期"收入的影响。在一般情况下，消费易随收入的增加而增加，但不易随收入的减少而减少，过去高收入时期形成下来的消费习惯，在收入下降以后仍会保持。所以，当收入与其长期增长的趋势发生偏离时，短期边际消费倾向将会小于长期边际消费倾向。按他的看法，消费与收入在长期维持固定比率，故长期消费函数是从原点出发的直线，但短期消费函数则为有正截距的曲线。

相对收入假说消费函数可近似地表达为

$$C_t = bF + c(Y_t - F) \tag{2-2}$$

其中，C_t 代表 t 时期的消费，Y_t 代表 t 期的收入，F 表示第 t 期之前的最高收入。以上是根据相对收入假说，从微观角度来讨论单个消费者的行为。这种情况下相对收入的含义比较容易理解，即指某个消费者相对于邻居的收入水平。如果我们转向宏观角度来讨论整个社会总的消费行为，相对收入则可以理解为某一时期相对于历史上一个特定时期的收入水平。这个特定时期通常是曾经达到过的最高收入的时期，相对收入就是相对于这个曾经达到的最高收入而言。

在研究中，杜森贝里得出，储蓄—收入比率与现期收入—最初收入比率呈线性相关，相对收入假说消除了低实际收入与低储蓄率之间的直接联系，而代之以它们之间的间接联系。由于示范作用的存在，相对收入变得十分重要。高收入国家消费水平的示范效应或居住在欠发达国家中的高收入国家公民的示范效应，将使欠发达国家公民把他们低水平收入中的过高比例的收入用于当前消费，特别是以这种方式使用他们所增加的任何收入。

与凯恩斯以内省和偶然的观察为依据，杜森贝里的相对收入假说从消费者行为的分析和设定入手，与凯恩斯的绝对收入假说相比有了进步。相对收入假说假定消费者是"后顾的和攀附的"理性主体，消费者仍然是追求一时预算约束下的效用最大化，通过引入"过去收入"而极大地拓展了研究思路。综上所述，相对收入假说认为，短期消费在收入中的比例与收入反向变动，而长期来看，平均消费倾向不变。不可否认的是，相对收入假说很好地弥补了绝对收入假说的不足，使消费函数的解释能力大大增强。

（三）生命周期假说

第二次世界大战后，西方各主要发达国家普遍推行了凯恩斯主义关于国家干预的宏观经济政策，资本主义经济暂时进入了所谓的"繁荣时期"。然而好景不长，20世纪60年代末至70年代初，由于长期"赤字膨胀"政策的恶果，西方经济再一次陷入危机的困境，经济运行出现了"滞胀"现象。由于缺乏坚实的理论基础，消费函数的经验研究一度陷入混乱，一部分学者倾向于增加时间序列数据中的变量数量，一部分学者试图增加模型中新的变量，直到生命周期假说的提出，才为储蓄率的长期稳定性建立了一个相对合理的解释。

生命周期消费假说是由美国学者莫迪利安尼（F. Modigliani）等人于1954年共同提出。生命周期假说从传统的消费者选择理论出发，在消费者的整个生命周期内考察收入与消费的关系，在消费、消费函数及消费函数的基础等重要问题上修正和发展了凯恩斯的消费函数理论。与持久收入假说的出发点相同，生命周期假说认为，居民的当下消费不仅取决于其当期收入，还取决于居民的预期收入。该理论的最大贡献在于，人们一生的收入水平会规律波动，因而个人的消费与储蓄比例与其生命周期阶段密切相关。[67]

生命周期消费理论认为，是一生收入而非当下收入决定消费者的当下消费水平。考虑到边际效用递减规律的存在，消费者要使终生消费效用最大化，他必须均匀消费其终生财富，而由于当期与预期收入不均衡，消费者为了实现均匀消费，必须以储蓄完成跨越不同时期的均匀消费安排。

对于某一个特定年龄层的人，消费是与他们一生的收入成比例的，这被莫迪利安尼称作"基本的生命周期假说"，即 $C = aY$。当消费模式确定下来以后，储蓄就是某一时期收入超过消费的部分，储蓄不能直接给人们带来效用，它"只不过是一种使资源能在整个生命周期内来回流动以确保所选择的消费规模实现的方式"。消费者在年轻时期收入偏低，其消费可能大于收入，消费倾向较高；进入壮年和中年后收入增加，其收入大于消费，不但可以偿还年轻时期的债务还可以为老年的养老支出进行储蓄，消费倾向会下降；当进入老年退休以后，由于收入降低会使用过去储蓄积累的财富进行消费，形成负储蓄，消费倾向再次提高。这样，消费就取决于代表性消费者所处的生命周期阶段。

生命周期假说建立在古典经济中消费者如何决策的理论基础之上，莫迪利安尼和布伦伯格采用了古典主义方法，将效用最大化作为目标，将收入、财富等作为限制条件来推导消费函数。他们首先做出如下假定：

（1）消费品价格在整个生命周期内不变，消费支出可以由消费数量代表。

（2）利率在整个生命周期内不变，可用 r 来代替 r_t。

（3）消费者不存在遗产的继承和遗赠，从而在整个生命周期来看，全部资源均用于消费。单个消费者的目标是在其可得的当前资源现值条件下选择最佳消费组合使其效用达到最大化，其可得的当前资源现值为当前收入、当前财富以及一生未来收入的现值的总和。

如果我们用 C_t 表示消费者在第 t 年的消费；r_t 表示消费者在第 t 年的收入。对于年龄为 t 的单个人，C_t 和 r_t 则代表他的当前消费和当前收入。用 A_t 表示消费者在第 t 年的净财富；V_t 表示消费者在第 t 年生命周期资源的现值，包括该年的财富、收入以及生命周期中以后各年预期收入的现值；r_t 表示第 t 年的利息率；N 为消费者的工作年限；L 为消费者的生命年限。这样，消费者第 t 年的资源约束就是：从该年开始的整个生命周期的消费支出现值等于该年的生命周期资源的现值。即

$$\sum_{k=t}^{L} C_k / (1 + r)^{k-t} = V_t \qquad (2-3)$$

其中，$V_t = A_t + Y_t + \sum_{k=t+1}^{N} Y_t / (1 + r)^{k-t}$。

莫迪利安尼还重点分析储蓄动机，他指出人们储蓄主要有四个动机：第一个动机是为子孙后代留下遗产；第二个动机是预防将来某一时期的收入低于所要求的消费；第三个动机是预防动机，即通过储蓄来积累财富以防未来的不时之需；第四个动机是预防耐用消费品的价值变化而提前购买。莫迪利安尼尤其重视第二个动机，因为这使得人们当前的储蓄和消费不仅与当前的收入有关，而且与未来整个生命周期的收入有关。根据生命周期假说，莫迪利亚尼指出，在一个人口总数和收入总数不变的社会中社会总储蓄为零。因为在这种静止状态中，工作人员为退休所积累的财富与退休人员对先前积累财富的消费（负储蓄）刚好抵消。但是当人口增长或人均收入不断增长时，由于工作人数多于退休人数，较年轻群体比年长群体拥有更多生命资源，其储蓄总额高于退休者的负储蓄额，社会的储蓄总额将为正值。此外，社会总储蓄还与平均退休年龄、是否存在社会保障计划有关。如果存在社会保障计划，则个人为其退休所做的储蓄则会减少。

生命周期假说的政策含义包括两个方面：一是金融机制。由于财富在短期消费函数中具有重要作用，金融政策可以通过资产的市场价值和消费来影响总量需求。以股票市场为例，公众持有股票的价值构成其财富的一部分，当股票价格上涨时，公众实际财富增加从而趋向于提高消费；而当股票价格跌落时，则会出现相反的情况。二是临时性所得税的作用。通过临时性所得税来抑制或刺激需求的企图，只能对消费和降低或提高储蓄起到很小的影响，因为消费依赖于生命资源，而后者几乎不受临时课税变动的影响。生命周期假说认为，从长期看，消费税比收入税更合理。消费来源于持久性收入，消费税会对储蓄产生异质性影响，但是对持久性收入的近似估计比对现期收入要好。

生命周期假说对消费函数理论的发展具有重要意义，它提高了收入、财富和年龄分布在影响消费的因素中的重要性，解释了长期消费稳定及短期消费波动的原因；还可以应用于分析不同阶层家庭消费的差别、货币政策与财政政策对经济活动和消费的影响和消费的季节性波动等问题。生命周期假说将财富作为消费函数的变量，侧重对储蓄动机进行分析。由生命周期假设可知，一国的储蓄率与人均收入无关，而与其经济增长率正相关，故而稳定增长的经济体将拥有稳定的储蓄率；国民储蓄率不单是公民节约行为差异的结果，不同的国民储蓄率实际上可以用同一个消费者的行为去解释；对于一定的经济增长，控制财富—收入比和储蓄率的主要参数是退休期的长短。从此，消费理论研究的着眼点发生了深刻变革：由信奉绝对收入假说的消费至上，转而关注储蓄与经济增长之间的关系。

事实证明，生命周期消费假说的提出，极大地提升了消费函数的解释能力。而我国城乡居民，尤其是不同年龄阶段的农村居民，其消费倾向、消费习惯存在极大差异就不难理解。根据生命周期假说，我们分析中国农村消费潜能释放，必须按年龄展开分层研究，这样才有可能厘清不同消费群体的消费特征，找出制约其消费潜能释放的影响因素。

（四）持久收入消费假说

持久收入消费理论由著名经济学家弗里德曼（Milton Friedman）在 1957年提出，他的初衷在于解决消费的跨期决策问题。从弗里德曼的角度看，凯恩斯试图寻找消费与收入的两者关系，只不过凯恩斯从会计学角度来理解收入的内涵，而没有从消费者的角度来思考收入的意义。弗里德曼试图重新定义收入概念，最终提出"持久收入"的定义，并探讨了"持久收入"与"持久消费"的关系。因此，持久收入假说本质上仍然是对消费与收入关系的探索，并较好地调和了长期消费函数与短期消费函数间的矛盾。

弗里德曼用"持久收入假定"来重新解释杜森贝里的"棘轮作用"。他认为，消费支出的变化滞后于收入的变化，这是由于消费者可以通过预支未来的收入来维持过去"高峰"时期的消费支出。根据持久收入假定，消费者只要有了稳定的、长期性的收入来源，他们的现期消费支出就可以超过其现期收入，也就是消费者能够或可以超前消费。这也许是现代文明社会信贷消费的又一理论依据，持久收入假说开创了西方理性消费研究的先河。

持久收入理论的基本思想是，从长远来讲，居民会尽量保持家庭消费的平稳性。因为，就居民家庭获得的总效用而言，其稳定消费远远大于波动消费。[68]弗里德曼发现，在收获季节与非收获季节之间，农村居民的收入波动比较显著。但农村居民一年的消费波动幅度比较平稳，这就说明农民可能在收获季节进行储蓄，但在非收获季节动用储蓄以平衡其消费。持久收入消费理论指出，可将居民收入分为暂时收入和持久收入，居民在做出消费决策时并非以短期收入为根据，而是以长期收入为依据来展开消费。因此，弗里德曼认为，居民消费是持久收入的函数。

一般来讲，影响消费者收入的因素具有各种时间尺度，有的因素只能影响消费者一天的收入，有的可能影响消费者一周、一年、两年甚至更长的时间。弗里德曼认为，应该确定一个时限长度，将影响时间短于这个时限的影响视为暂时性的，相反，长于这个时限则被视为是永久性的。这个时限长度被称为消费单位的水平线（consumer unit's horizon）。经过实证分析，弗里德曼将消费单位的水平线确定为 3 年，将收入分为持久收入和暂时收入，如果用 Y 来表示全部当前收入，Y_p 表示持久收入，Y_t 表示暂时收入，则有

$$Y = Y_p + Y_t \qquad\qquad (2-4)$$

其中，持久收入是较长时期内（3 年以上）可以预期到的稳定收入，可表示为某个家庭或个人长期内现期收入的加权平均值。暂时收入与持久性收入相对应，是实际收入对持久收入的偏离，具有暂时性和偶然。比如偶然捡到一笔钱，或者中了彩票，因为我们不能预期以后也会经常捡到钱或者中奖，所以属于暂时收入；如果是增加一级工资就可以看成是持久收入。

与收入对应，当前消费划分为持久消费和暂时消费，暂时消费包括由于缺货而推迟购买和由于减价而提前的购买等。如果用 C 来表示全部当前收入，C_p 表示持久收入，C_t 表示暂时收入，则有

$$C = C_p + C_t \qquad\qquad (2-5)$$

弗里德曼做出了如下特定假定：暂时性消费与持久性消费无关，暂时性收入与持久性收入无关，暂时性消费与暂时性收入无关，但持久消费与持久收入成正比，比例的大小取决于利率、财富与收入比率等。持久消费与持久收入之间的关系可以表示为

$$C_p = k(i, w, u)Y_p, \quad k > 0 \qquad\qquad (2-6)$$

这样，式（2-4）、式（2-5）、式（2-6）构成了持久收入假说中的消费

函数，在持久收入假说的特定假定下，上述三式就暗示在测得消费与测得收入之间存在一种显著的回归关系：随着测得收入增加，消费与收入的比率下降。

持久收入假说与生命周期收入假说几乎同时出现，并存在许多共同点。但是，生命周期假说和持久收入假说研究重心有所不同：前者专注于研究生命特征变化引起的"急需"；后者则关注消费的长期动态关系，较少关注人口特征变化对消费问题的影响，也很少从宏观角度探究人口、收入和财富积累之间的关系。在储蓄动机方面，生命周期假说和持久收入假说也有所不同：前者认为生命周期是产生储蓄的根本原因，而社会总储蓄与社会的人口年龄结构以及经济增长相关。需要指出的是，持久收入假说可以较好地解释我国农村居民消费率较低的现象，而对于我们研究如何释放农村居民消费潜能而言，提升居民未来消费预期不失为一个很好的解决思路。

（五）随机游走消费假说

随机游走消费理论由罗勃特·霍尔（R. E. Hall）于1996年提出，霍尔将理性预期方法应用到消费行为的研究当中，他将永久收入假说、生命周期假说及理性预期理论相结合，构建了一个新的理性预期的生命周期模型（Random-Walk Model），即随机游走理论。该理论认为，从长期来看，人们的消费支出呈现出随机行走的特征。[69]具体而言，消费的变化不可预测，收入的预期增长与消费没有太大关系，不确定性对居民消费也没有显著影响；当前消费的变动与消费者过去的经验无关，而只与其滞后消费有关。最后，霍尔还指出，大多情况下，消费者当期收入是其下期收入的预测指标，因此，消费者的下期消费等于其当期消费加上误差。

（六）预防性储蓄消费假说

预防性储蓄消费理论以理性预期学派思想为基础，将不确定性引入分析框架，致力于考察消费者的跨时消费行为。该理论由美国学者里兰德（Leland）于1968年提出，其基本观点如下：由于收入的波动，消费者出于厌恶风险的考虑，出于未来不确定性的考虑，需要减少消费转而增加储蓄规模。因此，储蓄规模与未来收入的不确定性密切相关。所以，当消费者未来预期的风险越大，他们消费的边际效用就越大，最终导致消费者大量增加储蓄规模，将更多财富转移到将来进行消费。[70]考虑到中国农村居民消费有钱不敢花的现状，预防性储蓄对于我国农村消费潜能释放的影响深远。因此，降低农村居民收入的不确定性及相关预期，就有可能成为释放西部地区农村居民消费潜能的重要举措。

（七）流动性约束假说

流动性约束理论又称为消费信贷约束，通常是指消费者无法充分借款来维持其持久收入水平上的消费状况。流动性约束由著名学者迪顿（Deaton，1991）提出，其主要结论如下：首先，由于流动性约束在现实生活中的广泛存在，人们并非任何时候都可借到钱，因而他只能消费其当前财富，其消费水平只与当下劳动收入相关。其次，当消费者预期到将来要面临流动性约束时，他马上就会提升储蓄水平，减少当下消费。最后，假如消费者在第 N 期面临流动性约束，那么，他在以后 $N + 1$ 期的消费水平都会受到流动性约束的影响。[71]客观来讲，我国农村居民消费的流动性约束非常显著。尤其是对西部地区农村居民而言，他们所能获得的消费信贷途径非常有限。因此，减少流动性约束、培养信贷消费观念有望成为刺激西部地区农村居民消费潜能释放的新思路。

本章小结

本章为居民消费潜能研究的理论基础，为后续的实证分析奠定理论功底。在对消费潜能的国内外研究展开梳理之后，本书将居民消费潜能界定为：农村居民尚未得到满足的合理性消费需求。在对消费潜能的内涵外延展开详细解释后，对其释放规模、释放结构及影响因素进行了理论探讨。然后从古典学派的消费理论、消费者行为理论和消费函数理论等方面对消费潜能的相关理论展开系统性分析。

第三章 西部地区农村居民消费
现状及存在问题研究

摸清西部地区农村居民的消费现状及存在问题，是分析其消费潜能释放的必要前提。首先，就西部地区农村居民的消费能力现状展开评价，主要聚焦于收入水平、收入结构和收入特征三个方面，具体展开不同时期的纵向对比和不同地区的横向比较；其次，对西部地区农村居民消费水平、消费结构和消费特征展开研究；最后，在上述分析基础上提出西部地区农村居民消费存在的问题。

第一节 西部地区农村居民消费能力分析

一、收入水平

（一）西部地区农村居民收入大幅增长

西部地区农村居民收入增长的势头非常显著。1997 年，西部地区农村居民人均纯收入水平仅为 1102 元，直到 2004 年，才突破 2000 元大关，达到 2136 元。此后，西部地区农村居民人均纯收入水平增速开始加快，分别于 2007 年、2010 年、2012 年、2015 年相继突破 3000 元、4000 元、6000 元、9000 元整数关口。2017 年，西部地区农村居民人均收入首次突破 10000 元大关，达到了 10790 元的历史最高水平。如图 3-1 所示。

（二）西部与其他地区的收入差距悬殊

2017 年，中国农村居民人均纯收入为 13432 元，而西部地区农村居民人

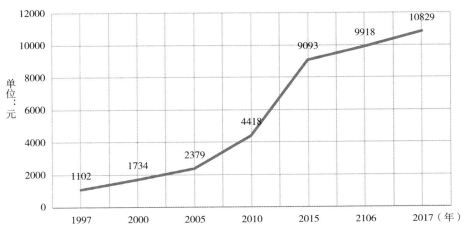

图 3-1　1997—2017 年西部地区农村居民人均纯收入水平变化

数据来源：根据《中国统计年鉴 1998—2018》相关数据整理而得。

均纯收入仅为 10790 元，而且西部地区无一省份能够超过全国平均水平，由此可见，西部地区农村居民收入水平整体偏低。2017 年东部地区农村居民人均纯收入达到 16822 元，是西部地区农村居民的 1.56 倍。如果与上海市农村居民人均纯收入 27825 元的水平相比，西部地区农村居民仅为其 38.8%，尚未达到上海市农村居民收入的 40%。而西部地区农村居民收入最低的甘肃省，其仅占上海市农村居民人均收入的 29%，可见东部、西部地区农村居民的收入水平差距悬殊，如图 3-2 所示。

（三）西部地区不同省份的农村居民收入比较

在西部诸省份中，内蒙古自治区农村居民收入水平一直处于较高水平，由 1998 年的 1972 元增加到 2017 年的 12584 元，在不考虑通货膨胀的情况下，年均增长率高达 31.62%。西藏、贵州和甘肃三个省份的农村居民收入水平较低。西藏一直是中国农村居民收入水平最低的省份之一。从 2010 年开始，甘肃省农村居民收入一直位居全国倒数第一。2017 年，甘肃省农村居民人均纯收入仅为 8076 元，仅相当于重庆市农村居民收入的 64%，两者差距非常显著，如表 3-1 所示。

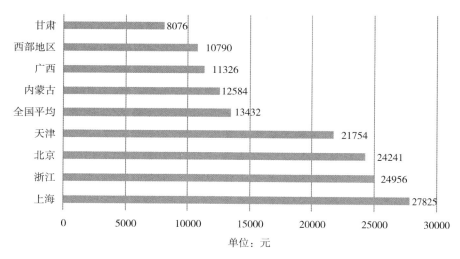

图 3-2 2017 年不同地区农村居民人均纯收入比较

数据来源：根据《中国统计年鉴 2018》相关数据整理而得。

表 3-1 1998—2017 年西部地区农村居民人均收入变化比较

单位：元

省 份	1998 年	2000 年	2005 年	2010 年	2015 年	2016 年	2017 年
重 庆	1720.5	1892.4	2809.3	5276.7	10504.7	11548.8	12637.9
四 川	1789.2	1903.6	2802.8	5086.9	10247.4	11203.1	12226.9
贵 州	1334.5	1374.2	1877.0	3471.9	7386.9	8090.3	8869.1
云 南	1387.3	1478.6	2041.8	3952.0	8242.1	9019.8	9862.2
西 藏	1231.5	1330.8	2077.9	4138.7	8243.7	9093.9	10330.2
陕 西	1405.6	1443.9	2052.6	4105.0	8688.9	9396.5	10264.5
甘 肃	1393.1	1428.7	1979.9	3424.7	6936.2	7456.9	8076.1
青 海	1424.8	1490.5	2151.5	3862.7	7933.4	8664.4	9462.3
宁 夏	1721.2	1724.3	2508.9	4674.9	9118.7	9851.6	10737.9
新 疆	1600.1	1618.1	2482.2	4642.7	9425.1	10183.2	11045.3
内蒙古	1981.5	2038.2	2988.9	5529.6	10775.9	11609.0	12584.3
广 西	1971.9	1864.5	2494.7	4543.4	9466.6	10359.5	11325.5

数据来源：根据《中国统计年鉴 1999—2018》相关数据整理而得。

总体而言，可将西部地区农村居民收入排序如下：内蒙古、广西、西南及西北地区。需要指出的是，就西部地区农村内部比较而言，按人均可支配收入水平可将其分为三个梯队：第一梯队包括内蒙古、重庆和四川，这三个省（区、市）的农村居民人均可支配收入水平均超过12000元。这三个省（区、市）与全国农村居民人均可支配收入均值的差距较小。第二梯队包括广西、新疆、宁夏、西藏及陕西五个省（区、市），该梯队农村居民人均可支配收入水平介于10000—12000元之间，其中，广西农村居民收入水平较高，达到11325元，而陕西农村居民人均可支配收入水平仅有10265元。第三梯队包括云南、青海、贵州及甘肃四个省（区、市），该梯队农村居民人均可支配收入水平介于8000—10000元之间。甘肃与贵州农村居民人均可支配收入分为8076元和8869元，位居全国倒数第一、倒数第二位，与西部地区其他省份农村居民的收入水平也有着较大差距，如图3-3所示。

图3-3　2017年西部地区农村居民人均纯收入排名

数据来源：根据《中国统计年鉴2018》相关数据整理而得。

二、收入结构

（一）收入结构的历史演变

一般而言，居民的收入来源分为四类，分别是工资收入、经营收入、财产收入和转移收入。改革开放 40 年以来，随着农村经济的发展及其城镇化与工业化的发展，进城务工人员规模的日益扩大，农村居民的收入结构发生了较大的变化，主要表现为工资性收入在农村家庭收入中的比重快速提升，家庭经营性收入逐渐下降。

从图 3-4 与图 3-5 可知，1994 年，西部地区农村居民工资性收入仅占农村居民总收入的 17%，而家庭经营收入占农村居民总收入的比例则高达 77%，成为当时绝大部分家庭收入的首要来源。但到了 2017 年，西部地区农村居民收入来源结构发生两大变化，一是工资性收入比例快速上升，已占据农村居民总收入的 32%；与此对应，经营收入占农村居民总收入的比例快速下降到 43% 的水平。值得注意的是，西部地区农村居民的转移性收入比例大幅增长，由 1994 年的 5% 增至 2017 年的 23%，即使从全国的数据来看，这一比例也处于一个较高的水平，这可能与"西部大开发"和支援西部地区农村建设政策有着一定关系。

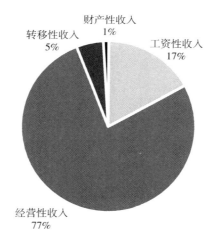

图 3-4　1994 年西部地区农村居民收入来源

数据来源：根据《中国统计年鉴 1995》相关数据整理而得。

（二）收入结构的区域比较

2017 年，西部地区农村居民工资性收入占农村居民总收入的比例为 31.74%，与东部地区的 53.38% 和全国 40.93% 的均值差距悬殊。考虑到西部

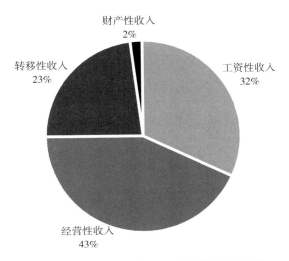

图 3-5　2017 年西部地区农村居民收入来源

数据来源：根据《中国统计年鉴 2018》相关数据整理而得。

地区农村收入 10894 元与东部地区 17783 元的巨大差距，毫无疑问，工资性收入比重偏低是西部地区农村居民收入落后的原因之一。与工资性收入比重形成强烈反差的是农村居民家庭经营收入的比重，在这一统计口径上，西部与东部地区发生了逆转。2017 年，西部地区农村居民家庭经营性收入占农村居民总收入的比例为 42.92%，与东部地区农村地区 28.57% 的比例相比，家庭经营收入的比重明显偏高。

就西部地区不同省份而言，截至 2017 年年底，西部地区农村居民工资性收入占总收入比例最高的省（区、市）分别为陕西（41.61%）和贵州（40.99%），最低的省（区、市）分别是内蒙古（21.05%）和西藏（23.5%）；与前者形成鲜明对比的是，家庭经营收入比例占农村居民总收入的比例最高的省（区、市）分别是西藏（55.52%）、云南（54.88%）和新疆（54.66%），这些省（区、市）的家庭经营收入比例较低的原因可能与少数民族畜牧业比较发达有一定关系。

需要指出的是，西部地区农村居民转移性收入占农村居民总收入的比例普遍偏高，截至 2017 年年底，已有八个省（区、市）的转移性收入比例高于

20%，其中，青海农村居民转移性收入比例高达 28.2%，位居全国第一位；重庆和甘肃农村居民次之，两者比例分别为 27.25% 和 26.03%。与上述省（区、市）不同，云南农村居民的转移性收入比重较低，仅达到 14.99%，远低于 19.38% 的全国平均水平，如表 3-2 所示。

表 3-2　2017 年不同地区农村居民人均收入及来源对比

地区	人均收入（元）	工资性收入（%）	家庭经营收入（%）	财产性收入（%）	转移性收入（%）
内蒙古	12584.3	21.1	50.7	4.1	24.1
广　西	11325.5	28.6	45.1	1.6	24.7
重　庆	12637.9	34.8	35.5	2.4	27.3
四　川	12226.9	32.9	39.4	2.6	25.1
贵　州	8869.1	41.0	37.0	1.0	20.9
云　南	9862.2	28.3	54.9	1.8	15.0
西　藏	10330.2	23.5	55.5	1.7	19.3
陕　西	10264.5	41.6	31.6	1.8	25.0
甘　肃	8076.1	28.2	44.0	1.8	26.0
青　海	9462.3	28.6	39.8	3.5	28.2
宁　夏	10737.9	39.3	39.6	3.0	18.1
新　疆	11045.3	25.3	54.7	2.1	17.9
西部地区	10894.3	31.7	42.9	2.2	23.1
全国平均	13432.4	40.9	37.4	2.3	19.4
东部地区	17783.2	53.4	28.6	3.0	15.0

数据来源：根据《中国统计年鉴 2018》相关数据整理而得。

三、收入特征

（一）西部地区农村居民收入增速迅猛但水平依然不高

2017 年，西部地区农村居民人均纯收入达到 10894 元，与 1997 年的 1102 元相比，其年均增长率高达 43%。但即使如此，西部地区农村居民人均收入水平无论是与全国平均水平，还是与东部地区相比，其绝对差距并未缩小。西部与东部地区农村收入的绝对差距由 1997 年的 1867 元增长到 2016 年的 7698

元，2017 年东部、西部地区农村居民收入差距首次出现缩小，未来两者差距有望进一步缩小，如表 3-3 所示。

表 3-3　1997—2017 年东部、西部地区农村居民人均收入比较

年份	1997	2000	2005	2010	2015	2016	2017
东部地区（元）	3188	3588	5267	9128	16163	17561	17783
西部地区（元）	1322	1616	2066	3386	9058	9863	10894
绝对差额（元）	1867	1972	3200	5741	7105	7698	6889
西部占东部比（%）	41.5%	45.0%	39.2%	37.1%	56%	56.2%	61.3%

数据来源：根据《中国统计年鉴 1998—2018》相关数据整理而得。

由表 3-3 不难得知，自改革开放后至 2011 年，除了 1997—2000 年西部地区农村居民收入水平与东部地区之间的差距有所缩小之外，其余时间东部、西部地区农村居民消费水平的绝对差距一直在不断拉大，在 2016 年达到峰值，之后有所缩小。另一方面，从东西部地区农村居民消费的相对差距来看，从 2000 年相对于东部地区 45% 的比例一度下降至 2010 年的 37.1%。分析得知，西部地区农村居民收入占东部地区的比例在 2010 年达到最低，仅为 37.1%。近几年西部地区农村居民收入增速明显加快，2017 年西部地区农村居民收入已经达到东部地区的 61.3%，虽然差距依然悬殊，但与 20 世纪 90 年代相比，差距已经大幅缩小，如图 3-6 所示。

（二）西部地区农村居民工资性收入比重偏低

2017 年，在西部地区农村居民家庭收入来源结构中，工资性收入比重仅为 31.74%，与全国 37.43% 的均值存在显著差距，内蒙古、西藏与新疆等省（区、市）尤为突出，工资性收入占比仅为 20% 以上；而西部地区其余省份该比例多低于 30%，仅有陕西和贵州两省比例大于 40%，略高于全国平均水平。另外，如果与发达的东部地区农村相比，内蒙古农村居民工资性收入比重竟然比东部地区低 32.33 个百分点，可见西部地区农村居民工资性收入比重严重偏低，如图 3-7 所示。

（三）西部地区农村居民转移性收入比重偏高

通过比较不难得知，就农村居民收入来源而言，2017 年转移性收入占全

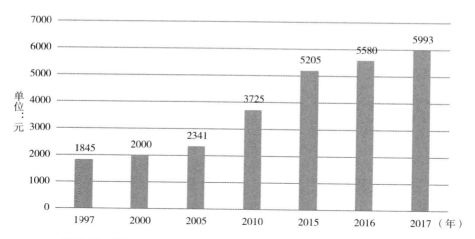

图 3-6　1997—2017 年东部、西部地区农村居民收入绝对差距变化

数据来源：根据《中国统计年鉴 1998—2018》相关数据整理而得。

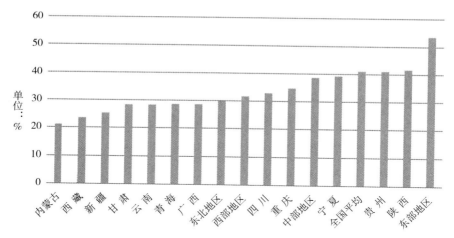

图 3-7　2017 年不同地区农村居民工资性收入比重对比

数据来源：根据《中国统计年鉴 2018》相关数据整理而得。

国农村居民家庭收入的比重为 19.38%，而该项指标高于 25% 的省份多集中于西部地区。与东部地区 15.04% 的比重相比，农村居民转移性收入在西部地区农村居民家庭收入的占比高达 23.11%，占比普遍偏高。其中，青海、重庆与甘肃转移性收入比例较高，青海农民家庭转移收入占比高达 28.2%，位居全国首位，如图 3-8 所示。

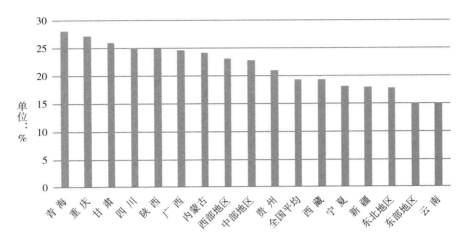

图 3-8　2017 年不同地区农村居民转移性收入比重对比

数据来源：根据《中国统计年鉴 2018》相关数据整理而得。

第二节　西部地区农村居民消费水平、结构及特征

众所周知，西部地区农村居民的消费水平整体偏低。但其消费结构、消费结构与消费倾向具有何种特征，成为我们研究其消费潜能的首要问题。考虑到西部地区显著的省域差异，我们计划通过纵向的历史比较和横向的区域比较，以分析其消费现状。内容如下。

一、消费水平比较

（一）消费水平的历史演变

1995 年，西部地区农村居民人均生活消费为 1003 元，2006 年首次突破 2000 元大关。此后，农村居民消费水平增长开始提速，相继突破 4000 元、6000 元、8000 元整数关口。到 2017 年，西部地区农村居民消费水平达到 9604 元，这一期间农村居民生活消费水平的年均增速高达 37.28%，如图 3-9 所示。由此可见，西部地区农村居民的生活消费水准不断提高，而且增速加快的趋势比较明显。

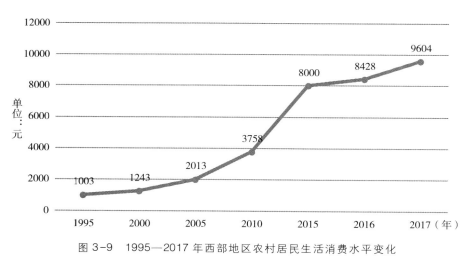

图 3-9　1995—2017 年西部地区农村居民生活消费水平变化

数据来源：根据《中国统计年鉴 1995—2018》相关数据整理而得。

（二）消费水平的区域比较

2017 年，在西部地区诸省份中，除了内蒙古和四川外，其余省份农村居民的生活消费均低于全国平均水平（10954 元）。不难发现，西部地区农村居民生活消费水平总体偏低。其中，内蒙古与四川农村居民生活消费水平在 11100—12000 元，而重庆、宁夏与青海农村居民消费水平在 10000 元左右，广西、陕西与新疆农村居民消费水平在 8500—9500 元之间，贵州、甘肃、云南农村居民生活消费水平处于 8000 元左右，西藏农村居民的生活消费水平最低，仅有 6692 元，不及内蒙古农村居民消费水平的 50%。另外，与东部地区农村居民生活消费水平最高的上海相比，西部地区农村居民生活消费水平仅为其 60.55%，如图 3-10 所示。

通过对比西部地区农村居民消费水平的演变得知，西藏、云南、甘肃及贵州的农村居民消费总体水平偏低。尤其是西藏，2010 年以来该地区农村居民消费水平一直位居全国末位。另外，通过西部地区与全部农村居民消费水平对比可以发现，1995 年，西部地区农村居民消费水平为全国农村居民的 76.5%，经过 20 多年的快速增长，到 2017 年，西部地区农村居民消费占全国平均水平的比例已达到 87.7%，差距有所缩小。但西部地区农村居民与全国居民的消费

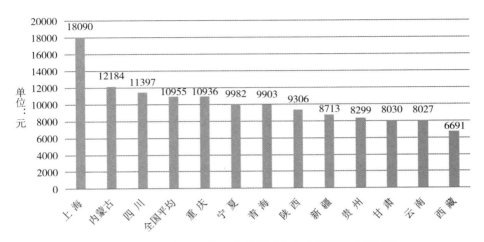

图 3-10　2017 年不同地区农村居民人均生活消费水平对比

数据来源：根据《中国统计年鉴 2018》相关数据整理而得。

水平差距依然高达 1350 元，因此，西部地区农村居民消费水平的提升依然任重道远，如表 3-4 所示。

表 3-4　1995—2017 年不同地区农村居民人均生活消费水平对比

单位：元

省份	2017 年	2016 年	2015 年	2010 年	2005 年	2000 年	1995 年
重　　庆	10936.1	9954.4	8937.7	3624.6	2142.1	1395.5	
四　　川	11396.7	10191.6	9250.6	3897.5	2274.2	1484.6	1092.9
贵　　州	8299.0	7533.3	6644.9	2852.5	1552.4	1096.6	930.6
云　　南	8027.3	7330.5	6830.1	3398.3	1789.0	1270.8	981.1
西　　藏	6691.5	6070.3	5579.7	2666.9	1723.8	1116.6	896.8
陕　　西	9305.6	8567.7	7900.7	3793.8	1896.5	1251.2	913.7
甘　　肃	8029.7	7487.0	6829.8	2942.0	1819.6	1084.0	915.3
青　　海	9902.7	9222.2	8566.5	3774.5	1976.0	1218.2	913.8
宁　　夏	9982.1	9138.4	8615.0	4013.2	2094.5	1417.1	1063.2
新　　疆	8712.6	8277.0	7697.9	3457.9	1924.4	1236.5	941.6
广　　西	9436.6	8351.2	7582.0	3455.3	2349.6	1488.0	1202.9
内蒙古	12184.4	11462.6	10637.4	4660.8	2446.2	1614.9	1180.5

省份	2017 年	2016 年	2015 年	2010 年	2005 年	2000 年	1995 年
西部地区平均	9604.2	8512.0	7923.0	3544.8	1999.1	1306.2	1002.9
全国平均	10954.4	10129.8	9222.6	4381.8	2555.4	1670.1	1310.4

数据来源：西部地区农村居民人均生活水平由课题组根据西部地区 12 省份农村人口规模、人均消费水平计算而得，其他数据根据《中国统计年鉴 1996—2018》相关数据整理而得。

（三）消费规模的区域比较

由于西部地区不同省份的农村居民人口规模及消费水平存在较大差距，进而有可能会导致不同地区农村居民消费规模也存在较大差异。以《中国统计年鉴 2018》西部地区农村居民生活消费数据为依据，可将西部地区农村居民消费规模分为四个层次。

第一梯队为四川。2017 年四川农村居民的消费总规模达到 5323.09 亿元，远远超出西部地区其他省份，在西部地区的领先优势非常明显。

第二梯队包括云南、广西、贵州和陕西四个省（区、市）。这些省（区、市）的农村居民消费规模处于 1500 亿—2500 亿元的水平区间，其中，云南农村居民的消费总规模达到 2334.79 亿元，仅次于四川，位居西部地区第二位。

第三梯队包括内蒙古、新疆、重庆与甘肃四个省（区、市）。这些省（区、市）的农村居民消费规模位于 1000 亿—1400 亿元的水平区间。

最后一个梯队包括宁夏、青海和西藏三个省（区、市）。在西部地区 12 个省份中，西藏农村居民消费规模仅达到 155.54 亿元，不足四川农村居民消费规模的 3%，可以看出西部地区不同省份农村居民消费规模的差距非常悬殊。如图 3-11 所示。

二、消费结构对比

（一）西部地区不同消费主体的消费规模比较

2017 年，西部地区农村居民依然占据 48% 的比例，西藏、广西、贵州、云南、甘肃与新疆六省（区、市）的农村居民人数规模占比超过 50%，占据

图 3-11　2017 年西部地区不同省份农村消费规模对比

数据来源：根据《中国统计年鉴 2018》相关数据整理而得。

多数。与农村居民人口的庞大规模不同，相对于城镇居民和政府消费规模而言，西部地区农村居民消费在三大消费主体中的比重明显偏低。2017 年，西部地区共计消费 92707 亿元，其中，农村居民消费规模为 19203.4 亿元，占比20.7%，而城镇居民和政府消费分别占比 51.4% 和 27.9%，如表 3-5 所示。因此，西部地区农村居民在三大消费主体中的比重明显偏低。

表 3-5　2017 年西部地区城乡居民人口比重及消费规模比较

省份	城镇人口（万）	农村人口（万）	农村比重（%）	农村消费（亿元）	城镇消费（亿元）	政府消费（亿元）
内蒙古	1568	961	38.0	1374.8	4660.9	2427.8
广　西	2404	2481	50.8	2325.0	5522.1	2658.4
重　庆	1971	1105	35.9	1181.3	5838.4	2270.9
四　川	4217	4085	49.2	5323.1	9518.1	4524.5
贵　州	1648	1932	54.0	1935.2	3897.4	1673.8
云　南	2241	2559	53.3	2334.8	5265.0	2906.3
西　藏	104	233	69.1	155.5	215.0	674.6
陕　西	2178	1657	43.2	1649.6	5419.1	2606.6
甘　肃	1218	1408	53.6	1054.3	2664.0	1430.1

省份	城镇人口（万）	农村人口（万）	农村比重（%）	农村消费（亿元）	城镇消费（亿元）	政府消费（亿元）
青　海	317	281	47.0	336.0	736.9	741.6
宁　夏	395	287	42.1	347.6	1080.9	684.7
新　疆	1207	1238	50.6	1185.2	2867.2	3219.7
西部地区	19468	18227	48.4	19203.4	47684.8	25818.8

数据来源：根据《中国统计年鉴 2018》相关数据整理而得。

（二）西部地区农村居民消费结构的区域比较

2017 年，西部地区农村居民家庭恩格尔系数为 32.5%，与全国农村家庭的平均水平 31.2% 的差距微乎其微，这说明西部地区农村居民的消费结构提升显著。当然，与全国最高北京农村居民 24.74% 的水平相比，差距依然显著。就西部地区 12 省份内部而言，西藏农村居民家庭的恩格尔系数最高，为49.1%，位居全国首位；而宁夏与陕西农村居民家庭的恩格尔系数较低，两者分别为 25.27% 和 25.98%，在全国都属于一个较低水平。另外，内蒙古与青海农村居民家庭的恩格尔系数也比较低。

与恩格尔系数偏高相似，西藏农村居民在衣着消费方面的比重高达 11%，同样位居全国第一位；而广西农村居民的衣着支出占比较低，仅为 3%。西部地区诸省份中，贵州与陕西农村居民的居住消费支出比重较高，分别为23.41% 和 23.05%，陕西次之，但与北京（29.7%）及上海（26.1%）的农村居民家庭相比，依然存在一定差距；与上述省份不同，西藏农村居民的居住开支占比最低，仅为 14.2%。

此外，就交通通信消费而言，内蒙古、宁夏、青海、新疆和云南农村居民占比较高，比重都在 16% 以上；而西藏与陕西农村居民的交通通信支出比例较低，不足 12%。在西部地区诸省份中，教育文化消费比重最高的省份是贵州，其占比高达 14.3%，内蒙古与云南次之；与此形成鲜明对比的是，西藏农村居民教育文化消费占比最低，仅为 3.6%。

最后，就医疗保健消费而言，陕西农村居民医疗保健消费比例最高，为

13.6%，从全国范围来看也属于一个较高水平；内蒙古与云南农村居民医疗保健支出比例较高；而西藏农村居民医疗保健支出比例仅为 2.2%，为全国最低水平，如表 3-6 所示。

表 3-6　2017 年不同地区农村居民的生活消费结构比较

单位：%

省份	食品烟酒	衣着	居住	生活用品	交通通信	教育文化	医疗保健	其他服务
重　庆	36.5	5.5	18.0	6.9	12.2	11.2	8.1	1.7
四　川	37.2	6.0	18.9	6.9	12.1	7.4	9.6	1.9
贵　州	30.2	5.0	23.4	5.4	13.0	14.3	7.3	1.4
云　南	32.6	4.0	18.8	5.7	16.3	13.0	8.5	1.1
西　藏	49.1	11.0	14.2	6.5	11.9	3.6	2.2	1.7
陕　西	26.0	5.7	23.1	6.2	12.0	11.6	13.6	1.9
甘　肃	30.4	6.3	19.5	6.0	12.7	12.4	11.1	1.7
青　海	29.7	6.8	17.6	4.9	16.5	9.1	12.8	2.7
宁　夏	25.3	7.2	19.6	5.8	16.8	12.2	11.3	1.9
新　疆	30.6	8.2	19.1	4.7	16.3	8.6	11.1	1.5
广　西	32.2	3.0	22.5	5.3	13.7	12.0	9.9	1.5
内蒙古	27.8	6.9	18.0	4.3	16.9	13.5	10.6	2.1
上　海	33.8	5.1	26.1	5.2	13.1	6.7	8.1	1.9
北　京	24.7	5.5	29.7	8.5	14.5	7.0	9.0	1.1
浙　江	31.0	5.3	24.1	4.7	17.2	8.8	7.6	1.5
全国平均	31.2	5.6	21.5	5.8	13.8	10.7	9.7	1.8
西部地区	32.5	5.5	20.0	5.9	13.7	10.9	9.9	1.7

数据来源：根据《中国统计年鉴 2018》相关数据整理而得。

（三）西部地区农村居民的消费倾向对比

消费潜能的释放不仅需要消费能力，还需要有消费倾向的配合。除青海比较特殊外，其消费倾向高达 113%，内蒙古与甘肃的农村居民边际消费倾向均在 100% 左右；剩下的西部地区省份当中，大多数省份农村居民消费倾向都在 80% 以上，只有西藏农村居民消费倾向为 65.5%，如图 3-12 所示。对于西部地区各个省份的消费潜能释放而言，更应取决于农村居民的潜在消费能力与消费倾向间的均衡。

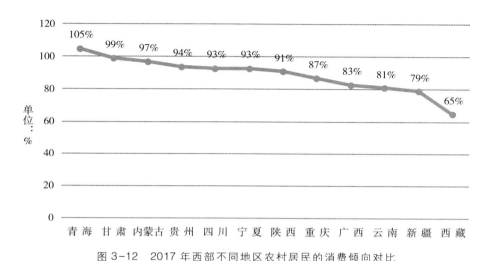

图 3-12　2017 年西部不同地区农村居民的消费倾向对比

数据来源：根据《中国统计年鉴 2018》相关数据整理而得。

三、消费特征分析

（一）生活消费的"恩格尔系数悖论"

众所周知，恩格尔系数是评价一个经济体收入水平高低的关键指标，一般而言，恩格尔系数越低，意味着该区域居民的收入水平越高。经过进一步对比之后可以发现，就恩格尔系数而言，2017 年西藏农村居民家庭恩格尔系数高达 49.1%，而四川与重庆分别为 37.2% 和 36.5%。通过上述分析我们得知，西藏农村居民生活水平处于温饱阶段，而四川和重庆皆处于小康阶段；此外，在西部地区其余省份中，宁夏与陕西农村居民家庭的恩格尔系数较低，均小于30%，分别为 25.3% 和 26%，而青海与内蒙古均低于 30%，如果按照恩格尔系数来看，以二省份均低于 31.2% 的全国均值，处于一个比较富裕的阶段，如图3-13 所示。

但事实并非如此，如表 3-7 所示，恩格尔系数排名与实际人均可支配收入排名出现较大差异。比如，西部地区诸省份中，宁夏农村居民的恩格尔系数最低，意味着其收入水平应该属于一个较高水平，但实际上宁夏农村居民收入

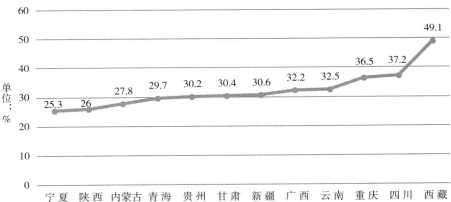

图 3-13　2017 年西部地区农村居民家庭恩格尔系数对比

数据来源：根据《中国统计年鉴 2018》相关数据整理而得。

表 3-7　2017 年西部地区农村居民家庭恩格尔系数与人均可支配收入对比

省份	恩格尔系数（%）	恩格尔系数排名	人均可支配收入（元）	收入排名
宁　夏	25.3	1	10738	6
陕　西	26.0	2	10265	8
内蒙古	27.8	3	12584	2
青　海	29.7	4	9462	10
贵　州	30.2	5	8869	11
甘　肃	30.4	6	8076	12
新　疆	30.6	7	11045	5
广　西	32.2	8	11325	4
云　南	32.5	9	9862	9
重　庆	36.5	10	12638	1
四　川	37.2	11	12227	3
西　藏	49.1	12	10330	7

数据来源：根据《中国统计年鉴 2018》相关数据整理而得。

水平在西部地区仅处于中游，位列第六位。陕西、青海、贵州与甘肃农村居民恩格尔系数与收入水平均出现了倒挂现象。与上述省份形成强烈反差的是，四川与重庆农村居民的恩格尔系数分别为 37.2% 和 36.5%，在西部诸省恩格尔排名中仅高于西藏，但川渝两省的农村居民收入水平在西部仅次于内蒙古，位居第二位和第三位。因此，西部地区农村居民收入与恩格尔系数之间存在严重的悖论，即并非西部地区农村居民消费的恩格尔系数越低，其收入水平就越高，这说明不能将恩格尔系数作为判断农村居民收入水平的单一标准，它仅仅提供了一个研究视角，其背后原因可能跟西部地区少数民族文化、宗教信仰差异等密切相关。

（二）消费结构的民族差异显著

西部地区包括西北、西南地区再加内蒙古和广西两个自治区。其中，西部地区有五个少数民族自治区，分别是新疆维吾尔自治区、广西壮族自治区、宁夏回族自治区、西藏自治区和内蒙古自治区。由于各自治区资源禀赋存在明显差异，再加之少数民族的生活消费方式差异，因此导致西部地区各省份之间的农村消费结构存在显著差异。如西藏农村居民的食品烟酒及衣着支出占比高达 60%，位居全国首位，而医疗保健支出比例仅为 2.2%，位居全国倒数第一位；宁夏农村居民食品烟酒支出占比仅为 25.3%，其恩格尔系数低于全国绝大部分省份，此外，宁夏的交通通信与医疗保健支出比重高于多数省份；新疆农村居民的交通通信支出和医疗保健支出比例高于西部地区多数省份；广西农村居民居住支出比重高达 22.5%，位居西部第一位，而衣着支出仅为 3%，该省农村居民的衣着支出比重偏低；内蒙古农村居民的食品烟酒支出比例仅为 27.8%，而教育文化及交通通信支出比重都位居西部地区首位。因此，可将西部地区农村消费结构特征总结为："西藏爱吃穿、广西喜欢住、内蒙古重教育、宁夏重医疗、新疆重交通"，如表 3-8 所示。

表 3-8　2017 年西部地区各民族自治区农村居民消费结构比较

单位：%

地　区	食品烟酒	衣着	居住	生活用品	交通通信	教育文化	医疗保健	其他服务
西　藏	49.1	11.0	14.2	6.5	11.9	3.6	2.2	1.7
宁　夏	25.3	7.2	19.6	5.8	16.8	12.1	11.3	1.9
新　疆	30.6	8.2	19.1	4.7	16.3	8.6	11.1	1.5
广　西	32.2	3.0	22.5	5.2	13.7	12.0	9.9	1.5
内蒙古	27.8	6.9	18.0	4.3	16.9	13.4	10.6	2.1
全国平均	31.2	5.6	21.5	5.8	13.8	10.7	9.7	1.8

数据来源：根据《中国统计年鉴 2018》相关数据整理而得。

第三节　西部地区农村居民消费存在的问题分析

对于西部地区农村居民消费问题的研究而言，仅通过《中国统计年鉴》分析农村居民的消费能力、消费水平、消费结构和消费特征并不充分。因为有关西部地区农村居民消费能力的自我评价、预期收入变化、消费倾向变化、网上在线消费态度、信贷消费态度、子女教育支出和人情开支、家电消费意愿、基础设施需求等数据，《中国统计年鉴》无法提供相关数据。受课题研究经费和研究周期限制，我们主要在陕西、青海、新疆、甘肃、宁夏、内蒙古、西藏、重庆与四川等省（区、市）展开调研。第一次调研共计发放调查问卷1600 份，回收问卷 1483 份，回收率为 92.7%；有效问卷 1138 份，有效率为79.1%。第二次调研主要针对四川农村居民展开，发放问卷 200 份，回收 184份，回收率 92%；有效问卷 151 份，有效率 82%。两次调研共涵盖西部地区163 个农村，涉及 1400 多户农村家庭。[1] 结合统计年鉴和调研数据分析，发现

---

①　陕西省农村居民消费调查样本由课题成员亲自调研完成，其余省份委托其他高校老师和学生展开调研。在问卷的调研过程当中，得到了青海师范大学王小宁老师、内蒙古财经大学白媛媛老师、北方民族大学梅花老师、西安财经学院何秀玲老师、商洛市统计局叶朝阳局长及厦门航空四川分公司马俊萍女士的大力帮助，同时刘琼之、王杜方玫、王娜等研究生为问卷录入及数据处理做了大量基础性工作，在此一并致谢。

西部地区农村居民当前消费主要存在问题如下。

一、西部地区农村居民消费能力普遍不足

（一）居民消费能力的自我评价

2015 年，在对当前收入是否满足消费的调研中，多数西部地区农村居民认为，家庭收入水平偏低是影响他们消费潜能释放的首要因素，由图 3-14 可知，认为自身收入不能满足消费的受访居民占比高达 55%。但是，绝对收入水平对消费潜能释放的制约程度有所不同。就绝对收入水平对消费潜能的制约来讲，青海、甘肃、重庆与宁夏四省（区、市）的农村居民较为显著；而陕西、内蒙古、新疆、青海与四川五省（区、市）的农民绝对收入对其消费潜能释放制约不是很显著。

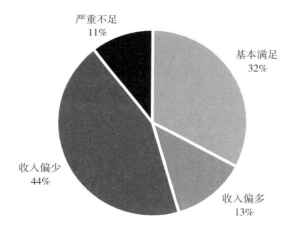

图 3-14　2015 年西部地区农村居民收入与消费比较自我评价

数据来源：根据课题组调研数据统计整理而得。

（二）消费能力的省域比较

调查结果显示，2015 年，西部地区农村居民人均纯收入水平最高的省（区、市）是重庆，其人均纯收入水平达到 11336 元，陕西、内蒙古与宁夏次之，基本上处于 10000 元左右的水平；而甘肃、青海与新疆三省（区、市）处于第二梯队，其人均纯收入水平接近 8000 元；而西藏的人均纯收入水平最低，只有 5676 元，仅为内蒙古农村居民水平的 50.1%，如图 3-15 所示。

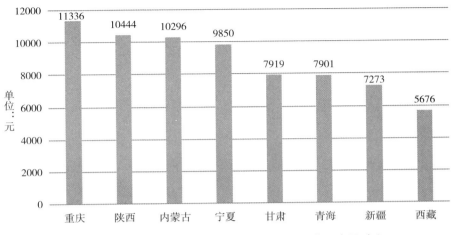

图 3-15　2015 年西部地区不同省份农村居民收入水平对比

数据来源：根据课题组调研数据统计整理而得。

（三）收入来源的省域对比

除西藏、内蒙古外，西部地区各省份农村居民消费能力与其外出务工收入占比成同方向变化。据调查问卷显示，重庆农村居民人均纯收入水平位居西部地区首位，而重庆农村居民收入水平中的外出务工收入占比高达 71%，同样位居西部地区首位。新疆的农村居民收入水平位居西部地区倒数第二位，其中，农村居民务工收入占总收入的比例仅为 26%，而农业经营收入占总收入的比例却高达 66%。如表 3-9 所示。

表 3-9　2015 年西部地区部分省份农村居民收入来源比较

单位:%

省份	外出务工收入占比（%）	农业经营收入占比（%）
重　庆	71	12
西　藏	48	15
宁　夏	47	9
陕　西	46	34
甘　肃	46	34
内蒙古	36	53

续表

省　份	外出务工收入占比（%）	农业经营收入占比（%）
青　海	29	14
新　疆	26	66
四　川	42	20

数据来源：根据课题组调研相关数据整理而得。

（四）收入增长预期不高

从消费经济学的经典理论不难得知，预期收入对消费行为进而对消费潜能释放有着决定性影响。西部地区农村居民对未来收入增长的预期并不高，仅有44%的受访居民对未来增长比较乐观，如表3-10所示。此外，西部地区不同省份农村居民对收入增长的预期存在着较大差异。宁夏和陕西的农村居民对收入增长的预期比较乐观，而内蒙古、新疆和甘肃的农村居民对收入增长的预期较悲观，这必然会影响其消费潜能的释放。

表3-10　2015年西部地区不同省份农村居民预期收入比较

单位:%

预期收入	增长	不变	减少	不确定
重　庆	42	25	9	24
新　疆	29	27	11	33
西　藏	48	19	11	22
陕　西	60	19	14	7
内蒙古	23	26	25	26
甘　肃	33	21	29	17
宁　夏	70	14	9	7
青 V 海	41	30	7	22
四　川	50	5	5	40
西部地区	44	20.7	13.3	22

数据来源：根据课题组调研数据统计整理而得。

二、西部地区农村居民消费结构有待优化

（一）西部地区农村居民消费结构满意度的自我评价

就西部地区农村居民消费满意度总体而言，农村居民对食物衣着等方面的消费满意程度最高，房屋居住和子女教育次之。相反，西部地区农村居民对度假旅游和娱乐等享受项目的消费非常不满意，如图 3-16 所示。由此可以看出，当西部地区农村居民的收入提高后，其对度假旅游和娱乐享受等享受型消费的潜能有可能得到进一步释放。

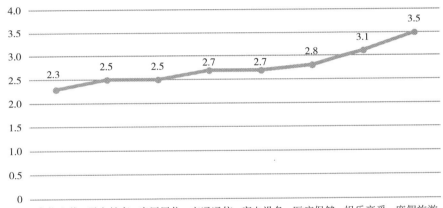

图 3-16　2015 年西部地区农村居民消费项目满意度对比

注：赋值越高，越不满意。

数据来源：根据课题组调研数据统计整理而得。

（二）子女教育和人情开支占比偏高

就西部地区农村居民消费结构而言，子女上学与食物衣服已成为农村居民的两大消费开支。除宁夏和青海外，在西部地区其余省份的农村居民消费结构中，子女教育费用已成为农村居民家庭消费的首要支出项目。子女教育占到户均消费的 24.6%。其中，内蒙古子女上学占比最高，高达 31.5%。值得注意的是，新疆农村居民的红白喜事比例竟高达 19.9%，红白喜事开支成为宁夏、西藏和四川的第三大支出。如表 3-11、图 3-17 所示。

表 3-11　2015 年西部地区不同省份农村居民消费结构比较

单位:%

项目	宁夏	青海	甘肃	新疆	内蒙古	西藏	重庆	陕西	四川
食物衣服	24.7	22.7	21.7	17.4	19	23	25.8	18.1	20.9
房屋家电	9.1	7.4	11.4	6.8	13.7	7.7	12.4	16.2	8.3
交通通信	10.4	10.6	9.2	4.8	7.2	5.9	7.2	9.1	9.2
子女上学	19.7	20.5	25.3	27.6	31.5	28.4	27.2	19	22.4
红白喜事	14	6.3	7	19.9	12.1	16.9	8.5	6.5	12.4
人情开支	7.7	11.7	6.9	10.4	4.4	6.3	6.1	13.7	11.8
医疗支出	10.1	18.2	16.1	8.7	10.2	9.2	8.1	10.9	9
旅游娱乐	3.5	2.5	2.4	4.4	1.9	2.7	4.8	6.6	6.1

数据来源：课题组调研数据。

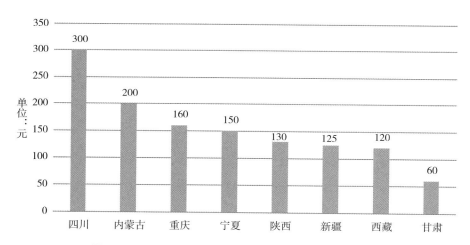

图 3-17　2015 年西部地区农村居民人情消费支出对比

数据来源：课题组调研数据。

（三）农村居民家电消费升级趋势明显

西部地区农村居民消费结构还可通过家庭的家电消费结构得以体现。实地调查结果显示，四川农村居民家庭的家电拥有率位居西部地区首位，尤其表现在其对冰箱和电动车两大家电的拥有率上，拥有率分别高达 99% 和 97%，说明农村居民家庭对家电拥有率非常高；而西藏则与之相反，除汽车外，其他家电拥有率均位居西部倒数第一位。就单一家电拥有率而言，电动车拥有率最低的是西藏，仅为38%，甘肃次之，为43%，其他西部地区省份皆高于50%；对空调的拥有率来讲，重庆以64%位居第一位，宁夏、青海和陕西三个省份农村居民家庭的空调拥有率均为20%左右，甘肃、内蒙古和西藏的空调拥有率较低，分别为4%、2%和1%。此外，重庆与甘肃农村居民家庭的热水器拥有率均超过50%，而内蒙古仅为15%，西藏最低，仅为3%，这主要与西藏农村居民的生活习俗有关。就冰箱拥有率而言，西部地区诸省份农村居民家庭的冰箱拥有率均超过50%，甘肃、陕西与西藏的比例较低。最后，就汽车和电脑拥有率而言，四川是西部地区唯一超过50%的省，而内蒙古、陕西与甘肃农村居民家庭的汽车和电脑拥有率较低，如表3-12所示。

表3-12　2015年西部地区农村居民家庭家电结构比例

单位:%

类别	电动车	空调	热水器	电脑	冰箱	汽车
陕　西	57	20	44	17	52	12
甘　肃	43	4	62	15	55	14
新　疆	56	16	32	24	63	22
重　庆	51	64	73	41	75	30
西　藏	38	1	3	6	51	30
宁　夏	60	21	37	47	77	31
四　川	97	68	83	60	99	52
内蒙古	56	2	15	10	75	11
青　海	60	21	37	47	77	31

数据来源：根据课题组调研数据统计整理而得。

（四）收入翻番后农村居民的消费结构改善比较

实地调查结果显示，在西部地区九个省份中，假设农村居民收入在2020年翻番之后，分别就农村居民家庭在家电、家具、盖房、旅游、汽车、保健及子女教育等项目上的消费购买意愿进行研究，具体结果如表3-13所示。

第一，就西部地区总体而言，当农村居民收入翻番后，最想消费的项目依次为盖房（43.6%）、子女教育（31.2%）和购买汽车（30.4%）。其中，除陕西（家电消费位居首位）和宁夏（购买汽车）两个省（区、市）外，盖房已成为西部地区农村居民收入增加后的第一选择，说明西部地区农村居民基本的温饱得以解决之后，居住将成为西部地区农村居民的第一大渴望得到满足的消费支出项目。宁夏和甘肃两个省（区、市）农村居民的汽车消费意愿强烈，说明农村居民在满足了基本的衣食住之后，随着收入水平的不断提高和生活质量的不断提升，农村居民更加追求生活的享受，也说明现代化的交通工具已逐渐渗透到农村地区。

第二，对陕西而言，购买家电（36.3%）和旅游开支（29.2%）成了其两大消费热点，而宁夏则是西部地区各个省份中，唯一一个将汽车作为第一消费选择的省（区、市），有高达47.1%的农村居民表示，当收入翻番后会首先购买汽车。

第三，甘肃和新疆两个省（区、市）的子女教育消费意愿较强，分别为50%和42.2%。值得一提的是，在甘肃农村居民消费意愿项目中，除了旅游消费外，农村居民其他项目消费意愿均达到了40%以上，说明该省农村居民具有较强的消费潜能。在子女教育消费方面，甘肃、新疆、四川和西藏农村居民的消费意愿较强，新疆、西藏地处偏远，教育相对较为落后，同时，农村居民也意识到教育的重要性，于是对其的意愿较为强烈。

表 3-13 西部地区农村家庭收入翻番后购买意愿比较

单位:%

类别	家电	家具	盖房	旅游	汽车	医疗保健	子女教育
重 庆	16.8	21.5	41.1	25.2	20.6	15.0	23.4
新 疆	14.7	25.7	50.5	17.4	31.2	20.2	42.2
西 藏	24.7	31.6	46.2	12.7	31.6	7.6	38.0
陕 西	36.3	23.2	19.6	29.2	20.8	13.7	22.6
内蒙古	20.1	17.0	34.0	20.8	29.6	13.8	26.4
甘 肃	41.4	38.6	71.4	22.9	38.6	40.0	50.0
宁 夏	14.3	12.9	37.1	24.3	47.1	30.0	12.9
青 海	9.1	10.8	52.3	20.5	24.4	5.7	25.0
四 川	5.0	10.0	40.0	40.0	30.0	5.0	40.0
西部地区	20.3	21.3	43.6	23.7	30.4	16.8	31.2

数据来源：根据课题组调研数据统计整理而得。

三、西部地区农村居民消费意愿整体偏低

(一) 消费倾向偏低且省域差异显著

受访居民表示，当其收入水平增长到 10000 元，生活消费则会增长 2500 元，即西部地区农村居民的边际消费倾向为 25%。但在西部地区不同省份间的农村居民消费倾向存在着较大差异，如重庆农村居民边际消费倾向最高，达到 34.8% 的水平；而新疆农村居民消费倾向最小，仅为 15.9%，还达不到重庆农村居民边际消费倾向的一半，如图 3-18 所示。

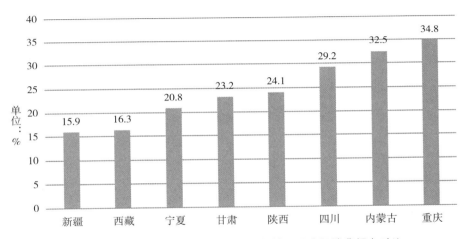

图 3-18　2015 年西部地区不同省份农村居民边际消费倾向对比

数据来源：根据课题组调研数据统计整理而得。

(二) 网上在线消费态度保守

近年来随着计算机在农村的快速普及，西部地区农村居民的网上购物比重显著提升。但对于多数西部地区农村居民而言，网上购物依然觉得可望而不可即。据课题组调查数据显示，有高达 45% 的农村居民不会使用网上购物，有 25% 的农村居民害怕在网上购物被欺骗，还有 14% 的农村居民反映网上购物的速度太慢。因此，当地政府有必要去帮助农村居民学会网上购物，引导居民消费行为转型，发挥其后发优势，真正释放其消费潜能，扩大消费市场，如图 3-19 所示。

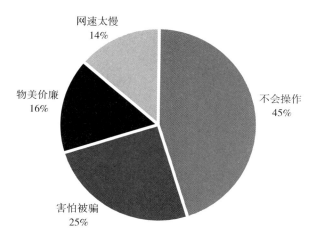

网速太慢
14%

物美价廉
16%

不会操作
45%

害怕被骗
25%

图 3-19　2015 年西部地区农村居民对待网上购物态度
数据来源：根据课题组调研数据统计整理而得。

（三）信贷消费习惯尚未形成

西部地区农村居民普遍缺乏金融机构的信贷支持。中国多数金融机构主要围绕工业、服务业和城市居民需求展开，这就导致西部地区农村地区金融机构较为稀少，农村居民生活消费和生产投资的信贷需求很难得到满足。在此背景下，开展信贷消费显然有些不合时宜。宁夏、西藏、新疆、内蒙古和青海农村居民对于信贷消费的使用预期较高，35%—40%的农村居民愿意使用信贷消费，如图 3-20 所示。

整体而言，西部地区农村居民对信贷消费的态度比较保守，担心还款是其最大顾虑，诸如甘肃、新疆及重庆三个省（区、市）40%的农村居民都有此顾虑，这个跟农村居民的收入来源有关，如果以后能够增加工资性收入，应该可以缓解。另外，对西藏和内蒙古的农村居民而言，不习惯（58%）和手续烦琐（24%）是不使用农村信贷消费的主要原因。事实上，消费习惯的养成需要一段时间的培养，因此，金融机构应结合西部地区农村居民收支实际状况，尽可能地减少农村居民消费信贷的业务操作流程，提升有效释放消费潜能的效率，如表 3-14 所示。

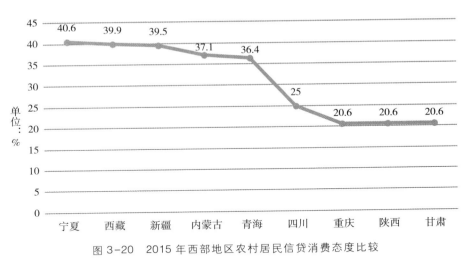

图 3-20　2015 年西部地区农村居民信贷消费态度比较

数据来源：根据课题组调研数据统计整理而得。

表 3-14　2015 年西部地区农村居民反对信贷消费原因比较

单位:%

省份	怕还款	不习惯	手续烦琐	怕闲话
重　庆	43	22	21	14
新　疆	44	31	20	5
西　藏	7	58	24	11
陕　西	21	27	15	37
内蒙古	34	34	23	9
甘　肃	45	32	15	8
宁　夏	22	13	9	13
青　海	32	15	9	3
四　川	30	15	15	15
西部地区	30.9	27.4	16.8	12.8

数据来源：根据课题组调研数据统计整理而得。

（四）收入翻番后家电消费意愿差异较大

就西部地区农村居民家电耐用品的购买意愿而言，汽车（40.7%）、电脑（25.4%）与冰箱（22.1%）位居前三位，这说明当收入翻番后，这三项家电耐用品的消费潜能较大。从表 3-15 中可知，西部地区各省份的家电耐用品的消费潜能有所不同，汽车成为西部地区农村家庭耐用品消费项目的第一选择。除陕西和内蒙古外，其余西部地区省份都将汽车作为收入翻番后的首要消费项目。陕西农村居民将电脑作为未来消费的第一选择，而热水器则成为内蒙古的首选项目。除汽车外，甘肃、新疆与重庆的农村居民对冰箱的购买意愿比较强烈，新疆农村居民对热水器也有较强的购买意愿。而在西部地区诸省份中，甘肃农村家庭对冰箱的消费需求最高（37.1%），而新疆对热水器的需求最为旺盛（30.3%）；甘肃对购买汽车的消费需求极为旺盛，77.1%的农村家庭有购买意向；西部地区居民对电磁炉和微波炉的消费需求整体偏低，处于15%左右的水平，而西藏农村居民对其需求位居西部地区首位，如表3-15所示。

表3-15　2015年西部地区农村家庭收入翻番后消费意愿排序

单位：%

省份	冰箱	热水器	汽车	电磁炉	微波炉	电脑
重　庆	28	26.2	29	13.1	15.9	26.2
新　疆	29.4	30.3	41.3	15.6	17.4	26.6
西　藏	27.8	13.9	39.9	20.9	23.4	27.8
陕　西	22.6	17.3	35.2	5.4	10.7	39.3
内蒙古	20.8	29.6	28.3	13.8	19.5	28.3
甘　肃	37.1	21.4	77.1	17.1	20	22.9
宁　夏	14.5	26.1	45	18.8	11.6	17.4
青　海	19.4	18.8	40.9	6.3	10.2	25
四　川	10	15	30	10	25	15
西部地区	23.3	22.1	40.7	13.4	17.1	25.4

数据来源：根据课题组调研数据统计整理而得。

四、西部地区农村居民消费环境有待优化

（一）西部不同地区农村居民消费满意度差异显著

我们还需关注西部地区各个省份农村居民对于消费项目满意度的差异。第一，在子女教育方面，西藏与陕西农村居民的消费满意度较高，而重庆农村居

民则恰恰相反；第二，在食物衣着消费方面，宁夏与西藏农村居民的满意度最高，甘肃和重庆农村居民则相反；第三，在交通通信方面，青海和新疆农村居民最不满意，新疆农村居民对于房屋居住也不是很满意；第四，西藏农村居民对医疗保健和家电设备的消费满意度较高。综合来看，可以得出青海和重庆的农村居民消费满意度相对较低，而陕西、西藏与宁夏农村居民的消费满意度相对较高，如图 3-21 所示。

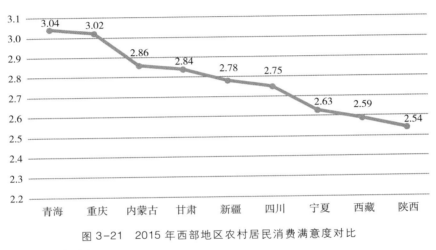

图 3-21　2015 年西部地区农村居民消费满意度对比

注：赋值越低，越满意。

数据来源：根据课题组调研数据统计整理而得。

（二）农村基础设施改善需求差异显著

对于西部地区不同农村地区而言，它们在公共产品需求的种类和数量方面，都存在着较大差异。根据西部地区农村居民的实际消费状况，不同省份农村公共设施的完善程度直接影响到消费环境的提升，从而影响到消费潜能的释放。2015 年，西部地区农村居民对于公路交通的改善需求最为强烈，互联网和公共卫生需求也占有较高的比例，如表 3-16 所示。因此，对于西部地区政府而言，应该将有限的资源优先用于改善公路交通、建设互联网和提升公共卫生水平等方面。

表 3-16　2015 年西部农村居民基础设施改善需求比较

单位:%

省份	公共卫生	自来水	公路交通	电力设备	互联网
重　庆	46	36	36	23	26
新　疆	32	26	49	44	44
西　藏	29	32	59	42	42
陕　西	40	34	32	16	39
内蒙古	44	27	62	28	36
甘　肃	60	43	39	24	24
宁　夏	51	7	26	17	70
青　海	21	26	58	19	37
四　川	5	10	50	40	25
西部地区	36.4	26.8	45.7	28.1	38.1

数据来源：根据课题组调研数据统计整理而得。

本章小结

　　本章以《中国统计年鉴》和课题组调研数据为基础，对西部地区农村居民的消费现状及问题展开系统性分析，得出以下结论：第一，西部地区农村居民消费能力不足。表现为收入水平偏低、预期收入增长不确定、工资性收入占比不高、恩格尔系数与收入水平倒挂等现象。第二，西部地区农村居民消费结构存在显著的省域差异，因此导致不同省份消费潜能释放的支出结构大大不同。如西部地区农村家庭的家电消费意愿较强，但不同省份对于家电的消费需求存在显著差异。第三，西部地区农村居民消费存在的主要问题包括，子女教育和人情开支对其余消费项目产生较强的挤出效应、整体消费倾向不强、线上消费和信贷消费态度保守、农村消费环境有待优化等方面。

第四章　西部地区农村居民收入变化对消费影响的实证研究

第三章以《中国统计年鉴》和课题组调研数据为基础，对西部地区农村居民的消费现状及问题展开系统性分析。本章就西部地区农村居民收入变化对其消费影响展开具体的实证分析。

第一节　不同收入等级对消费水平的影响

本书选取西北和西南地区农村居民收入与消费结构的统计数据，对不同收入层次农村居民的消费结构进行实证分析；由于数据的限制，本节选取陕西和重庆进行对比分析。由于统计年鉴统计口径不同，为了便于对比分析，本书将陕西及重庆 2005—2012 年农村居民收入水平按年人均纯收入分为五组（低收入户、中低收入户、中等收入户、中高收入户、高收入户）。以不同收入组作为横截面对八大类消费分别建立模型。

一、模型设定和数据来源

面板数据模型分为三种模式：第一种无个体影响的混合回归模型 $\alpha_i = \alpha$，$b_i = b$，其模型一般表示为

$$y_{it} = \alpha + x_{it}b + \mu_{it} \ (\ i = 1, \ 2, \ 3, \ \cdots, \ N; \ t = 1, \ 2, \ 3, \ \cdots, \ T)$$

第二种为变截距模型，$b_i = b$ 其模型表示如下：

$$y_{it} = \alpha_i + x_{it}b + \mu_{it} \ (\ i = 1, \ 2, \ 3, \ \cdots, \ N; \ t = 1, \ 2, \ 3, \ \cdots, \ T)$$

第三种是变系数模型，其一般表达式如下：

$$y_{it} = \alpha_i + x_{it}b_i + \mu_{it} \ (i = 1, 2, 3, \cdots, N; \ t = 1, 2, 3, \cdots, T)$$

通过 F 检验确定面板数据模型形式；F 检验的假设检验如下：

（1）H_1：$b_1 = b_2 = \cdots = b_N$

（2）H_2：$\alpha_1 = \alpha_2 = \cdots = \alpha_N$；$b_1 = b_2 = \cdots = b_N$

$$F_2 = \frac{\dfrac{(S_3 - S_1)}{[(N-1)(k+1)]}}{\dfrac{S_1}{[NT - N(k+1)]}} \sim F[(N-1)(k+1), \ N(T-k-1)]$$

$$F_1 = \frac{\dfrac{(S_2 - S_1)}{[(N-1)(k+1)]}}{\dfrac{S_1}{[NT - N(k+1)]}} \sim F[(N-1)k, \ N(T-k-1)]$$

式中，S_1、S_2、S_3 分别为变系数模型、变截距模型、混合回归模型的残差平方和；如 $F_2 < F_\alpha$，则拒绝原假设 H_1，接受备择假设 H_2，为无个体影响的不变系数模型；如 $F_2 > F_\alpha$，则需检验假设 H_1；如 $F_1 < F_\alpha$ 接受原假设 H_1，则为变截距模型；反之，$F_1 > F_\alpha$，为变系数模型。

二、实证结果分析

（一）西北地区模型分析

1. 不同收入等级居民收入对食品支出影响的模型

本书将陕西 18 个农村居民年人均收入等级按照权重分为五个等级，200—400 元为低收入户、400—1200 元为中低收入户、1200—3000 元为中等收入户、3000—5000 元为中高收入户、5000 元以上为高收入户。运用 2005—2012 年的数据建立陕西居民家庭人均年可支配收入对食品支出影响的模型。应用统计软件分别求出变系数模型、变截距模型、混合回归模型的残差平方和：S_1、S_2、S_3，进而求得 F_1 和 F_2 统计值。

$F_2 = 2.11 > F_{0.05}(34, 90) = 1.5595$

$F_1 = 1.47 < F_{0.05}(51, 90) = 1.4879$

故选择变截距模型进行估计：$\ln SWRC1_{it} = \alpha_i + \beta_0 \ln x_{it} + \beta_1 \ln SWRC1_{i,\,t-1} + u_{it}$

$(i = 1, 2, \cdots, 5, t = 1, 2, 3, \cdots, 10)$

其中，$SWRC1_{it}$ 表示五个收入等级居民的食品消费支出，α 为五个收入等级的平均自发消费水平 α_i，α_i 为第 i 个收入等级的自发消费额，β_0 表示收入对当期消费支出影响的弹性系数，β_1 表示前期消费对当期消费支出影响的弹性系数，其回归结果如表 4-1 所示。

表 4-1　不同收入等级农村居民年人均收入对食品支出影响的参数估计结果

收入等级	α_i估计值	β_0估计值	β_1估计值
低收入户	0.10	0.12	0.49
中低收入户	−0.03	0.12	0.49
中等收入户	−0.08	0.12	0.49
中高收入户	0.06	0.12	0.49
高收入户	0.22	0.12	0.49

由表 4-1 可以看出，中低收入户和中等收入户的 α_i 均为负值，表明这两个收入等级的农村居民家庭对食品的自发消费水平低于平均水平；系数 β_0 表示食品支出的边际消费倾向，增加 1 单位的人均纯收入会拉动 0.12 单位的食品消费支出；系数 β_1 为前期消费对食品支出的影响系数，前期消费对食品支出的影响是正向。

2. 不同收入等级农村居民收入对各项消费支出影响的 Panel Data 模型

根据表 4-2 的 Hausman 检验结果可知，对于食品消费支出的影响应选择随机效应的变截距模型，对于衣着、文教娱乐及用品方面的消费支出的影响应选择固定效应的变截距模型，其他均为混合回归模型。

表 4-2　Panel Data 模型 F 统计量计算表

统计量 消费支出	S_1	S_2	S_3	F_1	F_2	模型类型
SWRC1	2.4	3.7	5.3	1.5	2.1	随机效应变截距模型
SWRC2	6.7	8.7	12.4	0.8	1.5	固定效应变截距模型
SWRC3	21.9	29.0	35.7	0.9	1.1	混合回归模型

续表

统计量 消费支出	S_1	S_2	S_3	F_1	F_2	模型类型
SWRC4	12.6	17.3	21.0	1.0	1.2	混合回归模型
SWRC5	11.5	13.1	19.0	0.4	1.2	混合回归模型
SWRC6	5.3	6.9	12.3	0.8	2.3	固定效应变截距模型
SWRC7	5.8	7.4	8.4	0.7	0.8	混合回归模型
SWRC8	29.6	39.4	39.4	0.9	0.5	混合回归模型

3. Panel Data 模型估计结果分析

表 4-3 不同收入等级的自发消费额

收入等级	α_i							
	SWRC1	SWRC2	SWRC3	SWRC4	SWRC5	SWRC6	SWRC7	SWRC8
低收入户	0.10	−0.45	3.11	2.19	2.13	−0.50	429.67	0.69
中低收入户	−0.03	−0.32	3.11	2.19	2.13	−0.00	429.67	0.69
中等收入户	−0.08	0.10	3.11	2.19	2.13	−0.23	429.67	0.69
中高收入户	0.06	0.35	3.11	2.19	2.13	0.37	429.67	0.69
高收入户	0.22	0.85	3.11	2.19	2.13	0.62	429.67	0.69

由表 4-3 可知，不同收入层次农村居民的居住（SWRC3）、生活用品及服务（SWRC4）、交通通信（SWRC5）、医疗保健（SWRC7）和其他用品及服务（SWRC8）消费差异不显著，模型表现形式一致，为混合回归模型；食品（SWRC1）、衣着（SWRC2）和教育文化娱乐（SWRC6）为变截距模型，自发性消费额有显著的个体差异，而消费倾向和消费习惯差异不大；不同收入等级居民在居住、家庭设备用品与服务、交通通信、医疗保健和其他用品及服务的自发性消费皎大且无明显差异，医疗保健列居第一位，其次为居住，这说明医疗保健、居住不论对任一收入层次都属刚性需求，不随收入等级的变化而变化，而生活用品与服务、交通通信、其他用品及服务较高；对食品消费来说，自发性消费随收入等级的上升有一个从高到低，再从低到高的趋势；这说明低

收入居民的消费仍局限于生存型，食品消费是其消费结构中的重要组成部分，高收入居民随收入等级的提高，更加注重膳食结构和食物品质，其自发性消费支出也远远高于中等收入和低收入的居民；对于衣着消费和文教娱乐及用品的自发性消费变化与收入等级的变化没有明显的规律性，但从中收入组到高收入组，衣着消费、文教娱乐及用品的自发性消费，逐步提高并维持一个较高的水平，这说明高收入群体在当今社会已经成为不可忽视的一个群体，他们有稳定的收入和储蓄，成为购买力非常强的群体，对衣着消费和文教娱乐及用品有较强需求；食品、衣着、文教娱乐及用品这三项的自发性消费额在低收入与中收入群体中存在负数，农村居民在衣食上存在自给自足、自产自销的情况，所以只有当收入水平达到一定程度或其他消费项目得到一定满足的情况下才会对其支出，尤其是教育仍旧对陕西农村居民产生较大压力。

观察表 4-4 中 β_0 可知，八个模型中食品、交通通信、其他用品及服务、居住这 4 项的边际消费倾向较高，收入每增长 1%，食品消费增长 0.12%，交通通信消费增加 0.43%，其他用品及服务费增加 0.43%，居住消费增加 0.41%，可见，其拉动作用显著，说明当收入增加时，除了食品和居住这类基本需求的增加之外，农村居民对交通通信、其他用品及服务的需求在不断增长；家庭设备用品与服务、文教娱乐及用品的边际消费倾向也相对较高，在基本生活需求得以满足的情况下，教育投入和精神文化需求呈现出快速上升的势头，说明农村居民对提高生活水平、改善生活质量表现出迫切的需求；衣着与医疗保健的边际消费倾向为负数，这可能受前期消费及其收入水平变化的影响。

观察 β_1 可知，衣着、医疗保健、交通通信、文教娱乐及用品方面受前期消费的影响较大；而食品、家庭设备用品与服务、居住受消费习惯的影响，前期消费也有一定程度的正向影响。

表 4-4　β_0 和 β_1 估计结果

	SWRC1	SWRC2	SWRC3	SWRC4	SWRC5	SWRC6	SWRC7	SWRC8
β_0	0.1	-0.1	0.4	0.4	0.4	0.1	-27.5	0.4
β_1	0.5	0.6	0.5	0.5	0.5	0.5	0.6	0.5

（二）西南地区模型分析

1. 不同收入等级农村居民收入对食品支出影响的模型

以重庆地区五个收入等级为个体单元，样本区间为 2005—2012 年，建立居民家庭人均年可支配收入对食品支出影响的模型。利用 Eviews8.0 软件可以计算出变系数模型、变截距模型、混合回归模型的残差平方和 S_1、S_2、S_3，进而求得 F_1 和 F_2 统计值。

$$F_2 = 3.73 > F_{0.05}(12, 35) = 2.05$$

$$F_1 = 0.82 < F_{0.05}(8, 35) = 2.23$$

故选择变截距模型进行估计：

$$\ln CWRC1_{\alpha_i} = \alpha_i + \beta_0 \ln x_{it} + \beta_1 \ln SWRC1_{i, t-1} + u_{it} \ (i = 1, 2, \cdots, 5, \ t = 1, 2, 3, \cdots, 10)$$

其中，$CWRC1_{it}$ 表示五个收入等级居民的食品消费支出，α 为五个收入等级的平均自发消费水平 α_i，α_i 为第 i 个收入等级的自发消费额，β_0 和 β_1 分别表示收入和前期消费对当期消费支出的弹性系数，回归结果如表 4-5 所示。

表 4-5　重庆地区不同收入等级农村居民收入对食品支出影响的估计结果

收入等级	α_i 估计值	β_0 估计值	β_1 估计值
低收入户	0.26	0.58	0.28
中低收入户	0.06	0.58	0.28
中等收入户	−0.02	0.58	0.28
中高收入户	−0.08	0.58	0.28
高收入户	−0.22	0.58	0.28

由表 4-5 可以看出，中等收入组、中高收入组和高收入组的 α_i 均为负值，表明这几个收入等级的农村居民家庭食品自发消费未达到平均水平；系数 β_0 表示食品支出的边际消费倾向，增加 1 单位的可支配收入会拉动 0.58 单位的食品消费支出；β_1 为前期消费影响系数，前期消费对食品支出有一定程度的正向影响。

2. 不同收入等级农村居民收入对各项消费支出影响的 Panel Data 模型

根据 Hausman 检验可知，食品消费支出选择固定效应的变截距模型，衣着、文教娱乐及用品方面的消费支出选择固定效应的变截距模型，其他均为混合回归模型。

表 4-6　Panel Data 模型 F 统计量计算表

消费支出＼统计量	S_1	S_2	S_3	F_1	F_2	模型类型
CWRC1	0.13	0.17	0.30	0.82	3.73	固定效应变截距模型
CWRC2	0.43	0.45	0.65	0.15	1.52	混合回归模型
CWRC3	3.04	3.26	5.68	0.22	2.53	固定效应变截距模型
CWRC4	0.40	0.44	0.66	0.30	1.92	混合回归模型
CWRC5	0.93	0.10	1.75	0.20	2.56	固定效应变截距模型
CWRC6	1.31	1.58	2.07	0.61	1.69	混合回归模型
CWRC7	1.30	1.43	1.90	0.28	1.34	混合回归模型
CWRC8	2.03	2.29	3.12	0.38	1.57	混合回归模型

由表 4-7 可知，不同收入层次农村居民的衣着（CWRC2）、生活用品及服务（CWRC4）、教育文化娱乐（CWRC6）、医疗保健（CWRC7）和其他用品及服务（CWRC8）的消费差异不显著，模型表现形式一致，为混合回归模型；食品（CWRC1）、居住（CWRC3）和交通通信（CWRC5）为固定效应变截距模型，自发性消费额个体差异显著，但消费倾向和消费习惯个体差异并不显著；不同收入等级农村居民在衣着、生活用品及服务、教育文化娱乐、医疗保健和其他用品及服务的自发性消费无明显差异，除生活用品及服务的自发消费额为 0.05 元外，其余均为负值，表明这几类自发消费未达到平均水平；对于食品，居住和交通通信而言，其自发性消费变化与收入等级的变化并不存在共同的趋势，且中高收入等级的自发消费额为负数，这可能与解释变量的设立或受前期消费及其收入水平变化的影响有关。

表 4-7 不同收入等级的自发消费额

收入等级	α_i							
	CWRC1	CWRC2	CWRC3	CWRC4	CWRC5	CWRC6	CWRC7	CWRC8
低收入户	0.26	-0.07	0.78	0.05	0.48	-0.37	-0.74	-2.38
中低收入户	0.06	-0.07	-0.05	0.05	0.11	-0.37	-0.74	-2.38
中等收入户	-0.02	-0.07	-0.20	0.05	-0.04	-0.37	-0.74	-2.38
中高收入户	-0.08	-0.07	-0.33	0.05	-0.17	-0.37	-0.74	-2.38
高收入户	-0.22	-0.07	-0.21	0.05	-0.38	-0.37	-0.74	-2.38

3. Panel Data 模型估计结果分析

观察表 4-8 的 β_0 可知，八个模型中食品（CWRC1）、居住（CWRC3）、交通通信（CWRC5）和其他用品及服务（CWRC8）这 4 项的边际消费倾向较高，收入每增加 1%，食品消费增加 0.58%，居住消费增加 1.43%，交通通信消费增加 1.17%、其他用品及服务消费增加 0.55%，其拉动作用较为显著。说明当农村居民收入增加时，农村居民的需求表现出差异性偏好。教育文化娱乐和医疗保健的边际消费倾向分别为 0.16 和 0.27，处于中等水平，但呈现出良好的增长势头，在基本生活需求得以满足的条件下，农村居民对教育文化娱乐及健康消费支出迅猛上升，进一步体现农村居民对生活品质的追求及对高水平生活的渴望，但是收入水平、观念等限制了农村居民的相关消费，使其消费处于相对较低的水平。由此可见，一方面，农村居民消费结构在优化升级，农村居民基本的温饱与居住问题得到保障之后，更加注重社交、健康保健等方面，使得农村居民在交通通信、医疗保健方面的消费不断升温；另一方面，农村居民消费仍旧受到收入水平的限制，如医疗保健费用过高，迫使农民"小病拖、大病扛"，也加重了农村居民的贫困程度，"因病返贫、因病致贫"的现象时有发生。

表 4-8　β_0 和 β_1 估计结果

	CWRC1	CWRC2	CWRC3	CWRC4	CWRC5	CWRC6	CWRC7	CWRC8
β_0	0.58	0.11	1.43	0.08	1.17	0.16	0.27	0.55
β_1	0.28	0.88	−0.30	0.90	0.13	0.85	0.74	0.45

进一步来看 β_1，衣着（CWRC2）、生活用品（CWRC4）、教育文化娱乐（CWRC6）、医疗保健（CWRC7）和其他用品及服务（CWRC8）的消费支出受前期消费的影响较大；而食品（CWRC1）和交通通信（CWRC5）受消费习惯和前期消费的影响；但居住（CWRC3）受前期消费的影响为负。

第二节　不同收入来源对消费结构的影响

本节选取 1997—2017 年东部、中部、西部地区作为研究对象，对比分析东部、中部、西部农村地区收入来源变化对消费结构的影响。

一、指标选择与数据来源

本节所涉及的变量如下：

农村居民人均纯收入（RI）：工资性收入（RI1），农村居民经营性收入（RI2），农村居民财产性收入（RI3），农村居民转移性收入（RI4），单位为元/人。

农村居民人均消费支出（RC）：食品烟酒（RC1），衣着（RC2），居住（RC3），生活用品及服务（RC4），交通通信（RC5），教育文化娱乐（RC6），医疗保健（RC7），其他用品及服务（RC8），单位为元/人。

ERI1—4，MRI1—4 和 WRI1—4 分别代表东部、中部、西部农村地区的四类收入来源，ERC1—8，MRC1—8 和 WRC1—8 分别代表东部、中部、西部农村地区的八大类消费构成。

以上所有数据均来自《中国统计年鉴 1998—2018》，并根据农村居民收入指数和消费价格指数转变为 2005 年不变价。

二、农村居民收入来源对消费结构的影响

（一）研究方法

在利用空间计量方法进行数据分析时，需要对变量的空间相关性进行检验，在此处运用全局 Moran 指数[72]。Moran'I 统计量反映的是空间邻接或空间邻近的区域单元属性值的相似程度。计算公式如下：

$$\text{Moran'I} = \frac{\sum_{i=1}^{n} \sum_{j=1}^{n} \omega_{ij}(Y_i - \bar{Y})(Y_j - \bar{Y})}{\frac{1}{n} \sum_{i=1}^{n} \sum_{j=1}^{n} \omega_{ij}} \quad (4-1)$$

其中，Y_i 表示 i 地区的观测值；n 为地区总数；ω_{ij} 为空间权重矩阵。Moran'I 统计量取值一般在 [-1，1] 之间，小于 0 表示负相关，等于 0 表示不相关，大于 0 表示正相关。越接近 -1 表示单元间的差异越大或分布越不集中；越接近 1，则代表单元间的关系越密切。ω_{ij} 的常规设定有两种：一种是二进制邻接矩阵，另一种是基于距离的二进制空间权重矩阵。本书按照空间邻接标准来建立空间权重矩阵，如式（4-2）所示。

$$\omega_{ij} = \begin{array}{l} 1(当区域\ i\ 和区域\ j\ 相邻接) \\ 0(其他) \end{array} \quad (4-2)$$

（二）空间面板模型

空间面板计量经济模型的理论研究在过去十年中得到了迅速发展。空间面板主要包括两种类型，即空间面板滞后模型（SLM）和空间面板误差模型（SEM）。其估计方法分为两种类别，即空间面板的极大似然估计和广义矩估计。[73-74]

面板数据空间滞后模型有固定效应和随机效应两种。在空间因素存在的情况下，面板数据的空间滞后模型的基本设定为

$$y_{it} = \rho \sum_{j=1}^{N} \omega_{ij} y_{jt} + x'_{it}\beta + \mu_i + \varepsilon_{it} \quad (4-3)$$

面板数据误差模型也有固定效应和随机效应两种，其基本设定为

$$y_{it} = x_{it}\beta + \mu_i + \mu_{it}$$

$$\mu_{it} = \lambda \sum_{j=1}^{N} \omega_{ij} \mu_{jt} + \varepsilon_{it} \quad (4-4)$$

其中，y_{it} 是被解释变量，x_{it} 是 K 维解释变量列向量，ρ/λ 是空间自回归系数，ω_{ij} 是空间加权矩阵，N 是横截面数据样本，t 是样本时间维度，μ_i 是个体固定效应，β 是解释变量的回归系数列变量。

（三）模型构建

西方经济学家凯恩斯的消费理论指出，家庭收入是决定消费支出的决定性因素，建立了边际消费倾向递减的凯恩斯消费函数。本书基于凯恩斯消费函数的基础，建立不同来源收入对中国农村居民消费影响的空间面板滞后模型和空间面板误差模型，其次为了消除时间序列的不稳定性和可能存在的异方差现象，将 SLM 和 SEM 转化成对数形式，公式如下：

$$\ln RC_{it} = a + b_1 \ln RI1_{it} + b_2 \ln RI2_{it} + b_3 \ln RI3_{it} + b_4 \ln RI4_{it} + \rho \omega_{ij} \ln RC_{jt} + \mu_{it}$$

$$(4-5)$$

$$\ln RC_{it} = a + b_1 \ln RI1_{it} + b_2 \ln RI2_{it} + b_3 \ln RI3_{it} + b_4 \ln RI4_{it} + \mu_{it}$$

$$(4-6)$$

$$\mu_{it} = \lambda \omega_{ij} \mu_{jt} + \varepsilon_{it}$$

其中，RC_{it} 为区域 i 第 t 年的农村居民消费水平，是本书的被解释变量；RI1 为区域 i 第 t 年的农村居民工资性收入，RI2 为区域 i 第 t 年的农村居民家庭经营性收入，RI3 为区域 i 第 t 年的农村居民财产性收入，RI4 为区域 i 第 t 年的农村居民转移性收入；b_1、b_2、b_3 和 b_4 为变量系数。

（四）结果分析

为了分析农村居民人均纯收入和人均消费支出的空间相关性，本书利用 ArcGIS10.0 软件中的空间自相关模块分别对 1997—2017 年各省份农村居民人均纯收入和人均消费支出的全局 Moran 指数进行计算，结果如表 4-9 和表 4-10 所示。

从表 4-9 可知，1997—2017 年，我国农村居民人均纯收入的 Moran'I 在 0.31 到 0.42 之间，Z 统计量显著，概率均小于 0.01，这说明各省份农村居民人均纯收入存在明显的空间正相关关系；由表 4-10 可知，我国各省农村居民生活消费支出的 Moran'I 在 0.14 到 0.26 之间，Z 统计量显著，除了 2000 年和 2009 年概率均小于 0.01，这说明各省份农村居民生活消费支出存在明显的空间正相关关系。

表 4-9　农村居民家庭人均纯收入的全局 Moran'I

年份	Moran'I	Z 统计量	P 值	年份	Moran'I	Z 统计量	P 值
1997	0.31	4.53	0.00	2008	0.31	4.57	0.00
1998	0.31	4.51	0.00	2009	0.31	4.49	0.00
1999	0.31	4.53	0.00	2010	0.31	4.53	0.00
2000	0.31	0.01	0.00	2011	0.33	4.74	0.00
2001	0.32	4.58	0.00	2012	0.33	4.80	0.00
2002	0.31	4.50	0.00	2013	0.34	4.87	0.00
2003	0.31	4.52	0.00	2014	0.34	4.92	0.00
2004	0.33	4.71	0.00	2015	0.33	4.86	0.00
2005	0.31	4.56	0.00	2016	0.35	4.97	0.00
2006	0.42	4.71	0.00	2017	0.30	4.45	0.00
2007	0.32	4.69	0.00				

表 4-10　农村居民家庭人均生活消费支出的全局 Moran'I

年份	Moran'I	Z 统计量	P 值	年份	Moran'I	Z 统计量	P 值
1997	0.19	3.09	0.00	2008	0.19	3.07	0.00
1998	0.16	2.67	0.01	2009	0.14	2.38	0.02
1999	0.16	2.62	0.01	2010	0.19	2.95	0.00
2000	0.15	2.51	0.01	2011	0.22	3.29	0.00
2001	0.16	2.65	0.01	2012	0.25	3.65	0.00
2002	0.16	2.71	0.01	2013	0.22	3.34	0.00
2003	0.17	2.73	0.01	2014	0.26	3.84	0.00
2004	0.16	2.67	0.01	2015	0.21	3.46	0.00
2005	0.17	2.79	0.01	2016	0.25	3.01	0.00
2006	0.21	3.30	0.00	2017	0.20	3.13	0.00
2007	0.20	3.28	0.00				

　　Moran'I 统计量只能估计全局空间相关性，而 Moran'I 散点图可以度量局部空间上的空间相关性。因而为了进一步分析各省农村居民收入及生活消费支出

的空间聚集模式，本书以 1997—2017 年农村居民人均纯收入和生活消费支出的平均值为对象，运用 GeoDa 软件绘制 Moran'I 散点图，如图 4-1 所示。图 4-1（a）和图 4-1（b）中整个平面被分成了四个象限，分别表示空间相关模式的四种类型：

第一象限为 HH 型省份，图 4-1（a）中包括北京、山东、江苏、浙江、福建、天津、辽宁和上海 8 个省（区、市），表明该类地区与周边省（区、市）农村人均纯收入高于全国平均水平；图 4-1（b）中包括山东、江苏、浙江、福建、天津和上海 6 个省（区、市），表明该类地区与周边省（区、市）农村消费水平均高于全国平均水平。

第二象限为 LH 型省份，图 4-1（a）中包括黑龙江、内蒙古、吉林、山西、河北、河南、安徽和江西 8 个省（区、市），说明这 8 个省（区、市）农村人均纯收入低，而周边省（区、市）较高；图 4-1（b）中包括黑龙江、内蒙古、吉林、山西、河北、安徽、江西和辽宁 8 个省（区、市），说明这 8 个省（区、市）消费水平低，而周边省（区、市）消费水平较高。

第三象限为 LL 型省份，图 4-1（a）中包括新疆、甘肃、宁夏、青海、陕西、西藏、湖北、四川、贵州、重庆、湖南、云南、广西和海南 14 个省（区、市），此类地区与相邻省（区、市）农村居民的人均纯收入低于全国平均水平；图 4-1（b）中包括新疆、河南、甘肃、宁夏、青海、陕西、西藏、湖北、四川、贵州、重庆、云南、广西和海南 14 个省（区、市），表明此类地区与相邻省（区、市）的农村居民消费水平均低于全国平均水平。

第四象限为 HL 型省份，图 4-1（a）中只有广东，这表明周边省（区、市）的农村居民人均纯收入比广东低；图 4-1（b）中包括广东、北京和湖南 3 个省（区、市），即这 3 个省（区、市）消费水平高，而周边省区市消费水平较低。

从散点分布可以看出，东部沿海地区省份位于第一象限，属于 HH 型省份；中部大部分地区省份位于第二象限，属于 LH 型省份；西部地区省份大多聚集在第三象限中，属于 LL 型省份。第一、三象限表示相邻地区正向空间相关，而第二、四象限表示相邻地区负向空间相关。由此可知，我国东部和西部

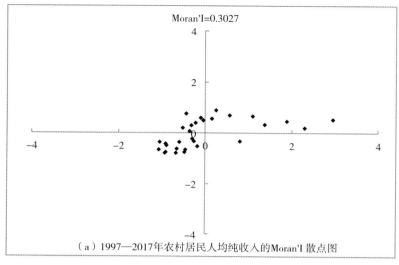

（a）1997—2017年农村居民人均纯收入的Moran'I 散点图

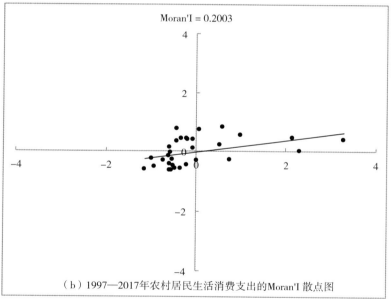

（b）1997—2017年农村居民生活消费支出的Moran'I 散点图

图 4-1　1997—2017 年农村居民人均纯收入及生活消费支出的 Moran'I 散点图

地区农村居民的人均纯收入和消费支出存在着明显的区位聚集效应。

此外，本书运用 MATLAB2015 软件中的空间计量工具箱，对空间面板滞后模型和空间面板误差模型进行检验。通过 Hausman 和 LR 检验，本书选择双向固定效应面板数据模型。从表 4-11 可知，除了 RC7 以外，其他 7 个被

解释变量的 LMLAG 和 R-LMLAG 检验结果都明显优于 LMERR 和 R-LMERR
检验，由此可以断定，RC1—RC6 和 RC8 应该选择空间滞后模型，RC7 选择
空间误差模型。综上所述，本书通过建立空间滞后和空间误差双向固定效应
面板数据模型来估计农村居民收入来源变化对消费结构的影响，结果如表
4-12 所示。

表 4-11　空间计量模型形式检验

变量	空间计量检验			
	LMLAG	R-LMLAG	LMERR	R-LMERR
RC1	511.37***	201.18***	310.19***	0.01
RC2	512.89***	198.24***	314.80***	0.15
RC3	235.83***	126.99***	111.46***	2.63
RC4	538.10***	161.06***	381.16***	4.12**
RC5	399.09***	229.75***	172.50***	3.16*
RC6	332.86***	89.28***	251.99***	8.42***
RC7	444.95***	32.97***	445.43***	33.45***
RC8	194.71***	35.28***	163.75***	4.31**

注：***、**、*分别表示在 1%、5%、10% 水平上显著。

通过空间滞后和空间误差面板固定效应模型的估计结果可以看出：

中国农村居民人均工资性收入（RI1）对各类消费的影响都较为显著，其
对教育文化娱乐（RC6）、医疗保健（RC7）和居住（RC3）消费的影响较高，
RI1 每增加 1%，都会使 RC3、RC6 和 RC7 增长 0.32%、0.40% 和 0.31%；农
村居民家庭经营纯收入（RI2）对衣着（RC2）、生活用品及服务（RC4）、交
通通信（RC5）和医疗保健（RC7）这四类消费的影响显著，其对 RC4 的影
响最大，RI2 每增加 1% 会使 RC4 增长 0.26%；农村居民家庭财产性收入
（RI3）对八大类消费的影响系数都不高；而农村居民转移性收入（RI4）对各
类消费的影响都较为显著，其对教育文化娱乐（RC6）、医疗保健（RC7）和

其他用品及服务（RC8）消费的影响较高，RI4 每增加 1%，都会使 RC6、RC7 和 RC8 增加 0.11%、0.15% 和 0.14%。

通过表 4-12 还可以看出面板数据空间计量模型的空间系数 ρ/λ 在 1% 的水平上显著为正，这表明空间溢出效应是影响中国农村地区消费支出的重要因素。这说明周边地区消费水平提高会带动本地区消费水平增长；反之，周边省份消费水平较低也会影响本地区消费水平的增长。

表 4-12　空间面板滞后模型和空间面板误差模型回归结果

被解释变量	解释变量					
	工资性收入	经营性收入	财产性收入	转移性收入	ρ/λ	R^2
食品烟酒	0.11***	-0.02	0.03***	0.02***	0.78***	0.97
衣着	0.13***	0.09***	0.05***	0.04***	0.78***	0.97
居住	0.32***	0.01	0.07***	0.11***	0.57***	0.93
生活用品及服务	0.17***	0.26***	0.04***	0.05***	0.76***	0.96
交通通信	0.30***	0.11**	0.02	0.09***	0.74***	0.97
教育文化娱乐	0.40***	0.10	0.00	0.11***	0.64***	0.95
医疗保健	0.34***	0.25***	0.05**	0.23***	0.36***	0.59
其他	0.19***	0.02	-0.01	0.14***	0.53***	0.90

注：***、**、* 分别表示在 1%、5%、10% 水平上显著。

三、农村居民收入来源对消费结构影响的区域比较分析

（一）西部与东部、中部地区农村居民收入来源变化分析

图 4-2 对三大区域的农村居民收入来源分别做了对比分析，柱状图从左到右依次为东部、中部和西部地区农村居民收入，用 ERI、MRI 和 WRI 表示。由图 4-2（a）可以看出，1997—2017 年，东部、中部和西部农村地区的工资性收入都呈增长趋势，其中 ERI1 是 WRI1 和 MRI1 的 2—3 倍；图

4-2（b）为三大地区农村居民的经营性收入，可以看出 ERI2 呈波动下降，MRI2 在 2010 年后超过 ERI2，21 年间 WRI2 的变化趋势不大；图 4-2（c）显示 MRI3 和 WRI3 差距较小，而东部地区的财产性收入是其他两个地区的两倍多；1997—2017 年，ERI4、MRI4 和 WRI4 都呈增长趋势，并且中西部农村居民转移性收入在 2014 年翻倍，其数值与东部相近，如图 4-2（d）所示。

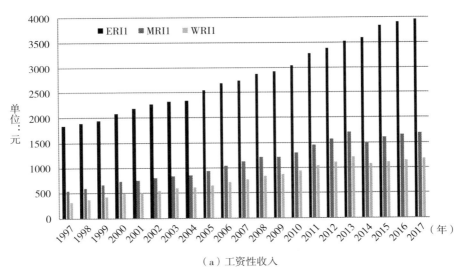

（a）工资性收入

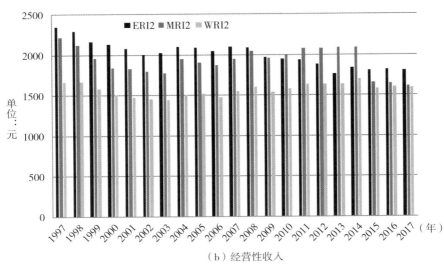

（b）经营性收入

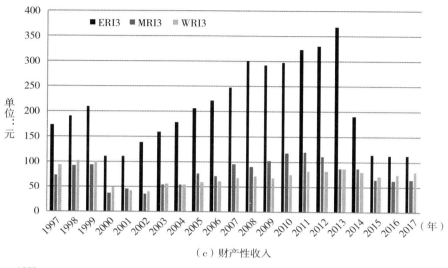

（c）财产性收入

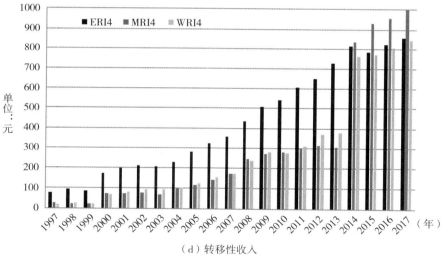

（d）转移性收入

图 4-2　1997—2017 年东部、中部、西部地区农村居民收入来源对比

数据来源：根据《中国统计年鉴 1998—2018》相关数据统计整理而得。

（二）西部与东部、中部地区农村居民消费结构分析

本书根据 1997—2017 年东部、中部、西部地区农村居民人均消费支出绘制出农村居民消费结构图，如图 4-3 所示，柱状图从下到上依次是：RC1-RC8。从图 4-3 可以看出，三大区域农村居民八类消费结构较为相似，食品烟酒和居住为主要消费类型，其次为交通通信、教育文化娱乐和医疗保健；此

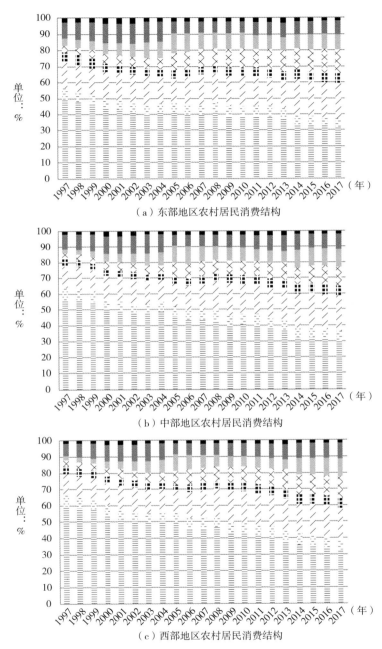

（a）东部地区农村居民消费结构

（b）中部地区农村居民消费结构

（c）西部地区农村居民消费结构

图 4-3　1997—2017 年不同地区农村居民消费结构对比

数据来源：根据《中国统计年鉴 1998—2018》相关数据统计整理而得。

外，食品烟酒消费的比例逐渐降低，居住、交通通信与教育文化娱乐消费的比例逐渐增高。

（三）结果分析

通过模型的估计结果（表4-13）可以看出：西部农村居民人均工资性收入（WRI1）对各类消费的影响都较为显著，其对居住（WRC3）、生活用品及服务（WRC4）、交通通信（WRC5）、教育文化娱乐（WRC6）的影响较高，WRI1 每增加 1%，都会使 WRC3、WRC4、WRC5 和 WRC6 增长 0.74%、0.73%、1.07% 和 0.73%；农村居民家庭经营纯收入（WRI2）对衣着（WRC2）、居住（WRC3）、生活用品及服务（WRC4）、交通通信（WRC5）这四类消费的影响显著，其对交通通信（WRC5）的影响最大，WRI2 每增加 1% 会使 WRC5 增长 1.48%；农村居民家庭财产性收入（WRI3）对八大类消费的影响系数都不高，并且不太显著；而农村居民转移性收入（WRI4）对各类消费的影响都较为显著，其对居住（WRC3）、交通通信（WRC5）和教育文化娱乐（WRC6）消费的影响较高，WRI4 每增加 1%，都会使 WRC3、WRC5 和 WRC6 增长 0.19%、0.27% 和 0.35%。

从表4-13可以看出，中部农村地区的工资性收入（MRI1）对各类消费支出的影响较西部农村地区的更为显著，而东部农村地区的工资性收入（ERI1）对各类消费支出的影响则较弱；东部农村地区的财产性收入（ERI3）和农村居民转移性收入（ERI4）对各类消费的影响比中部和西部农村地区更强；西部农村地区的经营性收入较中部和东部农村地区更为显著。

表4-13　不同地区农村居民收入来源对消费结构的影响回归结果

西部地区						
解释变量	WRI1	WRI2	WRI3	WRI4	R^2	样本数
WRC1	0.32***	0.56***	0.08***	0.11***	0.79	252
WRC2	0.61***	0.91***	0.12***	0.13***	0.80	252
WRC3	0.74***	0.91***	0.06	0.19***	0.76	252
WRC4	0.73***	1.08***	0.14***	0.15***	0.79	252

续表

西部地区						
解释变量	**WRI1**	**WRI2**	**WRI3**	**WRI4**	R^2	样本数
WRC5	1.07***	1.48***	0.06	0.27***	0.86	252
WRC6	0.73***	0.27	−0.01	0.35***	0.79	252
WRC7	0.50***	0.78***	0.04	0.16***	0.62	252
WRC8	0.51***	0.66***	0.07*	0.18***	0.69	252
中部地区						
解释变量	**MRI1**	**MRI2**	**MRI3**	**MRI4**	R^2	样本数
MRC1	0.50***	0.52***	0.05***	0.08***	0.87	168
MRC2	0.84***	0.82***	0.06***	0.12***	0.90	168
MRC3	0.95***	0.12	0.09***	0.19***	0.85	168
MRC4	1.12***	0.71***	0.10***	0.10***	0.87	168
MRC5	1.39***	0.17	0.06**	0.24***	0.93	168
MRC6	1.00***	−0.43	−0.09	0.39***	0.87	168
MRC7	0.41***	0.56**	0.05	0.20***	0.65	168
MRC8	0.59***	0.25	−0.03	0.25***	0.85	168
东部地区						
解释变量	**ERI1**	**ERI2**	**ERI3**	**ERI4**	R^2	样本数
ERC1	0.32***	−0.05	0.20***	0.19***	0.84	231
ERC2	0.35***	0.03	0.25***	0.28***	0.80	231
ERC3	0.53***	0.05	0.22***	0.32***	0.80	231
ERC4	0.41***	0.21***	0.28***	0.27***	0.71	231
ERC5	0.85***	0.03	0.30***	0.56***	0.85	231
ERC6	0.63***	0.31***	0.15***	0.48***	0.82	231
ERC7	−0.01	0.24**	0.09*	0.32***	0.44	231
ERC8	0.30***	−0.10	0.03	0.31***	0.65	231

注：***、**、*分别表示在1%、5%、10%水平上显著。

第三节　收入与消费结构的关联性判定

农村居民收入的持续增长带动生活消费的稳步增加，而生产的目的是满足人们不断增长的物质和文化的需要，故而只有人们的消费水平不断提高和消费结构不断优化才能更好地满足人们两类需求。利用灰色关联分析方法研究西部地区农村居民的消费结构，对引导合理消费、转变消费理念和优化消费结构具有重要意义。

一、灰色关联分析的基本思路

灰色关联分析是灰色系统理论中十分活跃的一个分支，其基本思想是根据序列曲线厂何形状的相似程度来判断不同序列之间的联系是否紧密，基本思路是通过线性插值的方法将系统因素的离散行为观测值转化为分段连续的折线，进而根据折线的几何特征构造关联程度的模型。折线几何形状越接近，相应序列之间的关联度就越大，反之则越小。[75]

具体的概念和灰色关联分析的计算步骤按照以下安排进行：设序列 $X_0 = (x_0(1), x_0(2), \cdots, x_0(n))$ 为系统行为序列，设序列 $X_i = (x_i(1), x_i(2), \cdots, x_i(n))$ $(i=1, 2\cdots, n)$ 为系统特征序列。对于 $\zeta \in (0, 1)$，令

$$(x_0(k), x_i(k)) = \frac{\min_i \min_k |x_0(k) - x_i(k)| + \zeta \max_i \max_k |x_0(k) - x_i(k)|}{|x_0(k) - x_i(k)| + \zeta \max_i \max_k |x_0(k) - x_i(k)|}$$

$$(4-7)$$

$$\gamma(x_0, x_i) = \frac{1}{n} \sum_{k=1}^n \gamma(x_0(k), x_i(k)) \qquad (4-8)$$

式（4-8）中，$\gamma(X_0, X_i)$ 称为 X_0 和 X_i 的灰色关联度，ζ 为分辨系数。灰色关联度的计算步骤具体如下：

步骤 1：计算各序列的初始值像（或均值像）：

$$X_i' = X_i / x_i(1) = (X_i'(1), X_i'(2), \cdots, X_i'(n)) \ (i=0, 1, 2\ldots, n)$$

步骤2：计算差序列：

$$\Delta_i(k) = \mid x_0'(k) - x_i'(k) \mid,\ \Delta_i = (\Delta_i(1),\ \Delta_i(2),\ \cdots,\ \Delta_i(n))\ (i = 1,\ 2\cdots,\ n)$$

步骤3：计算两极最大差与最小差，令

$$M = \max_i \max_k \Delta_i(k),\ m = \min_i \min_k \Delta_i(k)$$

步骤4：计算关联系数：

$$\gamma_{0i}(k) = \frac{m + \zeta^\circ M}{\Delta_i(k) + \zeta^\circ M},\ \zeta \in (0,\ 1) \tag{4-9}$$

步骤5：按照式（4-8）计算关联度。

二、消费与收入的关联度描述

本部分研究所需数据来源于《中国统计年鉴》（2001—2017年），研究对象包括西部地区的11个省份（由于云南指标数据不可获取性，故将其剔除）。选取农村人均纯收入为参考序列，食品消费、衣着消费、居住消费、家庭设备用品及服务（本章简称家庭设备及服务）、医疗保健、交通通信和文教娱乐为比较序列，并取分辨系数$\zeta = 0.5$，可对2000—2017年各省份农村居民各项消费与农村居民纯收入之间的关联度进行描述，如表4-14所示。

表4-14　2000—2017年西部地区农村居民各消费指标与年均纯收入之间的关联度

消费指标 省份	食品 （γ_{01}）	衣着 （γ_{02}）	居住 （γ_{03}）	家庭设备 及服务 （γ_{04}）	医疗保健 （γ_{05}）	交通通信 （γ_{06}）	文教娱乐 （γ_{07}）
贵　州	0.96	0.97	0.90	0.92	0.82	0.73	0.94
四　川	0.96	0.92	0.93	0.87	0.84	0.72	0.93
重　庆	0.97	0.95	0.95	0.92	0.82	0.72	0.95
广　西	0.91	0.97	0.83	0.92	0.76	0.72	0.91
陕　西	0.91	0.98	0.83	0.87	0.80	0.69	0.94
甘　肃	0.97	0.91	0.91	0.85	0.86	0.68	0.94
青　海	0.95	0.96	0.81	0.88	0.83	0.72	0.92
西　藏	0.94	0.98	0.85	0.96	0.95	0.67	0.88

消费指标 省份	食品 （γ_{01}）	衣着 （γ_{02}）	居住 （γ_{03}）	家庭设备 及服务 （γ_{04}）	医疗保健 （γ_{05}）	交通通信 （γ_{06}）	文教娱乐 （γ_{07}）
内蒙古	0.94	0.96	0.94	0.93	0.84	0.70	0.95
新　疆	0.92	0.98	0.86	0.93	0.83	0.71	0.94
宁　夏	0.91	0.94	0.90	0.89	0.81	0.73	0.91

按照各省份消费指标与年均纯收入的关联度 γ_{0i}（$i=1$，2，…，7）的大小来看，分别对其进行排序，如表 4-15 所示。贵州农村居民消费指标与年均纯收入水平关联程度最大的是衣着消费，其次是食品消费、文教娱乐、家庭设备及服务，最后是居住消费、医疗保健和交通通信；四川农村居民消费指标与年均纯收入水平关联程度最大的是食品消费，其次是居住消费、文教娱乐、衣着消费，最后是家庭设备及服务、医疗保健和交通通信；重庆农村居民消费指标与年均纯收入水平关联程度最大的是食品消费，其次是居住消费、文教娱乐和衣着消费，最后是家庭设备及服务、医疗保健和交通通信；广西农村居民消费指标与年均纯收入水平关联程度最大的是衣着消费，其次是家庭设备及服务、文教娱乐和食品消费，最后是居住消费、医疗保健和交通通信。

陕西农村居民消费指标和年均纯收入水平关联程度最大的是衣着消费，其次是文教娱乐、食品消费、家庭设备及服务，最后是居住消费、医疗保健和交通通信；甘肃农村居民消费指标和年均纯收入水平关联程度最大的是食品消费，其次是文教娱乐、居住消费和衣着消费，最后是医疗保健、家庭设备及服务和交通通信；青海农村居民消费指标和年均纯收入水平关联程度最大的是衣着消费，其次是食品消费、文教娱乐、家庭设备及服务，最后是医疗保健、居住消费和交通通信。

西藏农村居民消费指标和年均纯收入水平关联程度最大的是衣着消费，其次是家庭设备及服务、医疗保健、食品消费，最后是文教娱乐、居住消费和交通通信；内蒙古农村居民消费指标和年均纯收入水平关联程度最大的是衣着消费，其次是文教娱乐、居住消费、食品消费，最后是家庭设备及服务、医疗保

表 4-15　2000—2017 年西部地区农村居民各消费指标与年均纯收入关联度排名

省　份	1	2	3	4	5	6	7
贵　州	衣着消费	食品消费	文教娱乐	家庭设备及服务	居住消费	医疗保健	交通通信
四　川	食品消费	居住消费	文教娱乐	衣着消费	家庭设备及服务	医疗保健	交通通信
重　庆	食品消费	居住消费	文教娱乐	衣着消费	家庭设备及服务	医疗保健	交通通信
广　西	衣着消费	家庭设备及服务	文教娱乐	食品消费	居住消费	医疗保健	交通通信
陕　西	衣着消费	文教娱乐	食品消费	家庭设备及服务	居住消费	医疗保健	交通通信
甘　肃	食品消费	文教娱乐	居住消费	衣着消费	医疗保健	家庭设备及服务	交通通信
青　海	衣着消费	食品消费	文教娱乐	家庭设备及服务	医疗保健	居住消费	交通通信
西　藏	衣着消费	家庭设备及服务	医疗保健	食品消费	文教娱乐	居住消费	交通通信
内蒙古	衣着消费	文教娱乐	居住消费	食品消费	家庭设备及服务	医疗保健	交通通信
新　疆	衣着消费	文教娱乐	家庭设备及服务	食品消费	居住消费	医疗保健	交通通信
宁　夏	衣着消费	文教娱乐	食品消费	居住消费	家庭设备及服务	医疗保健	交通通信

健和交通通信；新疆农村居民消费指标和年均纯收入水平关联程度最大的是衣着消费，其次是文教娱乐、家庭设备及服务和食品消费，最后是居住消费、医疗保健和交通通信；宁夏农村消费指标和年均纯收入水平关联程度最大的是衣着消费，其次是文教娱乐、食品消费、居住消费，最后是家庭设备及服务、医疗保健和交通通信。

通过对比各省份消费支出与年均纯收入水平的关联度可知，2000—2017年间西部地区农村居民消费结构现状中呈现的规律表现如下：

（1）从关联度反映出的总体情况来看，西部地区农村居民消费的各项开支中，与纯收入水平关联度最大的是衣着消费和食品消费，其次是文教娱乐、家庭设备及服务和居住消费，最后是医疗保健和交通通信。这一结果表明，西部地区农村居民的生活水平总体上依然处于温饱阶段，是典型的基本生活需要型。同时，受收入水平和消费意识的限制，西部地区农村居民对服务型消费无论从数量和关联紧密程度均处于较低层次。这意味着提高西部地区农村居民纯收入水平，转变西部地区农村居民消费理念是释放农村消费潜能的关键。只有不断提高西部地区农村居民收入水平，缩小城乡收入差距，西部地区农村居民的生活才能由基本生活需求型转向更高层次的生活水平。

（2）尽管西部地区农村居民消费结构以基本生活需求为主，但根据各省份消费指标和年均纯收入水平之间的关联度反映出的情况可知，西部地区各省份农村居民的消费结构已出现了明显分化，并表现出一定的规律性。首先，在人口较多和收入较低的四川、重庆和甘肃三个省（区、市），农村居民首先偏好于食品消费；而在少数民族地区和收入较高的贵州、广西、青海、西藏、内蒙古、新疆、宁夏和陕西等省（区、市），农村居民首先偏好于衣着消费。其次，贵州和青海的农村居民消费结构以食品和衣着为主，属于典型的基本生活需求型；而其余九个省份在满足衣着或食品需求的同时，重庆、广西和西藏的农村居民注重居住、家庭设备及服务方面的消费，四川、陕西、甘肃、内蒙古、新疆和宁夏的农村居民注重文教娱乐方面的消费。

（3）根据具体消费指标的关联度可知，四川、重庆、内蒙古和甘肃的农村居民在居住消费中的支出较高，而青海和西藏农村居民的开支相对较少；广西、西藏和新疆农村居民在家庭设备及服务消费中的支出较高，而甘肃、四川、重庆、内蒙古和宁夏农村居民的开支较少；西藏农村居民在医疗保健方面的支出较高，贵州、四川、重庆、广西、陕西、内蒙古、新疆和宁夏农村居民的开支较少；四川、陕西、甘肃、内蒙古、新疆和宁夏的农村居民在文教娱乐的支出较高，而西藏农村居民开支较少。

三、西部地区农村居民消费结构判定

为了反映收入对农村居民消费结构影响的动态变化，分别对农村居民纯收入与消费结构进行判定。鉴于农村居民收入系统"少数据，贫信息"的特点，判定采用灰色 GM（1，1）进行。GM（1，1）模型原理如下：

设序列 $X^{(0)} = (x^{(0)}(1), x^{(0)}(2), \cdots, x^{(0)}(n))$，其中，$x^{(0)}(k) \geqslant 0$，$k = 1, 2, \cdots, n$；$X^{(1)}$ 为 $X^{(0)}$ 的 1-AGO 序列：

$$X^{(1)} = (x^{(1)}(1), x^{(1)}(2), \cdots, x^{(1)}(n))$$

其中，$x^{(1)}(k) = \sum_{i=1}^{k} x^{(0)}(i)$，$k = 1, 2, \cdots, n$，称

$$x^{(0)}(k) + ax^{(1)}(k) = b \qquad (4-9)$$

为 GM（1，1）模型的原始形式，即差分方程。

式（4-9）中的参数向量 $\hat{\alpha} = [a, b]^T$ 可以运用最小二乘法估计式（4-10）确定。

$$\hat{\alpha} = (B^T B)^{-1} B^T Y \qquad (4-10)$$

其中，Y、B 分别为

$$Y = \begin{bmatrix} x^0(2) \\ x^0(3) \\ \vdots \\ x^0(n) \end{bmatrix}, \quad B = \begin{bmatrix} -x^1(2) & 1 \\ -x^1(3) & 1 \\ \vdots & \vdots \\ -x^1(n) & 1 \end{bmatrix}$$

利用灰色 GM（1，1）分别建立西部地区各省农村居民人均纯收入和各项消费支出的灰色预测模型，并以此获得 2018—2022 年各省指标的判定值。仍然选取农村人均纯收入为参考序列，食品消费、衣着消费、居住消费、家庭设备及服务、医疗保健、交通通信和文教娱乐为比较序列，并取分辨系数 $\zeta = 0.5$，可判定 2018—2022 年各省份农村居民各项消费与纯收入之间的关联度，如表 4-16 所示。

表 4-16 2018—2022 年西部地区农村居民各消费指标与年均纯收入之间的关联度

省份 \ 消费指标	食品 (γ_{01})	衣着 (γ_{02})	居住 (γ_{03})	家庭设备及服务 (γ_{04})	医疗保健 (γ_{05})	交通通信 (γ_{06})	文教娱乐 (γ_{07})
贵　州	0.79	0.88	0.74	0.76	0.71	0.63	0.84
四　川	0.86	0.76	0.71	0.68	0.65	0.62	0.86
重　庆	0.88	0.82	0.62	0.74	0.74	0.63	0.67
广　西	0.72	0.91	0.83	0.82	0.62	0.67	0.83
陕　西	0.61	0.85	0.76	0.72	0.62	0.67	0.89
甘　肃	0.80	0.78	0.73	0.68	0.62	0.64	0.70
青　海	0.81	0.94	0.98	0.82	0.66	0.62	0.66
西　藏	0.86	0.83	0.92	0.92	0.77	0.68	0.62
内蒙古	0.78	0.81	0.70	0.72	0.72	0.69	0.69
新　疆	0.78	0.98	0.94	0.73	0.76	0.62	0.66
宁　夏	0.81	0.88	0.83	0.72	0.76	0.62	0.62

　　同样按照各省份消费指标与年均纯收入水平的关联度 γ_{0i}（$i = 1$，2，…，7）的大小分别对 2018—2022 年西部地区 11 个省份农村居民的各项消费支出情况进行排序，如表 4-17 所示。贵州农村居民消费指标与年均纯收入水平关联程度最大的是衣着消费，其次是文教娱乐、食品消费和家庭设备及服务，最后是居住消费、医疗保健和交通通信；四川农村居民消费指标与年均纯收入水平关联程度最大的是食品消费，其次是文教娱乐、衣着消费和居住消费，最后是家庭设备及服务、医疗保健和交通通信；重庆农村居民消费指标与年均纯收入水平关联程度最大的是食品消费，其次是衣着消费、家庭设备及服务和医疗保健，最后是文教娱乐、交通通信和居住消费；广西农村居民消费指标和年均纯收入水平关联程度最大的是衣着消费，其次是文教娱乐、居住消费和家庭设备及服务，最后是食品消费、交通通信和医疗保健。

表 4-17　2018—2022 年西部地区农村居民各消费指标与年均纯收入关联度排名

省份	1	2	3	4	5	6	7
贵 州	衣着消费	文教娱乐	食品消费	家庭设备及服务	居住消费	医疗保健	交通通信
四 川	食品消费	文教娱乐	衣着消费	居住消费	家庭设备及服务	医疗保健	交通通信
重 庆	食品消费	衣着消费	家庭设备及服务	医疗保健	文教娱乐	交通通信	居住消费
广 西	衣着消费	文教娱乐	居住消费	家庭设备及服务	食品消费	交通通信	医疗保健
陕 西	文教娱乐	衣着消费	居住消费	家庭设备及服务	交通通信	医疗保健	食品消费
甘 肃	食品消费	衣着消费	居住消费	文教娱乐	家庭设备及服务	交通通信	医疗保健
青 海	居住消费	衣着消费	家庭设备及服务	食品消费	文教娱乐	医疗保健	交通通信
西 藏	家庭设备及服务	居住消费	食品消费	衣着消费	医疗保健	交通通信	文教娱乐
内蒙古	衣着消费	食品消费	家庭设备及服务	居住消费	医疗保健	文教娱乐	交通通信
新 疆	衣着消费	居住消费	食品消费	医疗保健	家庭设备及服务	文教娱乐	交通通信
宁 夏	衣着消费	居住消费	食品消费	医疗保健	家庭设备及服务	交通通信	文教娱乐

　　陕西农村居民消费指标和年均纯收入水平关联程度最大的是文教娱乐，其次是衣着消费、居住消费和家庭设备及服务，最后是交通通信、医疗保健和食品消费；甘肃农村居民消费指标和年均纯收入水平关联程度最大的是食品消费，其次是衣着消费、居住消费和文教娱乐，最后是家庭设备及服务、交通通信和医疗保健；青海农村居民消费指标和年均纯收入水平关联程度最大的是居住消费，其次是衣着消费、家庭设备和食品消费，最后是文教娱乐、医疗保健和交通通信；西藏农村居民消费指标和年均纯收入水平关联程度最大的是家庭设备及服务，其次是居住消费、食品消费和衣着消费，最后是医疗保健、交通通信和文教娱乐；内蒙古农村居民消费指标和年均纯收入水平关联程度最大的

是衣着消费，其次是食品消费、家庭设备及服务和居住消费，最后是医疗保健、文教娱乐和交通通信；新疆农村居民消费指标和年均纯收入水平关联程度最大的是衣着消费，其次是居住消费、食品消费和医疗保健，最后是家庭设备及服务、文教娱乐和交通通信；宁夏农村居民消费指标和年均纯收入水平关联程度最大的是衣着消费，其次是居住消费、食品消费和医疗保健，最后是家庭设备及服务、交通通信和文教娱乐。

通过对比各省份农村居民消费支出与年均纯收入水平的关联度可知，2018—2022 年西部地区农村居民消费结构现状中呈现出如下规律：

（1）随着收入水平提高，西部地区农村居民消费结构在总体上不断优化和升级。具体来看，在大部分省份中文教娱乐、交通通信和居住消费与年均纯收入水平的关联度在 7 项消费开支中排名逐渐上升，而食品消费、衣着消费、家庭设备及服务与年均纯收入水平的关联度在 7 项消费开支中排名逐渐下降。

（2）在消费结构优化和升级的总体趋势下，西部地区不同省份之间农村居民的消费结构呈现出明显的差异性，具体表现为，第一，贵州、四川、重庆、甘肃、西藏和内蒙古等省（区、市）农村居民的消费结构仍以基本需求为主，即这些省份农村居民的食品消费、衣着消费与年均纯收入水平的关联度在 7 项消费开支中排前三名。第二，广西、陕西和青海等省（区、市）农村居民的消费结构开始向更高需求层次转变，即除食品消费或衣着消费与年均纯收入水平的关联度在 7 项消费开支中排前三名外，文化娱乐将成为这些省份农村居民的主要消费支出。

（3）根据西部地区农村居民具体消费指标的关联度可知，与其他省份相比，青海、西藏、新疆和宁夏农村居民将在居住消费中的支出较高，而重庆和贵州农村居民的支出较低；陕西、重庆和广西农村居民将在交通通信的支出较高，而贵州、四川、青海、内蒙古和新疆农村居民的开支较小；西藏和宁夏农村居民将在文教娱乐的支出较高，而广西、四川和西藏的农村居民开支较小。

四、进一步讨论

利用灰色关联方法对 2000—2017 年西部地区农村居民消费结构的现状进

行了分析，并判定了 2018—2022 年西部地区农村居民的消费结构。并在此基础上，横向比较了各省份之间农村居民消费结构的差异性，同时纵向比较分析了各省份之间农村居民消费指标与年均纯收入水平关联度之间的变化趋势。

首先，根据各省份农村居民消费指标与年均纯收入水平之间关联度的判定结果，2018—2022 年食品消费依旧是四川、重庆和甘肃农村居民消费结构中的主要组成部分；衣着将成为贵州、广西、内蒙古、新疆和宁夏农村居民进行消费的首要选择；居住消费在青海、西藏、新疆和宁夏农村居民消费结构中越来越重要；家庭设备及服务将成为西藏、重庆、青海和内蒙古农村居民消费的重点方向；重庆、新疆和宁夏农村居民越来越看重医疗保健消费，陕西、重庆和广西农村居民更愿意将收入用于交通通信消费，陕西、贵州、四川和广西农村居民将优先增加文教娱乐方面的支出。

其次，在绘制农村居民消费关联度雷达图（如图 4-4、图 4-5 所示，深色线条代表 2000—2017 年关联度，浅色线条代表 2018—2022 年关联度）的基础上可知：贵州、内蒙古、宁夏、四川、重庆和甘肃六个省（区、市）农村居民各项消费指标与年均纯收入水平的关联度均明显呈现下降趋势，其中，食品消费与年均纯收入水平的关联度减少幅度最大。其次，广西、陕西、青海、西藏和新疆五个省（区、市）农村居民各项消费指标与年均纯收入水平的关联度变化方向不一致，其中，居住消费与年均纯收入水平的关联度明显提高，食品消费、文教娱乐与年均纯收入水平的关联度明显下降。

各省份的具体情况如下：贵州农村居民的食品、居住、家庭设备及服务与年均收入关联度的下降比例最快，同时未来消费支出会向衣着、文教娱乐、食品、家庭设备及服务倾斜；四川农村居民的食品、居住、家庭设备及服务与年均收入关联度的下降比例最快，同时未来消费支出会向衣着、文教娱乐和食品倾斜；重庆农村居民的居住、文教娱乐、家庭设备及服务与年均收入关联度的下降比例最快，同时未来消费支出会向食品、衣着、医疗保健倾斜；广西农村居民的食品、医疗保健、家庭设备及服务与年均收入关联度的下降比例最快，同时未来消费支出会向衣着、文教娱乐和居住倾斜；陕西农村居民的食品、医疗保健、家庭设备及服务与年均收入关联度的下降比例最快，同时未来消费支出会向衣着、文教娱乐和居住倾斜；甘肃农村居民的医疗保健、文教娱乐和居住与年均收入关联度的下降比例最快，同时未来消费支出会向食品、衣着和居住倾斜；青海农村居民的文教娱乐、医疗保健、食品与年均收入关联度的下降比例最快，居住与年均收入关联度开始增加，同时未来消费支出会向居住、衣着、家庭设备及服务倾斜；西藏农村居民的文教娱乐、医疗保健和衣着与年均收入关联度的下降比例最快，居住与年均收入关联度开始增加，同时未来消费支出会向居住、家庭设备及服务、食品倾斜；内蒙古农村居民的文教娱乐、居住、家庭设备及服务与年均收入关联度的下降比例最快，同时未来消费支出会向衣着、食品、家庭设备及服务倾斜；新疆农村居民的文教娱乐、家庭设备及服务、食品与年均收入关联度的下降比例最快，同时未来消费支出会向衣着和居住倾斜；宁夏农村居民的文教娱乐、家庭设备及服务、交通通信与年均收入关联度的下降比例最快，同时未来消费支出会向衣着、居住倾斜。

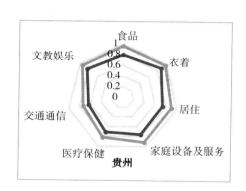
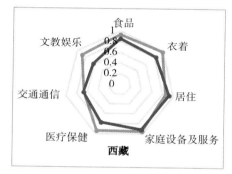
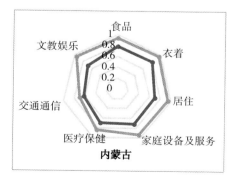
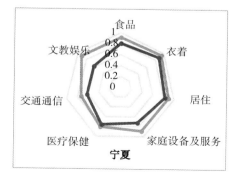

图 4-4　黔、藏、内蒙古、宁农村居民消费关联度雷达图

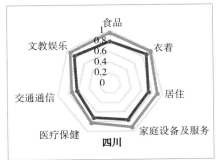

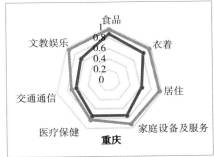

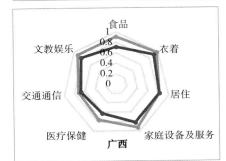

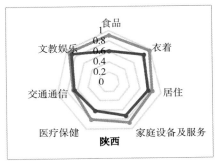

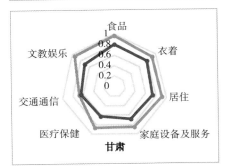

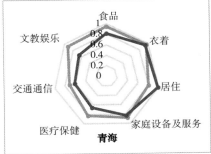

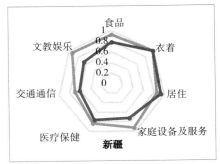

图 4-5 川、渝、桂、陕、甘、青、新农村居民消费关联度雷达图

根据关联度的判定结果可知，由于西部地区农村居民消费水平在整体上还处于消费升级的过渡时期，各省份农村居民的消费结构并没有呈现出较为一致的变化规律，但通过纵向比较仍可以得出一些现实性结论。首先，食品和衣着消费在贵州、宁夏、西藏和内蒙古农村居民的消费结构中仍处于主要地位，消费结构属于生存型消费。这说明，这四个省（区、市）农村居民的生活水平还相对较低，生活观念相对较传统，同时基础设施投资拉动有效需求的效果仍不够明显。其次，包括四川、重庆、广西、陕西等在内的七个省（区、市）的农村居民消费结构开始升级，突出表现为文教娱乐、居住、家庭设备及服务在农村居民消费结构中的比重出现较大提升。

本章小结

本章利用面板数据模型、多元线性回归模型、空间计量模型、灰色关联度等研究方法，利用 1997—2017 年西部地区农村居民的宏观数据实证分析了收入对农村居民消费的影响，并得到了以下研究结论：

第一，利用面板数据在分析不同收入等级的居民消费差异时发现，从消费结构来看，不同收入等级的居民在食品、衣着、文教娱乐等方面的自发性消费额上存在显著差异。从消费倾向和消费习惯来看，不同收入等级的居民在食品、交通通信、居住方面的消费倾向最大；衣着、医疗保健、交通通信、文教娱乐及用品方面受到前期消费的影响十分显著。

第二，通过面板数据模型实证分析了不同收入来源对西部地区农村居民消费的影响，研究结果表明：家庭经营性收入和工资性收入是农村居民稳定的收入来源，家庭经营性收入主要用于改善农村居民以生存型消费资料为主导的消费结构，工资性收入主要用于改善享受型或发展型消费资料为主导的消费结构；财产性收入和转移性收入是农村居民收入当中不稳定的收入，且所占比重较小，农村居民一般用来解决临时性的消费需求，改善未来自己的生活或者解决应急之需。西部地区农村居民人均工资性收入对各类消费的影响都较为显著，其对居住、交通通信、教育文化娱乐的影响较高。通过对比可知，中部农村地区的工资性收入对各类消费支出的影响较西部地区农村的更为显著，而东部农村地区的工资性收入对各类消费支出的影响则较弱。东部地区农村的财产性收入和农村居民转移性收入对各类消费的影响比中部和西部地区农村更强。

第三，通过建立空间计量模型对中部、东部、西部地区农村居民消费进行对比研究，结果表明：东部地区农村居民收入和消费呈高—高的正自相关关系集群（HH），而西部地区呈低—低的正自相关关系集群（LL），并且空间溢出效应是影响中国农村地区消费支出的重要因素。本书再一次验证了地理学第一定律，即任何事物在空间上都是相关的，并且离得越近其相关性就越强。因而，国家在制定消费政策时，首先，应倾向于西部地区经济欠发达的省域，以充分发挥其集聚及扩散效应，进而带动邻近省份收入和消费水平的提高。其次，应注重邻近地区间经济交流与合作，学习附近高收入地区农村居民的先进技术和产业发展模式。最后，如何提高农村居民收入水平，并释放其消费潜能，应从改变农民的收入和消费结构入手。

第四，利用灰色关联方法对西部地区农村居民消费结构进行分析，并判定了西部地区农村居民的消费结构。根据关联度的判定结果可知，由于西部地区农村居民消费水平在整体上还处于消费升级的过渡时期，食品和衣着消费在贵州、宁夏、西藏和内蒙古农村居民的消费结构中仍处于主要地位，而四川、重庆、广西、陕西等省（区、市）的农村居民消费结构开始升级，突出表现为交通通信在农村居民消费结构中的比重出现较大提升。这说明，农村信息化建设工作的开展扩宽了农村居民的消费选择。

第五章　西部地区农村居民消费潜能的测算与预测

西部地区农村居民在未来一段时间内显现出的消费规律是本书的核心研究内容。为较为完整地揭示西部地区农村居民的消费规律，本章首先构建测算西部地区农村居民消费潜能的计量模型，继而从收入与非收入视角对西部地区农村居民消费潜能的规模与结构进行测算和预测，从而更深入地了解今后一段时期内促进西部地区农村居民消费潜能释放的主要方向。

第一节　农村居民消费潜能的测算与预测方法

本节根据农村居民消费潜能的基本内涵，阐述测算与预测西部地区农村居民消费潜能的基本原理，并构建农村消费潜能预测的计量模型，从而为下文基于收入与非收入视角对农村居民的消费潜能的预测奠定基础。

一、消费潜能测算的基本原理

"扩大内需的最大潜力在农村"是学界内公认的命题，而判断农村居民消费潜力的依据包括：（1）平均消费倾向。平均消费倾向是人均消费与人均可支配收入的比值作为人均消费率以衡量消费倾向的变化，该指标可以反映出消费意愿的强弱。[76-78]20世纪80年代中国城镇居民平均消费倾向剧烈波动并呈现出了下降的态势，农村居民消费率连续走低直到1999年开始触底反弹，目前高于城镇消费率。因此，由目前的农村居民平均消费倾向来看，相对城镇居民而言，农村居民的消费意愿更为强烈且尚未得到满足。（2）城乡差距。城乡差距可以反映出城乡居民消费水平之间的高低[79-81]，具体包括：城乡收入差距和城乡支出差距，其中，城乡收入差距是城乡居民人均可支配收入之比，而城乡支出差距是城乡居民人均支出之比。从以上两项指标情况来看，城乡差距依旧显著，2017 年中国城镇居民可支配收入是农村居民的 2.7 倍，中国城镇人均生活消费支出是农村居民的 2.2 倍。综合农村居民在平均消费倾向和城乡差距中的数据来看，农村居民的消费意愿十分强烈，但由于其消费水平较低，只有不断提高农村居民的收入水平才能有效提升其消费潜能。

平均消费倾向和城乡差距的指标能够判断农村居民是否存在消费潜能，但无法直接用于测算消费潜能的规模。在消费理论的基础上，结合理论假设对消费潜能的测算做出进一步解释。先考虑两个假设，假设 1：存在消费者 1 和消费者 2 年收入均为 10000 元，且前者每年的消费支出为 2000 元，后者每年的消费支出为 5000 元；假设 2：存在消费者 1 和消费者 2 年收入分别为 10000元、100000 元，且二者每年的消费支出为 5000 元。在假设 1 中消费者 1 的消费潜能比消费者 2 大，因为消费者 1 的现有支出水平较低，一旦边际消费倾向增加，其消费支出规模会迅速增加；在假设 2 中消费者 2 的消费潜能要明显高于消费者 1，因为消费者 2 的收入水平较高，其消费能力能够支付更高层次的需求。由假设 1 和假设 2 可知，首先，消费潜能是一个相对概念，是否具备潜力取决于比较对象情况；其次，如果考虑收入因素对消费的倾向，消费潜能取决于收入和边际消费倾向；最后，由收入增量引起的消费潜能可界定为绝对消费潜能，由边际消费倾向引起的消费潜能可界定为相对消费潜能。

综合假设 1 和假设 2 的基本情况，并假设影响消费的因素包括：x_1，x_2，…，x_n 构建相应的消费函数，其中，式（5-1）为西部地区农村居民的消费函数，式（5-2）为其他地区（西部地区城镇、中部地区农村和东部地区农村）居民的消费函数。

$$\text{Consumption}_{\text{rural}} = f(x_{\text{rural}-1}, x_{\text{rural}-2},…, x_{\text{rural}-n}) \qquad (5-1)$$

$$\text{Consumption}_{\text{other}} = f(x_{\text{other}-1}, x_{\text{other}-2},…, x_{\text{other}-n}) \qquad (5-2)$$

a. 当 $\dfrac{d\text{Consumption}_{\text{rural}}}{dx_{\text{rural}-i}} < \dfrac{d\text{Consumption}_{\text{other}}}{dx_{\text{other}-i}}(i=1,2,…,n)$ 时，相对消费

潜能 $= \sum x_{\text{rural}-i} \times \dfrac{d\text{Consumption}_{\text{other}}}{dx_{\text{other}-i}} - \text{Consumption}_{\text{rural}}(i=1,2,…,n)$；

b. 当 $\dfrac{d\text{Consumption}_{\text{rural}}}{dx_{\text{rural}-i}} > \dfrac{d\text{Consumption}_{\text{other}}}{dx_{\text{other}-i}}(i=1，2,\dots，n)$ 时，绝对消费

潜能 $= \sum x_{\text{rural}-i} \times \dfrac{d\text{Consumption}_{\text{rural}}}{dx_{\text{rural}-i}} - \text{Consumption}_{\text{rural}}(i=1，2,\dots，n)$。

二、消费潜能预测的假设条件

（一）农村居民消费潜能的合理边界

由于消费潜能具有动态性和潜在性，准确测算农村居民消费潜能选取合适的参照主体尤为重要。根据城乡消费客观经济现实，本书所选取的合理边界为城镇居民已实现的消费需求（简称消费现实），边界并非仅此一种的（与发达国家居民消费相比，中国城镇居民消费潜能也存在巨大的挖掘空间）。城乡居民消费存在显著的二元性[82-84]，与此同时两者之间又具有内在的联系：城乡居民的消费具有联动机制，且消费联动具备重要且持续的实现载体，即进城务工群体的消费。所以将城镇居民的消费现实作为参照。

相对收入理论提出消费者的消费是非独立的，揭示不同消费行为之间存在相互影响的"示范性"。卡罗利等（Carroll，et al.，2000）认为"示范性"习惯形成会影响到预防性动机和攀比性消费等行为。[85]纵观中国城乡经济社会的发展可知，首先，城市消费市场开放性逐步提高，城乡居民耐用品拥有率和购买意愿显示的城乡耐用品消费鸿沟已经缩小，城市生活方式逐渐渗透到农村，城镇消费对农民消费具有显著的正向影响及示范作用，反之不成立。其次，随着近些年农村劳动力流动自由性的增大，进城务工群体及其家庭的消费力量凸显出来，对于缩小城乡收入差距具有重要作用。进城务工群体及其家庭的消费力量受城镇居民消费示范性影响显著，消费偏好逐渐趋同于城镇居民，其消费行为融合了务工城市与家乡农村的消费理念、消费水平和消费结构，逐渐成为连接农村居民和城镇居民消费的有效载体。

（二）农民消费受支付能力约束

西方主流消费理论中，无论是绝对收入理论、相对收入理论、生命周期理论、持久收入理论等确定性条件下收入对消费的决定效应〔施特赖斯勒、弗

里德曼（Streissler、Friedman，1957），莫迪利尼亚、曹（Modigliani、Cao，2004）][86-87]，还是预防性储蓄理论、流动性约束理论、缓冲存货模型等不确定条件下收入对消费的决定效应［哈勒（Hall，1978），戴南（Dynan，1993），卡罗利、桑威克（Carroll、Samwick，1998），弗拉万（Flavin，1981）][88-91]，都反映了收入对于消费需求的约束。因此，准确测算农村消费潜能，须将支付能力的硬约束纳入思考框架当中。目前，农村居民较为保守的消费信贷行为，即使农村居民采用消费借贷手段消费，也担忧其将来还贷能力的硬约束。为简化分析，本书只考察了现期的支付能力。

三、消费潜能测算与预测的模型构建

（一）农村消费潜能测算模型

依据马克思消费理论，消费现实为消费需要、市场供给和支付能力的交集，根据中国城乡消费相关数据可知，城镇居民实际消费绝对额（C_u）远大于农村居民实际消费绝对额（C_r）。农村消费潜能为 C_u 与 C_r 的交集再减去 C_r 的部分是农村居民尚未满足的合理消费区间。该定义有别于黄娟（2012）和孙凤、王少国（2013）的研究[92-93]，前者从人性需要角度定义，包含过度消费的需要，范围过于宽泛，忽视了消费需要的客观经济范畴属性；后者虽然考虑了支付能力的硬约束，但未加入消费率对支付能力的影响，也未考虑边际消费倾向的差异性。

假定城镇居民消费现实函数表达式为 $C_u = C_u(Y_u,x)$，C_u 为城镇居民消费现实，Y_u 为城镇居民收入水平，x 表示除 Y_u 之外的其他决定因素。农村居民消费现实函数表达式为 $C_r = C_r(Y_r,g)$，C_r 为农村居民消费现实，Y_r 为农村居民收入水平，g 表示除 Y_r 之外的其他决定因素，因此可以得到农村居民消费潜能，用公式表示为

$$C_r^p = C_u(Y_u,x) - C_r(Y_r,g) \tag{5-3}$$

其中，C_r^p 为农村居民的消费潜能。样本期内，若 $C_r^p > 0$，则表明农村居民存在消费潜能，并且为已沉淀消费潜能，若 $C_r^p \leqslant 0$，则表明农村居民不存在消费潜能；样本期外，$C_r(Y_r,g) = 0$，$C_r^p = C_u(Y_r,x) > 0$ 为农村居民动态变化

的消费潜能。[94]

（二）城镇居民消费函数

收入是决定消费需求的核心因素，本书基于 Keynes 绝对收入理论建立城镇居民消费函数，并构建西部地区城镇居民消费与收入的面板数据模型，而常用的面板数据模型包括以下三类：

$C_{it}{}^u = \alpha + \beta Y_{it}{}^u + \varepsilon_{it}$（混合面板模型）

$C_{it}{}^u = \alpha_i + \beta_1 Y_{it}{}^u + \varepsilon_{it}$（固定效应模型）

$C_{it}{}^u = \alpha_i + \beta Y_{it}{}^u + \varepsilon_{it}$（随机效应模型）

其中，$C_{it}{}^u$ 为第 t 年第 i 个省份的城镇居民人均实际消费支出，α 为截距项，β 为城镇居民的边际消费倾向，Y_{it} 为第 t 年第 i 个省份的城镇居民实际可支配收入，ε_{it} 为误差项。

（三）居民支付能力预测模型

运用博克斯—詹金斯（BJ）的建模思想建立农村居民支付能力预测的 ARMA（p，q）模型：

$X_t = c + \Phi_1 X_{t-1} + \cdots + \Phi_p X_{t-p} + \varepsilon_t + \theta_1 \varepsilon_{t-1} + \cdots + \theta_q \varepsilon_{t-q}$　　$t = 1$, 2, $\cdots$, T

X_t 为平稳时间序列，p 为自回归模型阶数，ε_t 均值为零，方差为 σ^2 的白噪声序列，Φ_p、θ_q 为待估参数，c 为常数。

第二节　收入视角下农村居民消费潜能的测算和预测

收入及其增长不仅是影响农村居民消费水平的关键变量，也是农村居民消费结构升级的基本前提。为厘清收入对农村居民消费潜能规模、消费潜能结构的实际贡献，本节在农村消费潜能测算模型、城镇居民消费函数和居民支付能力预测模型的模型框架下，采集《中国统计年鉴》数据，重点从可支配收入角度分析西部地区农村居民消费潜能规模及消费潜能结构在历史数据中呈现出的规律，并依次对西部地区农村居民未来五年的消费潜能规模和消费潜能结构做出预测。

一、模型估计

（一）数据处理说明

鉴于数据的可获得性和可比性，以及质量指标的特点，在对西部地区农村居民消费潜能规模进行预测时，均采用人均指标进行消费潜能的测算和预测。我们选取了1990—2017年西部11个省份（不包括云南省）农村居民实际人均纯收入（Y_{it}^r）、农村居民实际人均生活消费支出（C_{it}^r）、城镇居民实际可支配收入（Y_{it}^u）、城镇居民实际人均生活消费支出（C_{it}^u）等数据；在预测消费结构时，我们选取了2000—2017年西部11个省份（不包括云南省）农村居民和城镇居民在食品、衣着、居住、家庭设备及服务、医疗保健、交通通信、教育文化娱乐服务共七个方面的人均支出费用数据。为降低估计过程中存在的异方差，在进行预测之前，我们还对所有数据进行对数形式的转换。

（二）估计结果分析

1. 西部地区农村居民消费规模的预测模型结果

第一，城镇居民消费函数的面板数据模型估计及检验。

运用Stata13.0软件对城镇居民实际人均可支配收入和实际人均消费支出，结合面板数据模型估计城镇居民的边际消费倾向，具体结果如表5-1所示。

表 5-1　西部地区城镇居民边际消费倾向

自变量	模型 1	模型 2	模型 3
	混合面板回归	固定效应回归	随机效应回归
城镇人均可支配收入	0.923***	0.922***	0.922***
	(0.000)	(0.000)	(0.000)
常数项	0.447***	0.455***	0.453***
	(0.000)	(0.000)	(0.000)
F 值	46057.03	53688.90	53753.49

注：***、**、*分别表示在1%、5%、10%水平上显著。

从表5-1中可知，3个模型估计出的农村居民边际消费倾向非常接近，且均通过显著性检验。但为选择合适的模型形式，分别利用 B-P 检验比较固定效应模型和混合面板模型的合理性，同时利用 Hausman 检验比较固定效应模型和随机效应模型的合理性。综合比较，随机效应模型的形式更适合。

第二，西部地区各省份农村居民支付能力模型估计及检验。

在对农村居民支付能力预测之前，需要利用单位根检验分别检验各省份历年农村人均可支配收入、人均实际生活支出数据的平稳性如表 5-2 所示。

表 5-2　单位根检验结果

	农村人均可支配收入		人均实际生活支出	
	I（1）	I（2）	I（1）	I（2）
贵　州	-1.291（0.633）	-6.572（0.000）	-1.219（0.666）	-7.242（0.000）
四　川	-1.174（0.685）	-6.884（0.000）	-1.661（0.105）	-9.213（0.000）
重　庆	-0.936（0.776）	-6.647（0.000）	-2.004（0.285）	-9.115（0.000）
广　西	-1.972（0.299）	-8.284（0.000）	-1.896（0.334）	-8.410（0.000）
陕　西	-1.439（0.564）	-7.079（0.000）	-1.606（0.480）	-7.467（0.000）
甘　肃	-1.596（0.486）	-7.234（0.000）	-2.041（0.269）	-7.512（0.000）
青　海	-0.798（0.819）	-6.213（0.000）	-2.002（0.119）	-8.553（0.000）
西　藏	0.183（0.971）	-8.533（0.000）	-2.195（0.208）	-6.160（0.000）
内蒙古	-2.075（0.255）	-6.905（0.000）	-2.363（0.112）	-8.358（0.000）
新　疆	-1.391（0.587）	-7.665（0.000）	-2.081（0.252）	-7.543（0.000）
宁　夏	-1.671（0.446）	-8.247（0.000）	-1.183（0.681）	-7.697（0.000）

由单位根检验结果可知，西部地区各省份农村居民人均可支配收入、人均实际生活消费支出的时间序列数据均属于二阶单整序列，故从 AR（1）、AR（2）、MA（1）、MA（2）、ARMA（1，1）形式中选择 AIC 值最小的时间序列模型，用于预测西部地区各省份农村居民人均可支配收入和人均实际生活消费支出，具体内容如表 5-3、表 5-4 所示。

表 5-3　西部地区各省份农村居民人均可支配收入的时间序列预测模型

省份	常数项	AR（1）	AR（2）	MA（1）	AIC 值
贵　州	594.933	1.908 ***	−0.918 ***		387.253
	（0.244）	（0.000）	（0.000）		
四　川	7519.354	1.929 ***	−0.937 ***		396.236
	（0.216）	（0.000）	（0.000）		
重　庆	8327.417	1.943 ***	−0.950 ***		392.889
	（0.227）	（0.000）	（0.000）		
广　西	6120.787	1.832 ***	−0.843 ***		416.741
	（0.235）	（0.000）	（0.000）		
陕　西	5251.354	0.992 ***		0.778 ***	419.396
	（0.257）	（0.000）		（0.000）	
甘　肃	4496.96	1.894 ***	−0.904 ***		382.224
	（0.213）	（0.000）	（0.000）		
青　海	6403.271	1.955 ***	−0.962 ***		369.502
	（0.160）	（0.000）	（0.000）		
西　藏	3346.243	1.761 ***	−0.775 ***		401.252
	（0.246）	（0.000）	（0.000）		
内蒙古	6677.924	1.832 ***	−0.843 ***		421.126
	（0.239）	（0.000）	（0.000）		
新　疆	6262.477	1.910 ***	−0.919 ***		395.816
	（0.222）	（0.000）	（0.000）		
宁　夏	6174.43	1.884 ***	−0.893 ***		401.769
	（0.227）	（0.000）	（0.000）		

注：***、**、*分别表示在 1%、5%、10% 水平上显著。

表 5-4　西部地区各省份农村居民人均实际生活支出的时间序列预测模型

省份	常数项	AR（1）	AR（2）	AIC 值
贵　州	4577.537	1.905***	−0.915***	387.237
	（0.259）	（0.000）	（0.000）	
四　川	5817.352	1.684***	−0.697***	437.949
	（0.269）	（0.000）	（0.000）	
重　庆	5554.802	1.805***	−0.817***	421.869
	（0.286）	（0.000）	（0.000）	
广　西	5411.376	1.810***	−0.821***	413.699
	（0.264）	（0.000）	（0.000）	
陕　西	5184.631	1.886***	−0.895***	394.064
	（0.236）	（0.000）	（0.000）	
甘　肃	3873.64	1.822***	−0.834***	398.584
	（0.272）	（0.000）	（0.000）	
青　海	4830.566	1.615***	−0.629***	432.592
	（0.265）	（0.000）	（0.000）	
西　藏	3346.243	1.761***	−0.775***	401.252
	（0.246）	（0.000）	（0.000）	
内蒙古	5545.79	1.543***	−0.559***	453.501
	（0.307）	（0.000）	（0.000）	
新　疆	4069.486	1.820***	−0.834***	401.754
	（0.231）	（0.00）	（0.000）	
宁　夏	5843.793	1.922***	−0.931***	388.486
	（0.234）	（0.000）	（0.000）	

注：***、**、*分别表示在1%、5%、10%水平上显著。

2. 西部地区农村居民消费结构的预测模型结果

第一，基于消费结构的城镇居民消费函数估计及检验。

运用 Stata13.0 软件分别计算了城镇居民实际人均可支配收入与人均食品、衣着、居住、家庭设备及服务、医疗保健、交通通信、文化教育娱乐支出之间的关系，即计算了城镇居民在 7 项支出的边际消费倾向。估计模型同样采用面板数据模型的（3）中基本形式，具体结果如表 5-5 所示。此外，我们还分别利用了 B-P 检验比较了固定效应模型和混合面板模型的合理性，同时利用 Hausman 检验比较了固定效应模型和随机效应模型的合理性。综合来看，固定效应模型结果更适合。

表 5-5　西部地区城镇居民不同支出的边际消费倾向

消费支出	解释变量	实证模型		
		模型 1 混合面板	模型 2 固定效应回归	模型 3 随机效应回归
食品	城镇人均可支配收入	0.195 ***	0.195 ***	0.195 ***
	常数项	969.198 ***	969.394 ***	969.384 ***
	F 值	1165.34	2192.97	2206.06
衣着	城镇人均可支配收入	0.057 ***	0.057 ***	0.057 ***
	常数项	326.889 ***	334.7931 ***	334.438 ***
	F 值	438.53	850.51	855.40
居住	城镇人均可支配收入	0.141 ***	0.141 ***	0.141 ***
	常数项	-654.419 ***	-662.602	-651.419 ***
	F 值	1145.58	1122.12	1145.58
家庭设备 及服务	城镇人均可支配收入	0.044 ***	0.043 ***	0.043 ***
	常数项	66.970 ***	73.582 ***	73.167 **
	F 值	1436.06	2444.65	2451.53
医疗保健	城镇人均可支配收入	0.051 ***	0.051 ***	0.051 ***
	常数项	7.409	6.631	6.658
	F 值	642.39	1474.91	1483.21
交通通信	城镇人均可支配收入	0.101 ***	0.101 ***	0.101 ***
	常数项	-156.749 ***	-158.443 ***	-157.895 ***
	F 值	2048.52	2206.28	2227.80

续表

消费支出	解释变量	实证模型		
		模型 1 混合面板	模型 2 固定效应回归	模型 3 随机效应回归
教育文化 娱乐	城镇人均可支配收入	0.034 ***	0.034 ***	0.034 ***
	常数项	−154.208 ***	−146.172 ***	−146.859 ***
	F 值	285.76	608.89	612.21

注：***、**、* 分别表示在 1%、5%、10% 水平上显著。

第二，消费支出模型估计及检验。

利用西部地区农村居民在 7 项支出的时间序列数据，分别构建了各省份每项消费者支出的时间序列模型（ARMA），用于预测西部地区农村居民对不同商品的消费支出情况。需要说明的是，本书在构建 ARMA 模型时，从 AR（1）、AR（2）、MA（1）、MA（2）、ARMA（1，1）形式中选择 AIC 值最小的时间序列模型，具体结果见附录 5。

（二）消费潜能规模的测算与预测

1. 1991—2017 年西部地区各省份农村居民消费潜能规模测算

根据表 5-3 和表 5-4 所得到的西部地区各省份农村居民人均纯收入和人均消费支出预测值，来测算 1991—2017 年西部地区各省份农村居民消费潜能规模，具体操作步骤如下：利用 1991—2017 年西部地区各省份农村居民人均可支配收入的测算值乘以城镇居民边际消费倾向，然后再减去农村居民人均实际生活支出的测算值，所得结果即西部地区各省份农村居民消费潜能规模，具体结果如表 5-6 所示。

表 5-6　1991—2017 年西部地区农村居民消费潜能规模

单位：元

年份	贵州	四川	重庆	广西	陕西	甘肃	青海	西藏	内蒙古	新疆	宁夏
1991	−5	−8	14	55	6	54	26	−28	45	122	62
1992	14	−26	16	9	−20	−38	−2	−37	−61	23	23
1993	11	25	70	92	−6	48	79	−54	103	77	−21

续表

年份	贵州	四川	重庆	广西	陕西	甘肃	青海	西藏	内蒙古	新疆	宁夏
1994	−45	−18	−52	161	15	−82	23	−58	−2	−33	8
1995	89	−11	136	90	−114	18	113	−74	107	25	−1
1996	95	67	108	279	−146	−178	57	−76	−96	202	−207
1997	139	32	23	164	−115	148	57	−53	349	−370	220
1998	147	229	299	508	−147	233	227	−69	156	141	202
1999	135	289	309	447	200	520	255	−64	451	63	378
2000	228	317	349	455	152	362	265	−61	379	110	365
2001	150	259	385	66	31	124	92	−111	198	418	36
2002	228	387	338	255	−9	287	153	−91	191	210	413
2003	261	377	520	114	−139	352	200	−100	391	385	390
2004	271	293	482	194	124	116	86	−72	499	637	145
2005	316	475	491	217	56	280	261	−111	517	312	169
2006	71	308	469	−243	−232	−186	−211	−144	372	372	216
2007	221	451	444	306	−251	207	43	−176	535	619	360
2008	336	738	997	305	−291	154	118	−184	667	699	484
2009	534	894	1162	584	−268	117	−133	−168	1095	543	182
2010	286	−438	1081	462	−467	−110	−75	−210	638	734	447
2011	345	1496	1542	982	19	438	−221	−199	860	1049	191
2012	380	1329	1810	523	−173	−257	−44	−229	1032	524	199
2013	582	1358	2157	714	−84	108	−213	−246	719	766	−146
2014	78	1396	253	1386	−1399	−220	−45	−315	1115	663	−232
2015	103	75	836	1583	161	−458	−1885	−450	−1078	873	165
2016	156	336	883	999	−521	−440	−845	−479	−407	1332	−113
2017	−286	336	810	1250	68	−709	−955	−500	−522	1296	−127

由表5-6可知，受收入水平和物价的波动影响，1991—2017年西部地区各省份农村居民消费潜能在个别年份为负，从而导致农村居民潜能数据在一定程度上不连续，但从总体上观测依然可归纳出以下几点：第一，农村居民消费潜能不是一个直线式增长，它会受收入水平的波动而呈现出动态的变化趋势；第二，从潜能规模能级来看，重庆、新疆和四川的农村居民消费潜能规模最

大，其年平均潜能规模分别为 590、437 和 406；甘肃和宁夏的农村居民潜能规模较小，其年平均潜能规模分别为 33、141，而出现该结果原因可能是由于农村居民消费理念、消费习惯、收入水平的差异，以及地区经济发展水平和资源禀赋的不同而造成。第三，西藏、陕西和青海的农村居民消费潜能非正，其年平均潜能规模分别为 -161、-132 和 -95。这表明这三个省份农村居民消费"启而未动"，其余八个省份农村居民消费潜能为正，并存在着沉淀的消费潜能。

2. 2018—2022 年西部地区各省份农村居民消费潜能规模预测

利用城镇居民消费函数的面板数据模型和农村居民支付能力模型分别预测 2018—2022 年西部地区各省份农村居民人均可支配收入，利用两个模型所预测的结果分别乘以各省份不同消费支出的边际消费倾向，然后再分别减去各省份农村居民各项人均支出的预测值，便可得到西部地区农村居民消费潜能规模的预测值。

表 5-7　2018—2022 年西部地区农村居民消费潜能规模预测

单位：元

年份	贵州	四川	重庆	广西	陕西	甘肃	青海	西藏	内蒙古	新疆	宁夏
2018	-156	-43	906	855	-295	-502	-853	-556	-174	1862	-139
2019	-178	257	1224	736	-844	-382	-374	-578	304	2268	-220
2020	-187	687	1636	642	-1289	-236	182	-591	768	2675	-318
2021	-184	1182	2115	565	-1637	-75	765	-596	1174	3071	-428
2022	-169	1698	2633	500	-1895	93	1340	-595	1507	3446	-543

由表 5-7 可知，西部地区农村居民消费潜能规模按照从大到小排序，依次是：新疆、重庆、四川、内蒙古、广西、青海、贵州、甘肃、宁夏、西藏和陕西，其具体表现为：第一，新疆、重庆和广西的农村居民消费潜能始终为正，并沉淀了一定规模的消费潜能；贵州、陕西、甘肃、西藏和宁夏的农村居民消费潜能始终为负，并处于"启而未动"的状态，说明农村居民的消费愿望还不能有效地转化为消费行为，农村的消费市场并未真正启动，农村潜在的

消费能力并未得到真正意义上的开发；四川、青海和内蒙古的农村居民消费潜能从 2019 年后开始由负转正。第二，从潜能规模判断，新疆、重庆和四川的农村居民消费潜能规模最大，其年平均潜能规模分别为 2664 元、1703 元、756元；青海农村居民的消费潜能规模较小，其年平均潜能规模为 212 元。第三，青海、四川和重庆的农村居民消费潜能增长速度较快，其年平均增长量分为 548 元、435 元、432 元；陕西和宁夏的农村居民消费潜能增长速度慢，其年平均增长量分为-400 元、-101 元。由此可见，西部地区农村居民消费潜能分布不平衡。

（三）消费潜能结构的测算与预测

1. 2001—2017 年西部地区各省份农村居民消费结构潜能测算

由上一节西部地区农村居民人均可支配收入以及消费结构的测算值，并根据消费潜能的计算方法，可以得到 2001—2017 年西部地区各省份农村居民各项消费潜能的数值如表 5-8 所示。

表 5-8　2001—2017 年西部地区农村居民食品消费潜能测算结果

单位：元

年份	贵州	四川	重庆	广西	陕西	甘肃	青海	西藏	内蒙古	新疆	宁夏
2001	-425	-441	-384	-536	-274	-252	-433	-637	-380	-285	5
2002	-377	-452	-469	-478	-283	-225	-390	-467	-355	-388	37
2003	-376	-481	-461	-554	-290	-231	-359	-578	-346	-325	60
2004	-382	-574	-407	-543	-264	-298	-426	-473	-316	-215	62
2005	-457	-708	-671	-663	-325	-401	-412	-520	-431	-380	74
2006	-482	-773	-617	-755	-429	-562	-519	-838	-524	-319	-25
2007	-458	-595	-617	-649	-402	-437	-502	-707	-426	-251	21
2008	-578	-828	-755	-763	-406	-516	-540	-709	-540	-335	15
2009	-584	-879	-750	-882	-479	-661	-660	-719	-579	-539	-35
2010	-464	-907	-621	-749	-504	-527	-532	-756	-678	-462	-20
2011	-706	-892	-733	72	-418	-685	-711	-914	-603	-466	-19
2012	-922	-995	-883	-179	-306	-851	-697	-919	-797	-510	-169
2013	-761	-1256	-685	-161	-347	-726	-682	-1166	-1011	-662	-295
2014	-1032	-1075	-902	-151	-46	-789	-506	-1438	-597	-593	-91

续表

年份	贵州	四川	重庆	广西	陕西	甘肃	青海	西藏	内蒙古	新疆	宁夏
2015	−807	−1677	−1667	−741	−430	−932	−1060	−1875	−993	−866	−655
2016	−719	−1679	−1546	−716	−503	−826	−869	−1969	−897	−686	−581
2017	−630	−1708	−1564	−703	−341	−846	−882	−2078	−1019	−478	−329

由表 5-8 可知，由于食物是维持劳动力生存和发展的必要条件，食物消费属于必要开支，因此，2001—2017 年西部地区除宁夏部分年份外，其余省

表 5-9　2001—2017 年西部地区农村居民衣着消费潜能测算结果

单位：元

年份	贵州	四川	重庆	广西	陕西	甘肃	青海	西藏	内蒙古	新疆	宁夏
2001	25	38	41	47	2	22	−12	−11	−8	−18	−5
2002	31	40	54	60	3	19	−12	−75	−14	−29	6
2003	28	44	56	47	3	29	−22	−66	−2	−25	11
2004	36	43	51	64	12	19	−10	−61	4	−15	4
2005	47	69	68	75	16	31	−6	−110	16	−12	14
2006	19	44	63	61	−20	21	−74	−162	19	−44	−2
2007	23	43	37	91	−4	33	−27	−72	−1	−33	1
2008	48	63	77	113	−11	19	−34	−121	−4	−38	6
2009	59	86	87	138	14	33	−12	−138	47	−7	3
2010	47	65	44	148	−24	15	−32	−143	−14	−50	−23
2011	76	86	99	161	15	22	−23	−199	−8	−28	−22
2012	55	100	61	197	2	−36	−85	−174	−15	−64	−61
2013	51	90	37	199	0	−29	−81	−221	−79	−51	−131
2014	75	65	113	242	−61	−57	−68	−140	−68	−53	−6
2015	52	6	49	348	42	−17	−208	−183	−134	−176	−95
2016	97	68	100	318	−21	−60	−137	−185	−94	−133	−124
2017	108	13	85	369	62	−25	−98	−356	−140	−92	−72

份的农村居民人均食品消费潜能为负，导致该区域农村居民食品消费"启而未动"，说明西部地区农村居民的生活消费水准还是处于相对较低的水平，食物消费还存在较大的潜力未得到开发，可能是受收入水平和消费观念的影响，也可能是因为农村居民更偏向于将收入用于储蓄或其他开支项目上，比如建筑房屋、孩子教育等。

由表 5-9 可知，相对于食品消费，衣着消费代表了较高层次的生理需求，即随着收入水平的提高，农村居民会增加对衣着等相应商品的购买。因此，在 2001—2017 年间衣着消费潜能大部分为正，且消费潜能规模随时间的推移而逐渐递增，具体情况表现为：第一，从衣着消费潜能的规模来判断，广西、重庆和贵州的农村居民对衣着消费潜能规模较大，其年平均潜能规模分别为 157 元、66 元、55 元；而甘肃和陕西农村居民的潜能规模相对较小，其年平均潜能规模均为 2 元。第二，广西、贵州和陕西农村居民对衣着消费的潜能规模的增长速度最快，其年平均增长量分别为 20 元、5 元、4 元；而西藏和内蒙古农村居民的衣着消费潜能规模增速较慢，其年平均增长量分别为 -22 元、-8 元。第三，受收入不稳定和物价波动的影响，陕西、甘肃、青海、西藏、内蒙古、新疆和宁夏的农村居民对衣着消费潜能规模出现过负值情况。

由表 5-10 可知，居住消费是农村居民消费结构中重要的组成部分，但由于可支配收入有限，现有居住消费较高，2001—2017 年西部地区大部分省份的居住消费潜能为负值，各省份具体情况表现为：第一，重庆和西藏的农村居民居住消费潜能出现了一定的沉淀规模，其平均消费潜能为 199 元、73 元；而剩余省份农村居民人均居住消费潜能则为负，说明上述 9 个省份的农村居民在居住消费中存在着消费过度的现象；第二，陕西、青海和广西农村居民居住消费的过度现象更加严重，其平均消费潜能分别为 -291 元、-173 元、-143 元。

表 5-10 2001—2017 年西部地区农村居民居住消费潜能测算结果

单位：元

年份	贵州	四川	重庆	广西	陕西	甘肃	青海	西藏	内蒙古	新疆	宁夏
2001	49	22	74	35	2	24	78	116	7	64	9
2002	33	60	59	-39	-62	46	13	21	2	42	40
2003	51	61	114	-20	-190	57	90	39	38	39	81
2004	24	69	76	-51	59	10	29	12	74	51	-21
2005	84	139	175	35	25	100	47	53	103	2	18
2006	-29	153	165	-59	85	9	-70	132	66	31	17
2007	-14	87	124	-40	-122	49	-33	-15	145	24	-12
2008	-16	174	288	-135	-260	23	55	-44	41	30	40
2009	-78	159	278	43	-203	-12	-219	-67	128	27	-45
2010	-291	-468	211	-179	-291	-334	-408	-80	52	69	135
2011	-110	164	210	66	-309	31	-425	41	-27	-8	-151
2012	8	257	500	-343	-565	-13	-425	76	102	-244	-143
2013	-123	301	589	-319	-518	-20	-418	175	-117	-323	-177
2014	-328	276	594	-299	-598	-57	-599	357	-114	-550	-451
2015	-298	35	-158	-274	-533	-188	-214	148	-215	127	-4
2016	-517	-86	48	-408	-681	-224	-274	190	-178	-119	-245
2017	-776	-176	32	-438	-788	-275	-173	93	-376	-122	-169

表 5-11 2001—2017 年西部地区农村居民家庭设备及服务消费潜能测算结果

单位：元

年份	贵州	四川	重庆	广西	陕西	甘肃	青海	西藏	内蒙古	新疆	宁夏
2001	20	17	16	8	4	18	13	17	16	28	6
2002	8	18	20	20	7	9	12	-27	9	24	15
2003	12	24	29	19	3	27	0	-31	17	34	2
2004	30	27	15	26	1	4	16	-13	27	43	39
2005	35	30	52	37	14	23	21	-24	40	38	30
2006	8	7	14	1	-11	1	7	-9	33	36	22
2007	19	9	8	9	-5	12	8	-25	37	48	-2
2008	39	10	21	38	3	4	-2	-39	44	47	34

续表

年份	贵州	四川	重庆	广西	陕西	甘肃	青海	西藏	内蒙古	新疆	宁夏
2009	24	19	24	43	−48	30	34	−47	76	58	37
2010	6	−49	−28	5	−77	−42	16	−37	41	65	−18
2011	17	−11	−22	5	−65	12	−17	−71	41	68	20
2012	−27	−32	−75	−15	−82	−50	−53	−63	13	23	−60
2013	5	−17	−67	−4	−52	−72	7	−37	34	79	−65
2014	−51	−87	−107	48	−185	−97	−20	−116	5	68	−76
2015	−71	−282	−162	−8	−92	−125	−145	0	−3	34	−161
2016	−46	−193	−190	−45	−150	−162	−62	−32	−15	3	−195
2017	−95	−184	−177	26	−145	−123	−56	−78	4	71	−118

由表 5-11 可知，2001—2017 年西部地区农村居民家庭设备及服务消费潜能现状在不同省份呈现出明显的差异性，具体表现为：第一，新疆、内蒙古和广西的农村居民家庭设备及服务消费潜能明显为正，其平均消费潜能为 45 元、25 元、12 元，这说明出现了一定沉淀规模的消费潜能。第二，新疆和广西的农村居民家庭设备及服务消费潜能的增速较快，其年平均增长量分为 3 元、1 元；四川、重庆、陕西和甘肃的农村居民家庭设备及服务消费潜能增速较慢，其年平均增长量分别为−13 元、−12 元、−9 元、−9 元。第三，11 个省份家庭设备及服务消费潜能均开始为负，说明其农村居民在家庭设备及服务消费中存在着"启而未动"的现象。

表 5-12　2001—2017 年西部地区农村居民医疗保健消费潜能测算结果

单位：元

年份	贵州	四川	重庆	广西	陕西	甘肃	青海	西藏	内蒙古	新疆	宁夏
2001	41	23	46	31	19	−2	−15	53	−19	12	−9
2002	36	6	14	27	1	−8	−17	12	−45	−12	−19
2003	41	29	25	27	4	−12	−50	23	−26	−15	−51
2004	19	9	12	21	−4	−25	−28	25	−26	−17	−11
2005	43	1	1	28	2	16	−35	39	−45	−47	−120
2006	5	−21	−11	−27	−57	−35	−80	41	−43	−58	−80

年份	贵州	四川	重庆	广西	陕西	甘肃	青海	西藏	内蒙古	新疆	宁夏
2007	21	−18	−28	22	−11	−29	−78	70	−98	−59	−35
2008	54	13	29	8	−32	−45	−99	56	−104	−49	−106
2009	47	−7	17	43	5	−25	−115	56	−95	−82	−176
2010	−7	−61	−35	−36	−74	−34	−120	59	−233	−159	−168
2011	−23	−8	13	2	−21	−31	−99	55	−212	−45	−203
2012	−67	−169	−67	−67	−90	−216	−44	84	−209	−112	−160
2013	−46	−173	−142	−114	−145	−183	−284	76	−239	−126	−227
2014	−13	−162	−87	−60	−91	−304	−657	136	−451	−291	−455
2015	−39	−315	−246	−143	−219	−193	−481	201	−699	−296	−477
2016	−108	−367	−205	−316	−392	−367	−829	175	−524	−227	−476
2017	−152	−460	−283	−270	−325	−513	−777	178	−587	−374	−586

由表 5-12 可知，2001—2017 年西部地区农村居民医疗保健消费潜能现状在不同省份呈现出明显的差异性，具体表现为：第一，西藏的医疗保健消费潜能数据基本为正，其平均消费潜能为 79 元，说明出现了一定沉淀规模的消费潜能。第二，西藏农村居民医疗保健消费潜能的增速较快，其年平均增长量为 8 元；青海、内蒙古和宁夏农村居民医疗保健消费潜能的增速较慢，其年平均增长量分别为−48 元、−36 元、−36 元。第三，大部分省份农村居民的医疗保健消费潜能总体上均为负，说明其农村居民消费存在着"启而未动"的现象。

表 5-13　2001—2017 年西部地区农村居民交通通信消费潜能测算结果

单位：元

年份	贵州	四川	重庆	广西	陕西	甘肃	青海	西藏	内蒙古	新疆	宁夏
2001	113	140	156	103	89	98	34	115	88	110	79
2002	104	125	113	93	70	71	62	95	62	102	68
2003	103	110	115	53	73	84	43	100	79	113	64
2004	118	103	103	78	65	29	27	53	−6	111	−8
2005	98	136	137	81	60	50	24	66	24	80	98
2006	96	84	100	−24	33	30	8	80	−13	52	61
2007	75	81	79	30	3	33	−9	94	−37	67	29

续表

年份	贵州	四川	重庆	广西	陕西	甘肃	青海	西藏	内蒙古	新疆	宁夏
2008	104	126	177	101	21	52	−1	80	53	105	54
2009	171	193	201	124	62	33	14	60	75	76	82
2010	124	91	197	127	38	79	11	83	−6	77	21
2011	135	172	299	153	113	110	60	40	−95	116	23
2012	134	217	250	123	108	−17	100	−9	−43	8	94
2013	142	289	255	147	77	17	14	−41	−243	23	−77
2014	33	78	291	169	−22	−154	258	−57	−220	90	−195
2015	98	−19	87	144	206	−89	−99	67	−507	−161	−56
2016	−59	−18	167	92	30	−108	−424	−22	−465	−22	−153
2017	−161	−85	34	8	116	−257	−472	12	−646	−225	−720

由表 5-13 可知，2001—2017 年西部地区农村居民交通通信消费潜能现状的具体表现如下：第一，重庆、四川、广西、贵州、陕西、西藏、新疆和甘肃的农村居民交通通信消费潜能为正，其平均消费潜能分别为 162 元、107 元、94 元、84 元、67 元、48 元、42 元、4 元，这说明出现了一定沉淀规模的消费潜能；内蒙古、宁夏和青海的交通通信消费潜能为负，其平均消费潜能分别为−112 元、−32 元、−21 元，这说明上述地区其农村居民交通通信消费存在着"启而未动"的现象。第二，从潜能规模可以判断，重庆、四川和广西农村居民交通通信消费潜能较大，而内蒙古和宁夏农村居民交通通信消费潜能较小。第三，陕西农村居民交通通信消费潜能的增长速度较快，其年平均增长量为 2 元；宁夏、内蒙古和青海的农村居民交通通信消费潜能增长速度较慢，其年平均增长量为−50 元、−46 元、−32 元。

表 5-14　2001—2017 年西部地区农村居民文教娱乐消费潜能测算结果

单位：元

年份	贵州	四川	重庆	广西	陕西	甘肃	青海	西藏	内蒙古	新疆	宁夏
2001	−64	−100	−63	−141	−146	−109	−44	34	−188	−58	−103
2002	−72	−109	−119	−120	−173	−129	−46	23	−175	−56	−84
2003	−83	−114	−106	−124	−190	−130	−59	−9	−197	−54	−107

年份	贵州	四川	重庆	广西	陕西	甘肃	青海	西藏	内蒙古	新疆	宁夏
2004	-104	-145	-125	-125	-230	-161	-77	-4	-222	-51	-135
2005	-103	-123	-127	-118	-202	-155	-48	3	-246	-65	-161
2006	-122	-139	-184	-182	-245	-223	-44	39	-239	-90	-92
2007	-75	-85	-71	-99	-226	-154	-45	7	-351	-67	-84
2008	-79	-41	-73	-56	-222	-132	-45	6	-314	-59	-98
2009	-22	-24	-74	-56	-255	-135	-43	21	-235	-53	-71
2010	-78	-69	-100	-82	-274	-123	-60	34	-244	-23	-95
2011	-90	-41	-47	-28	-252	-131	-59	35	-194	-5	-89
2012	-38	-69	-137	-62	-232	-179	-88	61	-383	-48	-161
2013	-85	-93	-154	-5	-252	-180	-82	62	-267	39	-194
2014	-147	-77	-151	-75	-685	-198	-407	57	-930	-35	-154
2015	-705	-343	-640	-564	-584	-649	-324	28	-1092	-350	-693
2016	-646	-360	-586	-570	-747	-616	-490	2	-1114	-282	-691
2017	-837	-291	-710	-685	-748	-712	-514	21	-1150	-351	-727

由表5-14可知,2001—2017年西部地区农村居民文教娱乐消费潜能现状的具体表现如下:第一,除西藏外,其他省份农村居民的文教娱乐消费潜能一直存在着"启而未动"的现象。第二,从潜能规模可以判断,西藏农村居民文教娱乐消费潜能较大,其年均消费潜能为25元;内蒙古、陕西和甘肃的农村居民文教娱乐消费潜能较小,其年均消费潜能为-444元、-333元、-242元。(3)各省农村居民文教娱乐消费潜能增速均缓慢,其中内蒙古、贵州和重庆最明显,其年平均增长量分别为-60元、-48元、-40元。

2.2018—2022年西部地区各省份农村居民各项消费潜能预测

根据消费规模预测中得出的西部地区各省份在2018—2022年农村居民人均可支配收入的预测值分别乘以各省份不同消费支出的边际消费倾向,并分别减去各省份农村居民各项人均支出,最终可以得到西部地区农村居民各项消费潜能的预测值,具体结果如表5-15至表5-21所示。

表 5-15 西部地区农村居民食品消费潜能预测

单位：元

年份	贵州	四川	重庆	广西	陕西	甘肃	青海	西藏	内蒙古	新疆	宁夏
2018	-740	-1900	-1384	-641	-357	-801	-946	-1887	-752	-362	-283
2019	-663	-1873	-1187	-413	-333	-718	-779	-1731	-592	-200	-124
2020	-565	-1792	-959	-200	-310	-627	-621	-1524	-459	-40	26
2021	-460	-1673	-716	-19	-287	-536	-476	-1284	-355	112	159
2022	-358	-1531	-468	127	-266	-451	-344	-1026	-275	250	271

由表 5-15 可知，西部地区农村居民食品消费潜能具有如下特点：第一，除新疆和宁夏外，其他省份农村居民食品消费潜能始终为负，说明其农村居民食品消费存在着"启而未动"的现象。第二，从潜能规模可以判断，宁夏农村居民的消费潜能规模较大，其年均消费潜能为 10 元；四川和西藏的消费潜能规模较小，其年均消费潜能为-1754 元、-1490 元。第三，重庆、西藏和广西农村居民的食品消费潜能增长速度较快，其平均增长量分别为 229 元、215 元、192 元；陕西农村居民食品消费潜能增长速度较慢，其平均增长量为 23 元。

表 5-16 西部地区农村居民衣着消费潜能预测

单位：元

年份	贵州	四川	重庆	广西	陕西	甘肃	青海	西藏	内蒙古	新疆	宁夏
2018	110	70	184	378	57	-39	-94	-380	-74	-25	-71
2019	137	123	251	396	59	-10	-48	-386	-33	32	-30
2020	166	171	319	412	60	13	0	-380	-1	87	10
2021	196	214	386	425	62	32	48	-369	22	138	44
2022	222	250	450	435	63	46	92	-355	38	184	73

由表 5-16 可知，西部地区农村居民衣着消费潜能具有如下特点：第一，除西藏外，其他省份农村居民的衣着消费潜能为正，并出现了一定沉淀规模的衣着消费潜能。第二，广西、重庆、四川和贵州的农村居民衣着消费潜能规模

最大，其年均消费潜能分别为 409 元、318 元、166 元、166 元；西藏、内蒙古和青海农村居民的衣着消费潜能规模最小，其年均消费潜能分别为 −374 元、−10 元、−1 元。第三，重庆、新疆、青海和四川农村居民衣着消费潜能增长速度最快，其平均增长量分别为 67 元、52 元、46 元、45 元；陕西、西藏和广西的增长速度较慢，其平均增长量分别为 1 元、6 元、14 元。

表 5−17 西部地区农村居民居住消费潜能预测

单位：元

年份	贵州	四川	重庆	广西	陕西	甘肃	青海	西藏	内蒙古	新疆	宁夏
2018	−750	−250	−177	−533	−741	−441	−438	107	−347	33	−443
2019	−781	−79	−79	−503	−775	−404	−407	193	−246	156	−372
2020	−785	75	65	−454	−776	−343	−339	257	−169	261	−284
2021	−765	212	228	−398	−750	−275	−251	303	−113	351	−199
2022	−722	332	393	−342	−705	−210	−154	336	−74	426	−124

由表 5−17 可知，西部地区农村居民居住消费潜能具有如下特点：第一，贵州、广西、陕西、甘肃、青海、内蒙古和宁夏农村居民居住消费潜能为负，说明其农村居民居住消费存在着"启而未动"的现象；西藏和新疆农村居民居住消费潜能为正，说明出现了一定沉淀规模的消费潜能；四川和重庆农村居民居住消费潜能由负值转为正值。第二，从潜能规模能级判断，西藏和新疆农村居民居住消费潜能最大，其年均消费潜能分别为 215 元、184 元；贵州和陕西农村居民居住消费潜能较小，其年均消费潜能分别为 −763 元、−756 元。第三，新疆和四川农村居民居住消费潜能的增长速较快，其平均增长量分别为 110 元、102 元；青海、宁夏和贵州的增长速度较慢，其平均增长量分别为 4 元、9 元、11 元。

由表 5−18 可知，西部地区农村居民家庭设备及服务消费潜能具有如下特点：第一，广西、内蒙古和新疆农村居民家庭设备及服务消费潜能为正，并出现了一定沉淀规模的消费潜能；四川、重庆、陕西、甘肃和西藏农村居民家庭设备及服务消费潜能为负，说明其农村居民消费存在着"启而未动"的现

表 5-18 西部地区农村居民家庭设备及服务消费潜能预测

单位：元

年份	贵州	四川	重庆	广西	陕西	甘肃	青海	西藏	内蒙古	新疆	宁夏
2018	-40	-256	-186	13	-145	-128	-43	-138	49	102	-62
2019	-8	-230	-142	39	-153	-111	-2	-122	82	140	-8
2020	25	-192	-101	65	-151	-90	36	-107	115	178	47
2021	58	-149	-65	87	-143	-67	71	-97	149	216	100
2022	88	-106	-32	106	-131	-44	102	-90	181	251	148

象；贵州、青海和宁夏农村居民家庭设备及服务消费潜能由负值转为正值。第二，从潜能规模能级可以判断，新疆和内蒙古农村居民家庭设备及服务消费潜能较大，其年均消费潜能分别为 177 元、115 元；四川、陕西和西藏农村居民家庭设备及服务消费潜能最小，其年均消费潜能分别为-187 元、-145 元、-111 元。第三，宁夏和重庆的家庭设备及服务消费潜能增长速度较快，其平均增长量分别为 53 元、38 元；陕西和西藏农村居民的增长速度较慢，其平均增长量分别为 4 元、12 元。

表 5-19 西部地区农村居民医疗保健消费潜能预测

单位：元

年份	贵州	四川	重庆	广西	陕西	甘肃	青海	西藏	内蒙古	新疆	宁夏
2018	-179	-514	-199	-426	-509	-487	-726	222	-648	-453	-603
2019	-201	-535	-148	-475	-590	-475	-663	242	-621	-474	-603
2020	-216	-538	-88	-504	-642	-450	-604	255	-582	-475	-586
2021	-225	-525	-24	-517	-671	-416	-550	263	-538	-462	-558
2022	-228	-499	41	-517	-681	-378	-500	266	-494	-439	-522

由表 5-19 可知，西部地区农村居民家庭医疗保健消费潜能具有如下特点：第一，西藏农村居民医疗保健消费潜能为正，并出现了一定沉淀规模的消费潜能，贵州、四川、重庆、广西、陕西、甘肃、青海、内蒙古、新疆和宁夏

农村居民医疗保健消费潜能为负，说明其农村居民医疗保健消费存在着"启而未动"的现象。第二，从潜能规模能级可以判断，西藏农村居民医疗保健消费潜能最大，其年均消费潜能为 249 元；陕西、青海农村居民医疗保健消费潜能较小，其年均消费潜能分别为−619 元、−609 元。第三，重庆和青海农村居民消费潜能的增长速度较快，其平均增长量分别为 60 元、57 元；陕西、广西和贵州农村居民的增长速度较慢，其平均增长量分别为−43 元、−23 元、−12 元。

表 5−20　西部地区农村居民交通通信消费潜能预测

单位：元

年份	贵州	四川	重庆	广西	陕西	甘肃	青海	西藏	内蒙古	新疆	宁夏
2018	−146	−221	−197	−350	−146	−181	−525	1	−796	−320	−597
2019	−78	−275	−318	−538	−138	−147	−433	12	−717	−285	−558
2020	−20	−308	−419	−704	−130	−104	−329	44	−656	−229	−493
2021	28	−320	−499	−847	−123	−54	−240	54	−609	−164	−413
2022	67	−314	−560	−964	−115	−1	−157	60	−575	−101	−329

由表 5−20 可知，西部地区农村居民家庭交通通信消费潜能具有如下特点：第一，西藏农村居民交通通信消费潜能为正，并出现了一定沉淀规模的消费潜能；贵州农村居民交通通信消费潜能由负值转为正值；农村居民交通通信四川、重庆、广西、陕西、甘肃、青海、内蒙、新疆和宁夏消费潜能为负，说明其农村交通通信居民消费存在着"启而未动"的现象。第二，从潜能规模能级可以判断，西藏农村居民交通通信消费潜能较大，其年均消费潜能为 34 元；广西和内蒙古农村居民交通通信消费潜能较小，其年均消费潜能分别为−680 元、−670 元。第三，青海和宁夏农村居民交通通信消费潜能的增长速度较快，其平均增长量分别为 92 元、67 元；广西、重庆和四川的增长速度较慢，其平均增长量分别为−154 元、−91 元、−23 元。

表 5-21　西部地区农村居民文教娱乐消费潜能预测

单位：元

年份	贵州	四川	重庆	广西	陕西	甘肃	青海	西藏	内蒙古	新疆	宁夏
2018	-883	-450	-823	-750	-701	-679	-528	-17	-1188	-330	-840
2019	-836	-427	-798	-704	-678	-622	-487	-12	-1125	-278	-793
2020	-766	-387	-748	-631	-657	-563	-449	-1	-1043	-226	-736
2021	-687	-342	-685	-547	-636	-507	-413	14	-955	-179	-679
2022	-610	-297	-619	-462	-617	-456	-381	29	-869	-138	-626

由表 5-21 可知，西部农村居民家庭文教娱乐消费潜能具有如下特点：第一，除西藏农村居民文教娱乐消费潜能由负值转为正值外，其他省份农村居民文教娱乐消费潜能为负，说明其农村居民消费存在着"启而未动"的现象。第二，从潜能规模能级可以判断，西藏农村居民文教娱乐消费潜能较大，其年均消费潜能为 3 元；内蒙古、贵州和宁夏农村居民文教娱乐消费潜能较小，其年均消费潜能分别为 -1036 元、-757 元、-735 元。第三，内蒙古、广西和贵州消费潜能起点低，增长速度较快，其平均增长量分别为 80 元、72 元、68 元；西藏和陕西的增速较慢，其平均增长量分别为 11 元、21 元。

第三节　非收入视角下西部地区农村居民消费潜能预测

对于农村居民消费潜能释放而言，收入无疑是首要影响因素。但是，对于西部地区农村居民而言，我们更为关注消费习惯、社会保障和农村基础设施建设等非收入因素对其潜能释放的影响。

一、农村居民消费潜能的规模预测

本节在第四章非收入因素对西部地区农村居民消费影响的实证结果的基础上，预测西部地区六个省份农村居民消费规模和消费结构，具体思路如下：假设西部地区农村居民的棘轮效应（即消费习惯）不变，当西部地区农村的社会保障水平和基础设施建设对农村居民消费的影响达到西部地区城镇、中部地区农村和东部地区农村居民的最高消费水平时，计算并判断西部地区农村居民的总体消费规模和各项消费支出是否存在消费潜能，即是否存在相对消费潜能。具体做法如下：

首先，利用灰色均值 GM（1，1）模型分别预测 2018—2022 年内蒙古、广西、重庆、陕西、青海和新疆六个省（区、市）农村居民的人均消费支出、食品消费、衣着消费、居住消费、家庭设备及服务、医疗保健消费、交通通信消费和文教娱乐消费等；其次，预测 2018—2022 年各地区基础设施建设投资总额和社会最低生活保障水平；再次，根据西部地区农村、西部地区城镇、中部地区农村和东部地区农村居民各类消费的动态面板实证结果，在基础设施建设、社会保障水平的影响系数中选择最大的数值，并分别乘以 2018—2022 年西部地区农村基础设施建设、社会保障水平的预测值，并加上西部地区农村居民棘轮效应所产生的消费额，从而得到最终消费总额；最后，用消费总额减去 2018—2022 年农村居民人均消费支出的预测值即可得到消费潜能。

在棘轮效应、基础设施建设和社会保障的综合作用下，2018—2022 年消费规模潜能结果如表 5—22 所示。由表 5—22 可以看出，重庆和青海等省（区、市）的农村居民消费规模存在着巨大潜能，其中，重庆农村居民消费潜能最大，其 2022 年的预测值已高达 31687.5 元，说明重庆、青海等省（区、市）农村居民消费存在巨大的潜力，需要尽快地释放这部分潜能，不断提升农村潜在消费能力，加快将潜在消费向现实消费的转化能力，不断拓宽农村居民消费市场，但是，农村居民消费潜力的释放很关键的因素是要不断提高其收入水平。

表 5-22　2018—2022 年西部地区六个省份消费潜能规模预测结果

单位：元

年份	内蒙古	广西	重庆	陕西	青海	新疆
2018	896.8	78.3	8282.7	-972.8	5253.8	937.1
2019	2498.5	-486.3	12598.3	-332.2	7858.0	2473.4
2020	3513.5	-614.7	19091.3	-467.0	10212.9	3215.4
2021	4509.0	-762.9	21091.7	-627.8	12513.5	4097.1
2022	6303.8	-933.7	31687.5	-818.2	16223.6	5317.0

二、农村居民消费潜能的结构预测

在棘轮效应、基础设施建设和社会保障的综合作用下，2018—2022 年消费结构潜能结果如表 5-23 至表 5-29 所示。由表 5-23 至表 5-29 可以明显看出，第一，西部地区其他省份农村居民的食品消费存在潜能，且潜能大小依次为：重庆、青海、内蒙古、新疆、陕西和广西；第二，陕西、广西和内蒙古的农村居民在衣着消费上存在较大潜能；第三，内蒙古、重庆、青海和新疆在居住、家庭设备及服务、医疗保健、交通通信消费和文教娱乐消费方面存在较大规模的潜能，其潜能大小依次为：重庆、青海、内蒙古、新疆。

表 5-23　2018—2022 年西部地区六省份食品消费潜能预测结果

单位：元

年份	内蒙古	广西	重庆	陕西	青海	新疆
2018	1242.0	599.5	3118.8	733.4	2575.1	799.6
2019	1938.6	385.5	4605.4	867.0	3288.9	1331.3
2020	2355.3	391.5	6615.8	905.7	4074.8	1594.3
2021	2776.5	394.8	7286.0	941.0	4850.2	1901.8
2022	3449.2	395.1	10532.3	972.6	6053.8	2313.7

表 5-24　2018—2022 年西部地区六省份衣着消费潜能预测结果

单位：元

年份	内蒙古	广西	重庆	陕西	青海	新疆
2018	971.3	770.9	−315.9	1192	62.1	347.6
2019	1033.4	801.6	−841.9	1367.2	−105.3	371.5
2020	903.8	847.2	−1902.8	1450.2	−458.7	257.5
2021	764.9	892.4	−2205.6	1531.9	−810.3	113.6
2022	474.7	937.0	−3989.2	1612.2	−1411.3	−95.0

表 5-25　2018—2022 年西部地区六省份居住消费潜能预测结果

单位：元

年份	内蒙古	广西	重庆	陕西	青海	新疆
2018	9414.7	1039.1	29603.7	1314.2	21129.3	7966.6
2019	12627.5	1105.3	42608.7	1773.3	27613.5	10630.5
2020	16660.7	1094.1	63232.1	1816.6	35438.2	13390.9
2021	20794.5	1076.2	70187.7	1851.2	43193.3	16652.0
2022	27567.6	1050.4	103652.9	1875.7	55385.0	21033.7

表 5-26　2018—2022 年西部地区六省份家庭设备及服务消费潜能预测结果

单位：元

年份	内蒙古	广西	重庆	陕西	青海	新疆
2018	4989.7	1022.9	11906.4	1653.8	9209.0	3931.9
2019	6298.9	1106.5	17397.4	1855.6	11689.2	4865.5
2020	7927.4	1136.1	25324.7	1938.5	14737.5	5951.0
2021	9593.3	1162.0	28031.7	2016.0	17756.5	7225.3
2022	12265.3	1183.5	40850.2	2087.0	22465.2	8924.3

表 5-27　2018—2022 年西部地区六省份医疗保健消费潜能预测结果

单位：元

年份	内蒙古	广西	重庆	陕西	青海	新疆
2018	4364.2	1146.1	10582.3	1562.9	7930.0	3603.7
2019	5739.3	1116.0	15391.1	1878.1	10264.6	4407.0
2020	7164.6	1148.2	22263.1	1970.0	12891.8	5360.1
2021	8623.0	1175.9	24643.8	2057.8	15490.1	6477.6
2022	10948.8	1198.3	35739.3	2140.7	19539.3	7963.0

表 5-28　2018—2022 年西部地区六省份交通通信消费潜能预测结果

单位：元

年份	内蒙古	广西	重庆	陕西	青海	新疆
2018	7122.2	1410.8	21796.3	1522.1	16435.1	6180.7
2019	9656.9	1041.0	31866.8	1623.7	20670.3	8060.8
2020	12693.7	1062.7	47235.2	1699.5	26496.7	10128.7
2021	15810.7	1083.5	52444.3	1775.1	32270.3	12570.1
2022	20896.9	1103.2	77376.3	1850.5	41342.0	15846.1

表 5-29　2018—2022 年西部地区六省份文教娱乐消费潜能预测结果

单位：元

年份	内蒙古	广西	重庆	陕西	青海	新疆
2018	8091.3	754.6	25277.5	1240.3	18418.5	7411.2
2019	10496.7	735.4	36664.5	1302.7	23580.0	9081.4
2020	13944.9	704.9	54518.2	1332.4	30307.7	11461.2
2021	17475.3	666.4	60533.2	1356.6	36966.0	14272.8
2022	23286.4	618.8	89515.4	1374.5	47456.4	18052.8

三、西部地区农村居民消费潜能的进一步剖析

（一）沉淀消费潜能规模的省域比较

2017 年，西部地区农村居民人口规模达到 1.82 亿人，人均可支配收入为 10790 元，人均生活消费水平为 9604 元，人均沉淀消费潜能为 1186 元。根据表 5-30 的数据，我们可以计算各个省份农村居民的人均收入消费差额，然后乘以各个省份的人口规模，从而计算出各个省份的农村居民的消费潜能规模。通过比较加总西部地区 12 个省份的农村居民消费潜能，可以得出 2017 年西部地区农村居民的消费潜能规模为 2162 亿元。2017 年，西部地区农村居民沉淀消费潜能总规模最大的两个省（区、市）是云南和广西，其中，云南农村居民的沉淀消费潜能规模达到 469.54 亿元。与上述三个省（区、市）形成鲜明对比，青海农村居民消费人均生活消费超过其可支配收入，其总体沉淀消费潜

能为负的 12.38 亿元。甘肃、宁夏与内蒙古农村居民的消费潜能规模较小，甘肃仅有 6.5 亿元，几乎无消费潜力可挖。

表 5-30　2017 年西部地区各省份农村居民消费潜能规模

省份	人口规模（万）	人均收入（元）	人均消费（元）	人均沉淀消费潜能（元）	沉淀消费潜能占收入比例（%）	沉淀消费潜能规模（万元）
内蒙古	961	12584	12184	400	3.2	384294
广　西	2481	11325	9437	1889	16.7	4686262
重　庆	1105	12638	10936	1702	13.5	1880489
四　川	4085	12227	11397	830	6.8	3391367
贵　州	1932	8869	8299	570	6.4	1101433
云　南	2559	9862	8027	1835	18.6	4695432
西　藏	233	10330	6692	3639	35.2	847819
陕　西	1657	10265	9306	959	9.3	1588914
甘　肃	1408	8076	8030	46	0.6	65275
青　海	281	9462	9903	-440	-4.7	-123752
宁　夏	287	10738	9982	756	7.0	216912
新　疆	1238	11045	8713	2333	21.1	2887883
西　部	18227	10790	9604	1186	11.0	21622327

数据来源：根据《中国统计年鉴 2018》相关数据整理而得。

（二）人均沉淀消费潜能的省域比较

对于居民的消费潜能而言，有静态和动态之分。静态的消费潜能即现有沉淀的消费潜能，可用居民纯收入减去其生活消费而得。2017 年，就人均已沉淀的消费潜能而言，西藏农村居民达到 3639 元，位居西部地区首位，新疆和广西分居第二、第三位，云南和重庆次之。此外，通过沉淀消费潜能占收入比例，也可比较不同地区农村居民的消费潜能水平。从表 5-30 不难得知，西藏、新疆与广西分居西部地区前三位。

与上述三个省（区、市）形成鲜明对比的是青海、甘肃及内蒙古。青海农村居民 2017 年的人均沉淀消费潜能仅为-440 元，即其生活消费支出比可支配收入多了 440 元。这说明青海农村居民的消费欲望极为强烈，而现有收入水平成为其消费水平提升的首要障碍。与青海相类似，甘肃与内蒙古农村居民的人均沉淀消费潜能也极为低下。此外，我们根据人均沉淀消费规模占收入的比例这一统计口径，也可发现西藏、新疆、云南及广西的农村居民人均沉淀消费较高。因此，根据沉淀消费潜能的多寡，西部地区各省份潜能释放的政策侧重点势必存在较大差异。

（三）未来消费潜能释放的省域比较

在人均收入倍增的发展趋势下，2018—2022 年间西部地区 11 省份农村居民的消费结构在整体上处于优化升级阶段，基本情况是：衣着消费代替食品消费成为未来消费的首要支出方向。为进一步剖析消费潜能规律，首先将农村居民消费按照需求层次分为生存型消费、发展型消费和享乐型消费共三类，其中，生存型消费是补偿农村劳动力必要劳动消耗所必需的消费；发展型消费是扩大农业再生产所必需的消费；享乐型消费是提高农村劳动力生活水平、满足享乐需要的消费。其次，结合统计年鉴提供的消费支出指标，将食品消费、衣着消费和居住消费界定为生存型消费；将文教娱乐消费（由于教育是农村居民文教娱乐消费的主体，而文化娱乐支出较低，故将文教娱乐消费近似看作发展消费的一部分）、交通通信消费和医疗保健消费界定为发展型消费；将家庭设备及服务消费界定为享乐型消费。最后，结合三类消费类型和消费结构预测结果，将各省份消费潜能情况总结为三点：

第一，青海、内蒙古和宁夏农村居民的消费潜能主要集中在享乐型消费，即家庭设备及服务消费的潜能最大。以上农村居民在汽车、摩托车、洗衣机、电冰箱和移动电话等耐用消费品的消费水平达到甚至超过了城镇居民平均水平，但在其他耐用品方面的消费水平仍相对滞后。青海、内蒙古和宁夏农村居民 2017 年的消费数据为：每百户微波炉拥有量分别为 8.4 台、5.9 台和 5.7 台，远低于城镇居民的 56.9 台；每百户排油烟机拥有量分别为 17.3 台、15.5 台和 17.6 台，远低于城镇居民的 73.7 台；每百户计算机拥有量分别为 14.5 台、24.2 台和 23.3 台，远低于城镇居民的 80.8 台；每百户照相机拥有量分别为 2.9 台、4.1 台和 1.6 台，远低于城镇居民的 29.1 台。

第二，西藏农村居民的最大消费潜能主要集中在发展型消费，具体表现为医疗保健消费的消费潜能最大。受消费观念和传统习俗影响，西藏农村居民对医疗保健并不重视，但西藏自治区卫生厅重视农牧区医疗制度健康运行，并不断提高农牧民免费医疗补助标准，基本医疗保障能力不断增强，具体表现为：政府将补助农牧民医疗标准从 2009 年的人均 140 元提高到 2017 年的人均 475 元；农牧民患大病最高报销补偿限额达 6 万元，超过部分可申请最高 7 万元的大病补充商业医疗保险理赔。在政府的积极引导下，藏区农村居民开始正确认识医疗保健的作用，在未来会增加该方面的消费。

第三，四川、重庆、贵州、广西、甘肃、新疆和陕西农村居民的主要集中在生存型消费，具体表现为衣着消费的潜能最大。同时，以上各省（区、市）农村居民在其他消费方面的潜能中呈现一定的差异性，这主要表现为：一是受汶川地震等自然灾害影响，四川和重庆农村居民的居住消费潜能有所提升。二是广西、贵州、甘肃和新疆农村居民在享乐型消费潜能规模开始增加，这是因为四省（区、市）农村居民在彩色电视机、空调、热水器、排油烟机、计算机和照相机等耐用消费品方面的水平远落后于全国农村居民平均消费水平。广西、贵州、甘肃和新疆农村居民 2017 年的消费数据为：每百户彩色电视机拥有量分别为 113.3 台、104.0 台、109.0 台和 102.6 台，低于全国的 120.0 台；每百户热水器拥有量分别为 68.3 台、45.4 台、26.4 台和 30.1 台，低于全国的 62.5 台；每百户排油烟机拥有量分别为 10.4 台、7.0 台、9.0 台和 13.1 台，低于全国的 20.4 台；每百户计算机拥有量分别为 21.8 台、15.7 台、16.8 台和 16.6 台，低于全国的 29.2 台；每百户照相机拥有量分别为 1.2 台、1.3 台、1.4 台和 1.7 台，低于全国的 3.9 台。三是由于生活节奏的加快、高科技信息产品的迅速发展和通信工具价格不断下调，以及农村居民生活水平的不断提高，家用汽车需求量不断加大，带动了农村居民交通费用的快速增长，导致陕西农村居民在交通通信方面的发展型消费潜能有较大提高。

本章小结

本章在详细介绍消费潜能测度方法的基础上，分别基于收入与非收入视角对 2018—2022 年西部地区 11 个省份农村居民消费结构与收入水平的关联度、总体消费潜能和各类消费支出的潜能进行了预测与分析。根据收入视角下西部地区农村居民消费潜能的预测结果，可以发现：西部地区各省份的消费潜能规模及结构表现为明显的差异性特征，其中，西部地区农村居民总体消费潜能规模居前三位的省（区、市）分别是西藏、四川、广西；食品消费潜能规模居前三位的省（区、市）分别是广西、陕西和宁夏；衣着消费潜能规模居前三位的省（区、市）分别是重庆、广西、宁夏；居住消费潜能规模居前三位的省（区、市）分别是西藏、重庆、四川；家庭设备及服务消费潜能规模居前三位的省（区、市）分别是广西、西藏、内蒙古；医疗保健消费潜能规模居前三位的省（区、市）分别是贵州、广西和重庆；交通通信消费潜能规模居前三位的省（区、市）分别是：重庆、西藏、广西；文教娱乐消费潜能规模居前三位的省（区、市）分别是：西藏、四川、广西。

根据非收入视角下西部地区农村居民消费潜能的预测结果，我们发现：在消费习惯、基础设施建设和社会保障的综合作用下，重庆、青海等省（区、市）的农村居民消费规模存在着巨大潜能，其中，重庆农村居民消费潜能最大。从消费潜能的结构来看，除云南外，西部地区其他省（区、市）农村居民的食品消费存在潜能，且潜能大小依次为重庆、青海、内蒙古、新疆、广西和陕西；此外，重庆、青海、内蒙古和新疆等省（区、市）的农村居民在居住、家庭设备及服务、医疗保健、交通通信消费中存在潜能；再者，除陕西外，其他省份农村居民的文教娱乐消费均存在潜能，且潜能大小依次为重庆、青海、新疆、内蒙古、广西和云南。

因此，促进西部地区农村居民消费潜能释放不仅要进一步提高西部地区农村居民的人均可支配收入，同时还需要适度转变西部地区农村居民较为落后的消费观念，加大政府对西部地区的基础设施建设投资以及社会保障支出力度。此外，鉴于各省份在消费潜能规模与结构中存在的明显差异性，在政策主张上要根据各省份的实际情况制定差异化的政策措施。

第六章　西部地区农村居民消费潜能释放的制约因素分析

本章详细介绍了开展问卷调查的研究设计方案与数据收集情况，对调查数据和访谈记录进行细致梳理，按照消费能力、消费意愿和消费环境的逻辑思路，对制约西部地区农村居民消费潜能释放的因素进行深入的定性分析，最后运用实证研究方法论证定性分析结果的合理性。

第一节　农村消费潜能释放制约因素的研究设计

为了进一步分析西部地区农村居民消费潜能释放的制约因素并保证研究的严谨性，课题组成员在前期进行了充分的准备工作，并组织了多位专家学者，共同商讨、设计了农村居民消费潜能释放的制约因素的调查问卷，力求从微观层面更深入地分析制约西部地区农村居民消费潜能的因素。

一、问卷设计

本次调查问卷设计分为四个部分，分别是农村居民基本情况、农村居民收支状况、农村居民消费现状和农村居民消费潜能，每部分内容涉及多个维度的测量指标。

第一部分：农村居民基本情况，主要了解被调查人及其家庭的相关基础信息，收集被调查人的年龄、性别、民族、受教育程度等基础信息，同时还收集了被调查人的家庭规模、家庭构成、小孩上学与外出务工等相关信息。

第二部分：农村居民收支状况，主要了解被调查人家庭的总体收入与开支状况，收集被调查人的家庭收入来源、支出结构等信息，司时还收集了被调查人的家庭对家庭收入和储蓄水平的预期等。

第三部分：农村居民消费现状，主要了解被调查人家庭的消费习惯等，收集被调查人家庭的日常消费场所、消费倾向、休闲娱乐消费情况、保障性消费情况和信贷消费情况等相关信息。

第四部分：农村居民消费潜能，主要了解被调查人家庭的消费潜能情况，收集被调查人家庭的消费收入与支出预期、当前消费需求的满意度、未来消费需求和制约当前消费的主要因素等信息。

这里需要说明的是，本次调查问卷以选择题为主、填空题为辅，为了便于后期的数据处理和分析，针对大多数问题采用了封闭式的选择题形式，对农户态度相关的问题（如满意度等），采用了类似李克特选项（Likert Item）的方法进行了测量，而对于农户收入和开支等不便于设计成封闭选项的问题，将其设计成了开放式的填空题。

二、调查准备

课题调研以入户访谈并填写问卷等形式展开。为了保证问卷的有效性，同时为获得西部农村居民消费的第一手资料，在正式调研之前，课题组于2016年3月先后在富平淡村镇、渭南大荔县、户县苍游镇、兴平市东城办、商洛镇安、安康紫阳及大河镇等农村地区试调研100多名农村居民，以检验问卷题目设计的易懂性、无歧义、逻辑严密性及可操作性，在对问卷进行三次较大的修改之后开始正式发放。对西部地区多个省份的农村地区进行了预调查，白天对当地农村居民进行访谈，与村民们深入地探讨与交流，晚上回到宾馆共同讨论修改调查表，分析并解决在访谈当中遇到的问题，如此往复，不断地积累经验，科学合理地设计修改调查表，同时，重视并接纳访谈对象提出的建议或意见，并在他们的帮助下，完善调查问卷，减少缺真缺失数据的出现。

另外，在调研过程中，注意访谈者与访谈对象之间的沟通的方式（如提问问题的方式、问题的逻辑顺序）等细节问题，从而总结出在与访谈对象之间进行沟通时的最准确获取信息的方式。在预调查结束后，课题组组织培训了调查员，并强调了在与访谈对象沟通时应注意的方式方法，避免让访谈对象产生误解和歧义，并在每个调查组中都安排了问卷检查员，指导他们如何对已完成的问卷进行检查，提早发现问题并及早解决问题，提高数据质量，从而保证了数据的完整性、精准性。

三、样本收集

本书主要分析了西部地区农村居民的消费潜能及其释放问题，这就设定了样本收集的范围，按照国家统计局对中国 34 个省份区域的划分，中国西部地区主要包括重庆、四川、贵州、云南、广西、陕西、甘肃、青海、宁夏、西藏、新疆、内蒙古 12 个省、自治区和直辖市。考虑到贵州、云南、广西 3 个省和自治区地处西南边陲，少数民族众多，且与多个国家接壤，当地情况比较复杂，故课题在样本选取和数据收集时仅涉及 9 个省（区、市），它们分别是重庆、四川、陕西、甘肃、青海、宁夏、西藏、新疆、内蒙古。第一次调研共计发放调查问卷 1600 份，回收问卷 1483 份，回收率为 92.7%；有效问卷 1138 份，有效率为 79.1%。第二次调研主要针对四川农村居民展开，发放问卷 200 份，回收 184 份，回收率 92%；有效问卷 151 份，有效率 82%。两次调研共涵盖西部地区 163 个农村，涉及 1400 多户农村家庭。具体样本分布情况如表 6-1 所示。

表 6-1 样本分布

省　份	农户数样本量（户）	占比（%）
甘　肃	100	8.79
内蒙古	159	13.97
宁　夏	70	6.15
青　海	176	15.47
陕　西	238	20.91
四　川	20	1.76
西　藏	158	13.88

续表

省　份	农户数样本量（户）	占比（%）
新　疆	110	9.67
重　庆	107	9.40
合　计	1138	100.00

数据来源：根据调查数据整理所得。

在这 1138 个调研对象中，男性占 67%，女性占 33%，如图 6-1 所示。通常情况下，男性对家庭的总体收入和消费情况较为了解，能保证调查问卷的准确性。

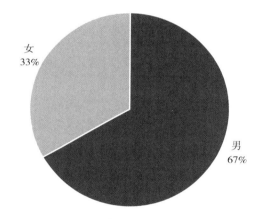

图 6-1　样本农户性别分布

受访者的年龄呈现出倒 U 形态势，以 30—60 岁之间为主，占比达69.16%，20 岁以下的仅占 1.41%，20—30 岁及 60 岁以上的分别占 15.55% 和13.88%，如表 6-2 所示。在农村家庭中，30—60 岁年龄段的农户是家里的主要劳动力，也是农村家庭收入和消费的主要群体，因此，这个年龄段在样本中的占比也接近七成，这一结果能够较大程度地反映出农村家庭真实的收入水平和消费支出情况。

表 6-2　样本农户年龄分布

年龄范围	人数（人）	占比（%）
20 岁以下	16	1.41
20—30 岁	177	15.55
30—40 岁	242	21.27
40—50 岁	339	29.79
50—60 岁	206	18.10
60 岁以上	158	13.88
合计	1138	100.00

数据来源：作者调查整理所得。

　　在受教育程度方面，受访者主要以小学和初中为主，占比为 56%，高中及以上的比例仅有 16%，如图 6-2 所示。需要注意的是，仍然有 17% 的农村居民教育水平在小学以下，从这点可以看出，虽然中国近年来一直在持续推进九年义务教育，甚至有向上（高中教育）和向下（学前教育）延伸的趋势，但在农村，特别是西部农村地区，教育水平的提升仍然需要引起重视。

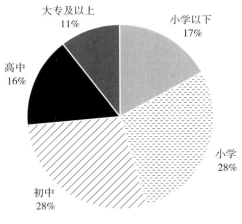

图 6-2　样本农户教育水平分布

　　家庭总人口方面，样本农村居民农户平均每个家庭的人数约为 5 人，家庭总人数在 1—3 人的有 260 户，占比 23.15%，家庭总人数在 4—8 人的有 849 户，占比 72.45%，家庭总人数在 9 人及以上的仅有 29 户，占比 4.40%，具体结果如表 6-3 所示。从数据中可以看出，西部地区大多数农村家庭的人口数在 4—8 人之间，而超过 60 岁的老人和小于 18 岁的孩子一般都是 1—2 人，这一统计性结果也比较符合农村实际。

表 6-3　样本农户家庭总人口分布

家庭总人口	占比（%）	其中 60 岁以上	占比（%）	其中 18 岁以下	占比（%）
1—3 人	23.15	0	34.80	0	26.36
4—8 人	72.45	1—2 人	60.02	1—2 人	65.81
9 人及以上	4.40	3 人及以上	5.18	3 人及以上	7.83
合计	100.00		100.00		100.00

数据来源：作者调查整理所得。

第二节　消费能力制约因素分析

本节主要分析制约西部地区农村居民消费能力的因素，消费能力的制约主要来自收入，西部地区农村家庭的收入普遍存在水平低下、差距较大和来源单一的特点，下面将详细进行分析。

一、收入水平低下

对于西部地区农村居民农户的消费能力来说，收入水平无疑是影响农户消费能力和消费潜能释放最直接和最主要的制约因素之一。根据课题组的调查，有 56% 的样本家庭都认为自己当前的收入偏低，大多数家庭的收入水平处于中等、中等偏低和低收入水平，这三个收入水平农户合计占比达到 79%，如表 6-4 所示，从这一结果可以看出，西部地区农村居民的中低收入群体相对较多，这会对其消费潜能的释放产生重要影响。根据边际消费倾向递减规律，中低收入群体会将所增加的收入大多用于消费，而高收入群体则只会将新增加收入中很少的一部分用于消费。中低收入群体当期消费需求受到收入水平的限制，这严重制约了西部地区农村居民的消费能力，从而导致农村居民的消费潜能得不到有效释放。

表 6-4　样本家庭的收入水平分类

收入水平	样本量（户）	占比（%）
高收入	62	5.45%
中等偏高	177	15.55%
中等	489	42.97%
中等偏低	259	22.76%
低收入	151	13.27%
合计	1138	100.00

数据来源：作者调查整理所得。

从不同省份来看，甘肃、内蒙古、青海、西藏、重庆和四川中等收入的农村居民家庭均超过了 40%，占比较高。但值得注意的是，甘肃和新疆样本家庭中中等偏低和低收入家庭的比例在 50% 左右，而高收入家庭的占比还不到 1%，如表 6-5 所示，应该说这两个省（区、市）农村居民家庭的收入普遍偏低，直接限制了其消费潜能的有效释放。

表 6-5　西部地区不同省份样本家庭的收入水平分类

单位:%

省份	高收入	中等偏高收入	中等收入	中等偏低收入	低收入
甘　肃	0.0	14.0	41.0	30.0	17.0
内蒙古	4.4	13.2	44.0	20.1	17.0
宁　夏	21.4	28.6	32.9	10.0	2.9
青　海	2.8	10.2	42.6	29.6	9.7
陕　西	4.6	23.1	33.6	24.4	7.1
西　藏	8.9	11.4	41.1	13.3	16.5
新　疆	0.9	13.6	28.2	29.1	23.6
重　庆	4.7	13.1	43.0	22.4	16.8
四　川	10.0	20.0	45.0	15.0	5.0

数据来源：作者调查整理所得。

2013—2015 年，整个样本区域样本家庭年收入的绝对数值有所增长，从
38575 元增长到 46705 元。从不同省份来看，几乎每个省份的样本家庭年收入
2013—2015 年均有不同程度的增长，增长幅度也是逐年增大，2013—2014 年
样本家庭的收入增长幅度为 6.5%，到了 2015 年这一增长趋势扩大到 12%。从
图 6-3 可以看出，样本农户对自己家庭未来的收入预期也比较乐观，超过六
成的家庭认为自己未来的年收入能够维持不变甚至有所提高。

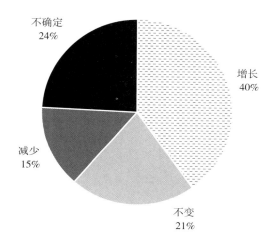

图 6-3　样本农户对未来收入的预期

表 6-6　不同省份样本农户对未来收入的预期

单位:%

省份	增长	不变	减少	不确定
甘　肃	32.0	20.0	29.0	19.0
内蒙古	22.6	25.2	25.8	26.4
宁　夏	70.0	14.3	8.6	7.1
青　海	36.9	27.3	6.8	29.0
陕　西	50.4	17.6	15.6	16.4
西　藏	43.7	17.1	10.1	29.1
新　疆	28.2	24.6	10.9	36.3
重　庆	41.1	25.2	9.3	24.3
四　川	50.0	5.0	5.0	40.0

数据来源：作者调查整理所得。

从图6-3和表6-6可以看出，大部分样本农村居民对未来收入的预期比较乐观，宁夏、陕西、重庆、四川、西藏等省（区、市）的样本农村居民对当地农村经济发展比较看好，认为未来收入会增长，然而内蒙古的样本农村居民则认为未来收入会减少，新疆的样本农村居民则不确定未来收入的变化。

但是我们也必须看到，当前西部地区的样本农村居民家庭的收入还是普遍偏低，释放消费潜能、提振消费能力的资源禀赋十分贫瘠。根据国家统计局《2015年国民经济和社会发展统计公报》的统计数据，截至2015年12月末，中国农村居民人均可支配收入为11422元，比2014年同期增长了8.9%，按照样本农村居民家庭户均人数为5人来计算，样本农村居民的家庭年收入为57110元时，才能达到国家平均水平，但是从表6-7可以看出，样本农村居民的平均家庭年收入最高只达到了46705元，与国家平均水平相差甚远，这说明西部地区农村居民的家庭年收入基本处于中等偏下水平。从不同省份来看，除了陕西、四川、宁夏三个省（区、市）的样本农村居民的家庭年收入超过了50000元，基本与国家平均水平保持了一致，但其余六个省份样本农村居民的家庭年收入普遍偏低，其中，新疆农村居民的家庭年收入最低，仅为33729元。

表6-7　按省份的样本家庭年收入

单位：元

省份	2013年	2014年	2015年
甘　肃	34181	35329	39245
内蒙古	37011	38131	40153
宁　夏	51792	50357	56142
青　海	24677	29353	37135
陕　西	46791	49925	59379
四　川	138650	193100	199500
西　藏	35850	29406	34269
新　疆	25844	29555	33729
重　庆	36885	44285	47836
平　均	38575	41076	46705

数据来源：作者调查整理所得。

二、收入差距较大

西部农村地区农户的收入水平不仅偏低，地区之间、群体之间的收入差距明显。从表 6-7 可以看到，不同省份之间的农村居民收入也存在较大差距，家庭收入最高的四川是家庭收入最低的新疆的 6 倍多，收入分配存在明显的地区差异。就不同群体而言，如表 6-8 所示，高收入群体与低收入群体之间也存在很大差距，高收入群体的家庭年收入几乎是低收入群体家庭年收入的 5 倍左右，这是值得注意的问题。如果贫富差距过大，就会进一步抑制农村居民的消费需求，从而限制其消费潜能的释放，导致高收入群体过度储蓄，而低收入群体收缩消费。事实上，对于高收入群体来说，普通商品已经能够满足其日常消费，只有更高档的消费品才能刺激其消费需求，因此，他们会将大部分收入用于储蓄或者投资，并减少不必要的消费。对于中低收入群体来说，他们的日常消费需求巨大，消费潜能也亟待释放，但由于受自身收入水平的限制，因而无法购买自己需要的商品。所以，收入差距过大，社会财富分配不均衡，也会阻碍农村居民消费潜能释放。

表 6-8 样本家庭的年收入

单位：元

收入水平	2013 年	2014 年	2015 年
高收入	82074	97655	103967
中等偏高	60175	63192	75795
中等	33596	38720	43365
中等偏低	29000	28632	32834
低收入	22506	21363	21591

数据来源：作者调查整理所得。

三、收入来源单一

从收入结构来看，西部地区农村居民的收入来源主要有四个途径：一是农

业生产收入，二是外出务工收入，三是非农经营收入，四是财产性收入。我们
从调研数据中发现，在西部地区农村居民的家庭收入中占比最高的是外出务工
收入，占到33%，非农经营收入占到25%，财产性收入占到17%，而农业生
产收入占到16%，外出务工收入可以看成是农村居民的工资性收入，而非农
经营收入、财产性收入和农业生产收入可以看成是农村居民的家庭经营性收
入，说明家庭经营性收入和工资性收入已成为西部地区农村家庭收入的主要来
源，两者合计占到家庭总收入的90%。

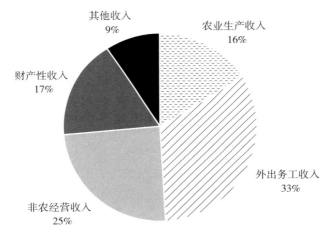

图 6-4　样本家庭收入结构

数据来源：作者调查整理所得。

从不同省份来看，内蒙古和新疆样本农村居民家庭收入主要来自农业生
产，甘肃、宁夏、陕西、西藏、重庆五个省（区、市）样本农村居民家庭收
入则主要来自外出务工，青海样本农村居民家庭收入主要来自非农经营获得收
入，而通过财产投资获得收入的样本家庭在各个省份的占比都较少，如表 6-9
所示。因此，西部地区农村居民家庭收入结构依然十分传统，这样的收入结构
保持了农村地区原有的经济结构，从而造成西部地区农村居民家庭收入产生了
不确定性。

表 6-9　不同省份样本家庭收入结构

单位:%

省 份	农业生产收入	外出务工收入	非农经营收入	财产投资收入
甘　肃	36.3	47.9	12.1	3.7
内蒙古	52.9	35.9	10.4	0.8
宁　夏	9.3	46.8	32.9	11.0
青　海	14.8	31.0	45.6	8.7
陕　西	16.1	44.3	30.4	9.3
西　藏	15.5	47.4	34.1	3.1
新　疆	66.1	25.6	6.3	2.0
重　庆	17.7	57.2	14.2	10.8
四　川	12.2	21.5	31.4	34.9

数据来源：作者调查整理所得。

（一）工资性收入的不确定性

农村居民工资性收入主要来自两个渠道：一是在附近的乡镇企业务工取得的工资收入；二是去城市里务工取得的工资收入。这两个渠道的工资性收入都存在很大的不确定性。首先，由于乡镇企业资金量小、技术落后、产业结构不合理以及粗放式发展等因素限制，其产品很容易被市场驱逐，再加上乡镇企业机制不够灵活，严重影响了乡镇企业对农村剩余劳动力的吸纳，从而使得农村居民的工资性收入极不稳定。其次，农村居民进城务工也存在收入不稳定的问题，因为农村居民作为外来人员，其本身受教育程度较低，法制意识淡薄，合法利益很难得到保障，导致雇主经常会以各种名义克扣农村居民的工资，农村居民在工作时容易产生消极情绪，从而使得工作效果不令人满意。

（二）家庭经营性收入的不确定性

农村居民的经营性收入也有两个主要渠道：一是农业生产收入，二是非农经营收入。这两个渠道的经营性收入也存在很大的不确定性。近几年来，国家针对农业生产出台了一系列政策，粮食价格也随之有了一定幅度的上涨。但是，由于随着生产资料价格的上涨，农业生产的成本也提高了不少，这就导致了农村居民实际的农业生产收入并没有明显提高，农村居民的农业生产收入受到政策和自然环境的制约较大,从而使得收入水平非常不稳定。此外,由于中国农村市场机制尚不健全,农产品甚至商品的销售存在严重的产销脱节现象,对于市场经济的发展趋势,农村居民并没有很好的心理预期和心理准备,一旦出现市场价格波动,农村居民难以承受市场风险,农村居民很容易在市场经营方面丧失积极性,态度逐渐消沉,从而制约了农产品和农村商品的市场化进程,这也会造成农户的家庭经营性收入不稳定。

第三节 消费意愿制约因素分析

本节主要分析制约西部地区农村居民消费意愿的因素,制约消费意愿的因素有很多,下面主要从传统的消费观念、较强的储蓄动机和薄弱的社会保障三个方面进行详细阐述。

一、消费观念传统

西部地区农村居民的消费观念依然比较保守,消费习惯也十分传统,这也在一定程度上制约着农村居民的消费潜能释放。与东部地区相比,西部地区地处内陆,信息十分闭塞,农村居民接受新鲜事物的机会也较少,这使得很多农村居民的消费习惯依然要受制于传统的思想,从而导致其消费结构存在失衡现象。

根据课题组的调查,如表6-10所示,样本农村居民的消费支出首先考虑的是子女上学,这一部分支出占消费总支出的24.53%,说明西部地区农村居民对于子女教育的问题非常重视,上文分析也谈到,样本农村居民的受教育程度大多是小学或初中水平,其中17%的农村居民为小学文化程度,而造成文化程度低的原因不仅有历史原因也有经济原因。随着农村居民收入的不断提高,他们首先考虑的是教育投资,因为他们相信"知识会改变命运"。然而,从另一个角度来看,在当前农村居民整体收入水平偏低的情况下,子女教育支出占到了接近四分之一的水平,这说明教育成本对于农村居民来说还是偏高的,有60%的样本农村居民都认为孩子上学的费用比较高,如图6-5所示,孩子上学是家庭消费的一大开支，较高的上学费用会严重制约农村地区教育的可得性，也会占用本应用于其他消费的正常开支，从而抑制了农村居民消费潜能的释放。

表 6-10　样本农户消费情况

消费类型	消费数额（元）	占比（%）
食物衣服	6011	20.67
房屋家电	3081	10.60
交通通信	2309	7.94
子女上学	7134	24.53
红白事	2696	9.27
人情开支	3157	10.86
医疗支出	3425	11.78
旅游娱乐	1267	4.36

数据来源：作者调查整理所得。

样本家庭的第二大消费开支则用于吃饭穿衣等的基本生活消费，这一部分支出占消费总支出的 20.67%，随着生活条件的改善，农村居民在吃穿方面的支出也有所增加，但是，农村居民自给自足式的消费观念依然没有得到有效改善，在基本生活消费层面，农村居民普遍会尽可能地减少生活用品的购买，并能够通过自身能力和水平来制作生活材料，即使自己并不擅长这些生活材料的制作，虽然这是一种独立自主的表现，但是从另一个角度来看也是造成农村地区经济增长效率低下的主要原因。理论上来讲，社会的分工有利于提高经济效率，所谓"术业有专攻"，每个人都做自己擅长的工作，不仅能够提高工作效率、节约成本，还可以通过出售自己的劳动成果来获得更多的收入，同时去购买自己并不擅长的劳动成果，来提高自身生活质量，并为国家创造了高效率的经济运作方式。然而在西部农村地区，农村居民依然习惯于自给自足，这种做法极大地延迟了农村居民生活水平的提高速度和农村消费市场的发展。

样本家庭的第三大消费开支是人情开支和红白事的开支，这一部分支出占消费总支出的 20%，我们将这两项开支归为一类主要也是考虑到农村居民在

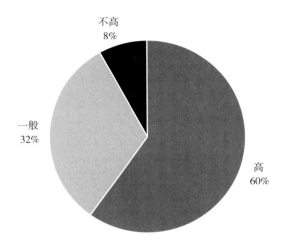

图 6-5　样本农户对孩子上学费用的看法

消费观念上具有很强的"从众"心理，人们的消费习惯互相影响，这种"随大流"和盲目攀比的传统消费观念依然十分普遍。农村家庭在人情上的开支较高，亲朋好友相互送礼，种类繁多且价格不菲，婚丧嫁娶都讲究大操大办，不管自己的经济实力如何都要在村子里办得有声有势，来追求高消费。盲目攀比、摆阔气讲排场，这些不必要的开支加重了农村居民的收入负担，也影响了农村居民的正常消费，从而抑制了消费潜能的有效释放。

另外，还可以从调查数据中发现，样本家庭对于旅游娱乐等休闲娱乐消费开支非常少，仅占消费总支出的 4.36%，究其原因，有一半的样本家庭都认为是收入水平使然，还有四分之一的样本家庭认为平时都忙于农活，根本没有多余的闲暇时间，如图 6-6 所示。

以上可以看出，西部地区农村居民当前的消费现状目前仍以满足基本生活需求为主，对于更高层次的文化消费享受需求还未完全满足，只有当收入水平和生活质量得到较大提升后，这部分消费潜能才能极大地释放出来。

从各个省份的情况来看，西藏样本农村居民在子女上学方面的消费最高，其占其家庭总收入的 26.4%。重庆样本农村居民在食物衣服方面的消费最高，其占其家庭总收入的 18.2%。陕西样本农村居民在人情开支方面的消费最高，其占其家庭总收入的 13.82%。另外，陕西样本农村居民在房屋家电、医疗支

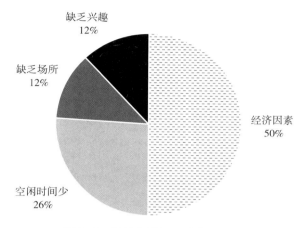

图 6-6 制约旅游娱乐消费的因素

出和旅游娱乐方面的支出也为最高，如表 6-11 所示。

表 6-11 不同省份样本农户消费情况

单位:%

省份	食物衣服	房屋家电	交通通信	子女上学	红白事	人情开支	医疗支出	旅游娱乐
甘　肃	11.7	6.1	5.0	13.7	3.8	3.7	8.7	6.1
内蒙古	11.5	6.0	4.9	13.4	3.7	3.7	8.5	6.0
宁　夏	13.7	5.0	5.8	11.0	7.8	4.3	5.6	5.0
青　海	9.2	3.0	4.3	8.3	2.5	4.7	7.3	3.0
陕　西	13.2	10.1	6.7	12.8	6.5	13.8	9.1	10.1
西　藏	15.9	3.6	2.1	26.4	3.4	1.2	6.4	3.6
新　疆	9.0	3.0	2.3	11.1	6.6	2.5	3.6	3.0
重　庆	18.2	8.7	5.1	19.2	6.0	4.3	5.7	8.7
四　川	2.8	1.3	1.0	3.1	1.2	1.2	1.5	1.3

数据来源：作者调查整理所得。

二、储蓄动机较强

从样本农村居民家庭的支出类型来看，除基本生活消费占比近四成外，剩下约 37% 的支出均用于储蓄存款，这说明西部地区农村居民现期消费较少，储蓄动机较强，如表 6-12 所示。

表 6-12　样本农户支出情况

支出类型	支出数额（元）	占比（%）
生活消费	15884	37.9
生产投资	7710	18.4
储蓄存款	15491	37.0
投资放贷	2798	6.7

数据来源：作者调查整理所得。

从各个省份的情况来看，各省份农村居民在生活方面的支出比例均比较高，特别是新疆，其占总消费水平的 56.6%，甘肃和内蒙古也超过了 40%；储蓄存款方面，甘肃、宁夏、西藏、新疆、重庆、四川等省（区、市）的支出比例也均在 40% 左右，说明这些省（区、市）农村居民的储蓄动机非常强烈，特别是新疆，其生产投资支出和投资放贷支出比例都在 3% 以下，支出结构目前已经出现了极度失衡。如表 6-13 所示。

表 6-13　不同省份样本农户支出情况

单位:%

省份	生活消费	生产投资	储蓄存款	投资放贷
甘　肃	42.9	14.4	40.4	2.4
内蒙古	47.5	28.2	22.2	2.2
宁　夏	24.5	27.2	41.9	6.4
青　海	21.9	19.7	24.7	33.7
陕　西	32.6	16.5	33.0	17.9
西　藏	41.0	15.6	39.9	3.5
新　疆	56.6	2.4	38.2	2.8
重　庆	36.4	15.8	42.3	5.5
四　川	20.6	20.2	40.4	18.8

数据来源：根据调查数据整理所得。

即使收入水平有所增长，样本农村居民对于增加现期消费的意愿也不是很强烈，从样本数据显示，超过 60% 的样本农村居民只愿意拿出收入增长部分的 10%—25% 用于消费，如图 6-7 所示。

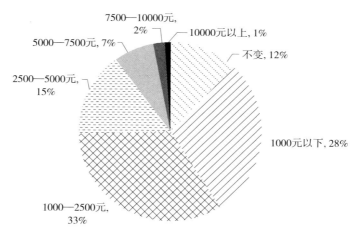

图 6-7　假设收入增长 10000 元，消费意愿增加多少？

　　从不同省份来看，假设收入水平增长 10000 元，西藏、新疆和四川三个省（区、市）有接近 60% 的样本农村居民都不希望增加消费或者仅增加一部分消费，宁夏有超过 50% 的样本农村居民希望增加 1000—2500 元的消费，这是所有省份中比例最高的，其他省份农村居民对于提高其消费的意愿都不高，说明西部地区农村居民的储蓄动机非常强，如表 6-14 所示。

表 6-14　假设收入增长 10000 元，不同省份农村居民消费意愿增加多少？

单位：%

省份	不变	1000 元以下	1000—2500 元	2500—5000 元	5000—7500 元	7500—10000 元	10000 元以上
甘　肃	15.0	29.0	34.0	16.0	9.0	4.0	3.0
内蒙古	11.3	17.0	30.8	20.8	12.6	4.4	5.0
宁　夏	14.3	21.4	54.3	11.4	1.4	0.0	1.4
青　海	11.9	25.0	34.7	14.8	10.8	1.1	1.1
陕　西	7.1	29.0	34.9	13.0	6.3	4.6	1.3
西　藏	15.8	43.7	29.8	7.6	3.8	0.6	1.3

续表

省份	不变	1000 元以下	1000—2500 元	2500—5000 元	5000—7500 元	7500—10000 元	10000 元以上
新　疆	20.9	37.3	35.5	7.3	5.5	2.7	2.7
重　庆	12.2	15.9	26.2	31.8	8.4	3.7	6.5
四　川	25.0	35.0	20.0	10.0	20.0	0.0	15.0

数据来源：根据调查数据整理所得。

综上来看，造成这一现象产生的主要原因是西部地区农村居民家庭当前的支出具有很大的不确定性，农村居民难以预期未来的支出水平，所以都尽可能地将收入储蓄起来，以备不时之需。具体来看，主要表现在两个方面的不确定性：

一是农村居民对农业生产投资的不确定。农业生产与工业制造业或服务业不同，它不仅受到国家和地方政策的制约，还极易受到自然环境、气候条件的影响，西部地区农村居民从事农业生产除了要面对日渐提升的生产成本，还不得不为了应对自然灾害而进行必要的储蓄，以保障农业生产的投入。另外，农业生产还具有季节性强、周期长、见效慢的特点，农村居民对于农业保险的认知度低，这就使得农业生产的风险不易控制，再加上农村居民收入本身不高、农村信贷机制不健全，导致大多数农村居民在面临自然灾害后没有办法从金融机构获得贷款，因此，要想保持有足够充足的资金用于农业生产，就需要提前进行大量的储蓄，而储蓄势必会挤占本应得到释放的消费空间，所以说农业生产支出的不确定性使得西部地区农村居民十分注重储蓄，从而抑制了消费潜能的释放。

二是农村居民对教育支出的不确定。虽然中国在普及九年义务教育方面取得了良好成绩，国家出台的"两免一补"政策也极大地降低了义务教育所需要的学杂费，但对子女所处高中或大学阶段的家庭来说，其教育成本不降反升，特别是在高等教育收费制实施之后，孩子教育成本在不断地攀升。上文分析得出，西部地区农村居民家庭的大部分支出用于子女教育，但是由于逐年攀升的教育成本也使一些收入水平较低的农村家庭望而却步，因为收入增加的速度远远赶不上教育费用上涨的速度，两者之间形成了鲜明对比，使得西部地区农村居民家庭的教育支出面临着很大的不确定性，农村居民不得不抑制自己的消费需求，并积累更多的储蓄资金用于日后子女的教育支出。

三、社会保障不足

农村社会保障主要包括医疗保障和养老保障，当前西部地区农村居民的制度保障体系均不完善，虽然存在新型农村合作医疗和新型农村养老保险，但部分农村居民没有购买意愿。调查数据显示，近40%的农村居民家庭依然认为购买这些保险的费用太高，而有38%的农村居民不知道办理手续，甚至有20%的农村居民感觉没用，如图6-8所示，这些问题是非常值得政府部门重视的，给中国农村社会保障的制度设计与完善提出了新的要求。所以，现有的社会保障制度对农村居民的保障力度有限，无形中会增加农村居民家庭的保障性支出，严重抑制其对现期消费的需求。

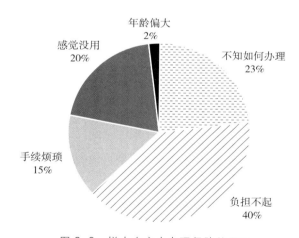

图 6-8 样本农户未办理保险的原因

数据来源：作者调查整理所得。

进一步从不同省份来看，在未办理保险的农村居民中，西藏有高达41.1%的样本农村居民不知如何办理，甘肃和青海也有20%以上的农村居民面临着同样的问题，重庆农村居民由于费用高负担不起而未办理保险的占到了55.1%，在甘肃农村居民的这一比例也达到了42%，值得注意的是，在宁夏有接近三分之一的农村居民认为保险没用而未办理，如表 6-15 所示，从这些数据可以看出，相关保险制度在宣传和实施中均存在着一系列问题，目前还没有完全达到保障农村居民生活的作用。

表 6-15　不同省份样本农户未办理保险的原因

单位：%

省份	不知如何办理	负担不起	手续烦琐	感觉没用	年龄偏大
甘　肃	24.0	42.0	22.0	26.0	0.0
内蒙古	4.4	20.8	5.7	15.1	5.0
宁　夏	12.9	15.7	14.3	32.9	5.7
青　海	22.7	20.5	8.0	16.5	4.6
陕　西	6.7	21.0	14.7	18.5	0.4
西　藏	41.1	23.4	12.7	3.8	2.5
新　疆	15.5	29.1	9.1	10.0	1.8
重　庆	7.5	55.1	16.8	9.4	1.9
四　川	10.0	35.0	10.0	25.0	0.0

数据来源：作者调查整理所得。

在医疗保障方面，医疗保健费用对于西部地区农村居民来说是一项很大的支出，农村的医疗卫生条件落后，农村居民一般是小病不看，有 22% 的农村居民家庭都是能忍则忍，有 34% 的农村居民家庭则是自己买药，尽量减少去医院看病的次数，有 21% 的农村居民家庭会选择去村里的卫生所看病，如图 6-9 所示，但实际上村里的卫生所并不能做全面的医疗检查，仅能提供一些治疗普通疾病的药物，不能发挥出基层医疗机构应有的诊疗作用，这就会造成农村居民一旦发现病情就非常严重的问题，此时再要想治好病就需要去大医院，付出很高的医疗费用，很多农村居民都是因为大病致贫，导致其消费能力进一步弱化。

进一步从不同省份来看，青海有超过 40% 的农村居民在遇到日常小病时能忍则忍，甘肃也有 36% 的样本农村居民采用同样的做法，内蒙古有接近 60% 的样本农村居民则通过自己买药来应对小病，这一比例在宁夏也接近 50%，在陕西、新疆和重庆都有超过 30% 的样本农村居民选择去村卫生所看

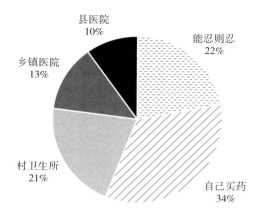

图 6-9　样本农户对日常小病的处理办法

病，如表 6-16 所示。以上数据可以看出，这些省份在医疗保障方面还存在诸多不足，农村居民在遇到疾病的时候都不会选择去医院，其原因还是担心医院的看病费用高。

表 6-16　不同省份样本农户对日常小病的处理办法

单位:%

省份	能忍则忍	自己买药	村卫生所	乡镇医院	县医院
甘　肃	36.0	36.0	29.0	13.0	10.0
内蒙古	16.4	59.8	18.2	18.2	7.6
宁　夏	15.7	47.1	8.6	15.7	15.7
青　海	40.9	31.3	18.8	14.2	10.2
陕　西	13.0	41.2	37.4	13.0	7.1
西　藏	15.2	30.4	16.5	26.6	20.3
新　疆	13.6	18.2	30.0	25.5	33.6
重　庆	29.0	22.4	32.7	11.2	13.1
四　川	15.0	45.0	5.0	25.0	25.0

数据来源：作者调查整理所得。

在养老保障方面，虽然中国从 2009 年起开始试点实施新型农村养老保险，现在已经基本覆盖全国，但是由于新型农村养老保险制度实施的时间太短，农村居民缴纳的保费并不多，实际上老年人能够领取到的养老金也非常少，很难满足老年人的日常生活需要。另外，家庭养老仍然是西部地区农村家庭的主要养老方式之一，那么为了使得家里的老人老有所依、老有所养，农村家庭就必须要减少消费支出，而将一些消费支出用于家里老人的养老保障。

所以，由于社会保障制度的不完善和不健全，西部地区农村居民要从消费支出中拿出一部分用于医疗和养老等保障性开支，这必然会抑制农村居民的当下消费能力，阻碍其消费潜能的释放。

第四节　消费环境制约因素分析

本节主要分析西部地区农村居民消费环境的制约因素，消费环境分为宏观消费环境、中观消费环境和微观消费环境，下面将分别对这三个消费环境进行详细的分析。

一、宏观消费环境分析

（一）产品供给的"城市偏好"显著

西部地区的产品供给存在严重的城市偏好，西部地区城镇固定资产投资额从 2010 年的 5.6 万亿元增长到 2017 年的 16.7 万亿元，8 年间增长了 197.7%，接近 2 倍，而农村固定资产投资额 2010 年仅为 2008.3 亿元，2017 年也只有 3143.77 亿元，增长幅度不足 60%。城镇固定资产投资额在 2010 年是农村固定资产投资额的 28 倍，而到 2017 年则扩大到 53 倍，城镇与农村的产品供给差距不仅没有缩小，反而越来越大。

从不同省份来看，除内蒙古以外，2010—2017 年西部地区其他 11 个省份城镇固定资产投资额的增长幅度均远超农村的增长幅度，其中贵州的城镇固定资产投资额增长达到惊人的 485.9%，但其农村固定资产投资额增长幅度仅为 35.7%。可见，不同省份城镇固定资产投资额与农村固定资产投资额之间的差距非常明显，其中，两者之间差距最大的是重庆，其城乡固定资产投资额之比从 2010 年的 65 倍扩大到 2017 年的 181 倍，新疆城乡固定资产投资额之比有所降低，而其他省份的城乡固定资产投资额之比基本维持在 30 倍以上，如表

6-17 所示。

表 6-17 西部地区不同省份城乡固定资产投资额

省份	城镇固定资产投资额			农村农户固定资产投资额			城镇与农村之比（%）	
	2010 年（亿元）	2017 年（亿元）	增长（%）	2010 年（亿元）	2017 年（亿元）	增长（%）	2010 年	2017 年
内蒙古	8688	13827.9	59.2	91.2	185.3	103.2	95.3	74.6
广　西	6383.3	19908.3	211.9	338.3	590.8	74.7	18.9	33.7
重　庆	6170.6	17440.6	182.6	94.6	96.5	2.0	65.2	180.8
四　川	11061.4	31235.9	182.4	566.9	666.2	17.5	19.5	46.9
贵　州	2609.4	15288.0	485.9	159.1	215.9	35.7	16.4	70.8
云　南	5052.6	18474.9	265.7	219.8	461.1	109.8	23.0	40.1
西　藏	405	1975.6	387.8	—	—	—	—	—
陕　西	7569.9	23468.2	210.0	220.3	351.2	59.4	34.4	66.8
甘　肃	2808.6	5696.4	102.8	103.6	131.4	26.8	27.1	43.4
青　海	840.0	3819.9	354.7	49.4	63.7	28.9	17.0	60.0
宁　夏	1292.8	3640.1	181.6	46.6	88.3	89.4	27.7	41.2
新　疆	3065.1	11795.6	284.8	118.5	293.5	147.7	25.9	40.2
合　计	55946.6	166571.3	197.7	2008.3	3143.8	56.5	27.9	53.0

数据来源：根据《中国统计年鉴 2011—2018》相关数据统计整理而得。

从以上数据不难看出，西部地区的产品供给"城市偏好"显著，大部分资源基本聚集在城市，而农村地区的产品供给存在明显不足，农村居民的消费需求得不到满足，极大地限制了其消费潜能的释放。

（二）固定投资的"东部倾斜"明显

从中国产品供给的区域分布来看，东部地区占据着明显的优势，根据国家统计局的批发和零售业全社会固定资产投资数据，东部地区从 2010 年的 3089.9 亿元增长到 2017 年的 7001 亿元，8 年间增长了 126.6%，相对较弱的中部地区也从 2010 年的 1882.4 亿元增长到 2017 年的 6221.6 亿元，增长超过 230.5%，西部地区虽然 8 年间增长了 235.7%，但由于基础太差，其投资额很低，2010 年仅为 1059.7 亿元，2017 年也只有 3557.3 亿元，这个数字也刚刚达到东部地区的一半，与中部地区也有很大的差距，如表 6-18 所示。

表 6-18　东部、中部、西部地区批发和零售业全社会固定资产投资

单位：亿元

区域	批发和零售业全社会固定资产投资		
	2010 年（亿元）	2017 年（亿元）	增长（%）
东部地区	3089.9	7001.0	126.6
西部地区	1059.7	3557.3	235.7
中部地区	1882.4	6221.6	230.5

数据来源：根据《中国统计年鉴 2011—2018》相关数据统计整理。

　　进一步从批发业来看，东部、中部、西部地区批发业商品购进总额 8 年间的增长幅度基本都保持在 100% 以上，但从绝对数量上来看，东部地区具有压倒性的优势，2017 年东部地区批发业商品购进总额已高达 37 万亿元，而西部地区仅有 5.1 万亿元，东部地区批发业商品购进总额是西部地区的 7 倍之多。在批发业商品库存总额方面，东部地区也具有明显的绝对优势，2017 年东部地区批发业商品库存总额为 2.4 万亿元，而西部地区仅为 0.36 万亿元，东部地区批发业商品库存总额是西部地区的 6 倍之多，如表 6-19 所示。

表 6-19　东部、中部、西部地区批发业商品总额对比

区域	批发业商品购进总额			批发业商品库存总额		
	2010 年（亿元）	2017 年（亿元）	增长（%）	2010 年（亿元）	2017 年（亿元）	增长（%）
东部地区	154959.1	371992.3	140.1	10833.8	24259.5	123.9
西部地区	21733.3	51115.0	135.2	2148	3589.5	67.1
中部地区	22457.7	45058.2	100.6	1730.4	3760.1	117.3

数据来源：根据《中国统计年鉴 2011—2018》相关数据统计整理。

　　从零售业来看，东部地区同样具有明显优势，2017 年东部地区零售业商品购进总额为 6.1 万亿元，而西部地区仅为 1.99 万亿元，东部地区零售业商品购进总额是西部地区的 3 倍多，而在该项指标的增长率方面，西部地区的

147.7%也不及中部地区的 162.84%。在零售业商品库存总额方面，2017 年东部地区为 7333.3 亿元，西部地区为 1923.9 亿元，东部地区零售业商品库存总额是西部地区的 4 倍，而零售业商品库存总额的增长率西部地区最低，如图 6-20 所示。

表 6-20　东部、中部、西部地区零售业商品总额对比

区域	零售业商品购进总额			零售业商品库存总额		
	2010 年（亿元）	2017 年（亿元）	增长（%）	2010 年（亿元）	2017 年（亿元）	增长（%）
东部地区	31907.9	60700.9	90.2	3247	7333.3	125.9
西部地区	8032.7	19896.6	147.7	872	1923.9	120.6
中部地区	8950.2	23524.9	162.8	985.5	2530.9	156.8

数据来源：根据《中国统计年鉴 2011—2018》相关数据统计整理。

　　不论是批发业还是零售业，不论是商品购进额还是商品库存额，东部地区都存在巨大优势，中国产品供给的"东部倾斜"非常明显，这对西部地区特别是西部地区农村居民消费潜能的释放影响很大，生产的"东部倾斜"极大阻碍了西部地区农村地区的产品供给，抑制了西部地区农村居民的消费需求。

二、中观消费环境分析

（一）基础设施薄弱

　　根据课题组调查数据可以看出，接近六成的样本农村居民并不是经常使用手机或电脑上网，这是由于西部地区农村的基础设施依然比较薄弱，很多地方的通信也非常落后，手机信号基本没有完全覆盖，更不用说上网了。国家虽然每年在农村基础设施建设上会投入大量资金，但由于基础设施过于落后，要想使农村基础设施完全达到现在城市化水平还需要相当长的时间。在课题组调查的样本地区中，有接近一半的农村居民都迫切希望改善公路交通设施，接近四分之一的农村居民希望改善公共卫生环境，由于公共基础设施与消费需求紧密相连，落后的基础设施极大地限制了农村地区消费能力的提升，特别是交通、

通信、邮电等公共服务的限制，才导致了西部地区农村居民的消费潜能没有得到进一步释放，如图 6-10 所示。

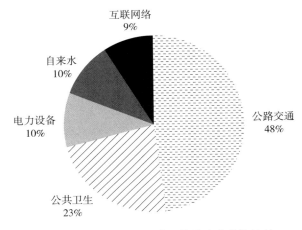

图 6-10　农村居民亟待改善的公共设施比较

数据来源：作者调查整理所得。

　　进一步从不同省份来看，内蒙古、青海、西藏、四川 4 个省（区、市）的农村居民都迫切希望当地的公路交通设施能够得到进一步改善，甘肃、宁夏的农村居民则希望改善当地的公共卫生条件，新疆、西藏等省（区、市）的农村居民认为当地目前的电力设施亟待改善，甘肃的农村居民则认为依然需要解决农村地区自来水的问题，而宁夏的农村居民对当地的互联网设施建设提出了更高的要求，如表 6-21 所示。

表 6-21　西部不同省份农村地区亟待改善的公共设施比较

单位：%

省份	公路交通	公共卫生	电力设备	自来水	互联网络
甘　肃	39.0	60.0	24.0	43.0	24.0
内蒙古	62.9	44.0	27.7	27.7	36.5
宁　夏	27.1	54.3	24.3	17.1	70.0
青　海	58.5	20.5	19.3	26.1	36.9
陕　西	31.1	34.0	13.5	31.1	39.9
西　藏	59.5	29.1	42.4	32.9	42.4

省份	公路交通	公共卫生	电力设备	自来水	互联网络
新　疆	49.1	31.8	43.6	27.3	43.6
重　庆	37.4	45.8	23.4	37.4	26.2
四　川	60.0	40.0	10.0	30.0	40.0

数据来源：作者调查整理所得。

基础设施对于消费潜能释放的影响是多方面的，如果道路交通设施太落后，不仅会减少农村居民对交通运输设备的消费量，还会影响农村居民的农产品销售量，进而减少农村居民的农业收入水平；如果排水设施、垃圾处理等设施严重匮乏，会导致农村当地的生活环境较差，农村居民就会减少对生活必需品的消费；如果电力设备不足，电力供应不稳定、费用高，都会制约农村居民对高功率家用电器的消费支出；如果广播电视信号较弱，农村居民就不会考虑购买电视、电脑等商品。因此，基础设施的建设和完善对提高西部地区农村居民的消费能力有很强的带动作用，也能够很好地释放西部地区农村居民多方面的消费需求。

（二）农村消费市场混乱

农村居民，或者说长期在农村居住的"留守群体"是农村消费市场的主力军，他们在消费过程中关注的一个焦点就是价格，可以说他们具备了"价格优先"的消费取向，但是农村购物场所很少能够提供质优价廉的商品，而对农村居民来说他们也别无选择，因为他们没有更好的购物渠道。另外，农村地区相对信息闭塞，他们也无法获取分辨真假的信息，他们认为这类商品就是这样，只能被动地接受购买低质商品甚至假冒伪劣商品并受其伤害。

农村市场消费潜力巨大，在采购和销售环节，有些经销商和零售商为赚取黑心钱，以非常低廉的价格从不具备生产资质的小厂家进货，以次充好、以假乱真，而这些留守在农村的消费群体由于文化程度、自身阅历及信息获取渠道闭塞等因素的限制，普遍存在辨别能力差、消费水平低、法律意识淡薄、维权意识不强，贪图便宜"知假买假"等现象。另外，农村地区经济发展相对滞后，质量安全意识也很薄弱，获取信息的渠道较少，不论是生产、流通、销售、消费中的任何一个环节，都只重视价格，并没有形成追根溯源的经营和消费习惯，一旦出现问题，无法追究责任，最终不了了之，只能让终端消费者蒙受损失。

城乡二元结构是导致问题商品流向农村的现实基础，城乡市场消费能力巨大的差异造成了产品生产和供给的"留守群体"歧视。长久以来，农村成为了制假售假的重灾区，因为与城镇相比，农村"留守群体"的自我保护意识比较薄弱，对于假冒伪劣商品的辨别能力也很弱。同时，农村市场的执法力度也低于城镇，在农村市场经营假冒伪劣商品的风险小、违法成本低，所以农村市场就成为了假冒伪劣产品的集散地。大量的假冒伪劣商品充斥着农村市场，对农村的经济环境和发展构成了很大威胁，禁而不绝的假种子、假化肥、假农药等事件，都是因为农村监管不严、农村居民法制意识不强所导致。另外，农村地区地域大、分布广，经营和销售场所非常分散，执法部门的执法难度和执法成本都非常大，执法人员需要很长时间才能把辖区内的消费市场检查一遍，在一定程度上很容易让不法分子钻空子，更有很多处于不同辖区的交界地带成为了执法的"真空区"。

农村居民消费水平低、法律意识的淡薄、防范伪劣产品意识的欠缺、政府监管不力，都使得假冒伪劣产品侵入农村市场，农村居民想要买到质优价廉的好产品非常困难。当农村市场成为伪劣商品倾销地，伪劣商品无处不在，致使农村居民无真货可买，逃无可逃防不胜防。最关键在于政府监管部门要重视农村消费市场，建立常态化的机制，加大整治力度。相比国外消费者，中国消费者常常遭遇二流产品、二流服务、二流索赔的歧视；而在国内，农村留守群体显然又是被严重歧视的一群。政府部门要当好市场的守夜人，越是薄弱的地方越要有严厉的监管。

三、微观消费环境分析

（一）消费渠道欠缺

西部地区农村居民的消费渠道也比较有限，样本农村居民的日常购物场所大多是在村或乡镇商店，这部分比例占到调查人数的 53%，只有 35% 的农村居民家庭能够到县城的超市消费，但到城市中消费的农村居民家庭就更少了，仅有11%，如图6-11所示。可以看出，西部地区农村居民的消费渠道很少，普遍是去离家较近的商店购买物品，造成这一结果的主要原因是购物成本的制约。值得注意的是，在村或乡镇商店售卖的商品中充斥着很多的"山寨货"，这些产品大多低质廉价，这不仅使农村居民花了很多冤枉钱却买来低质产品，一定程度上存在危及生命安全的风险隐患。

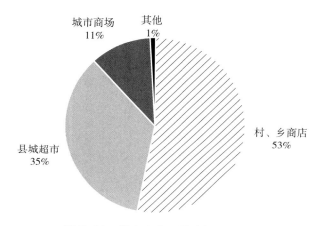

图 6-11　样本农户日常购物场所比较

数据来源：作者调查整理所得。

　　事实上，农村居民在消费时，最看重的还是产品的质量，其次才是价格，如图6-12所示，但是农村购物场所很少能够提供质优价廉的商品，而对农村居民来说，他们别无选择，因为他们没有更好的购物渠道。另外，农村地区相对信息闭塞，他们也无法获取分辨真假的信息，他们认为这类商品或许就是这样，只能被动地接受购买低质商品并受其伤害，久而久之，他们就对这类商品失去信心而放弃购买，最终降低甚至完全放弃对这类商品的消费需求。

　　对于城镇居民来说，网上购物可以最大限度地比较不同商品的优劣，最终选择满意的商品，但是对西部地区农村居民来说，这种消费渠道并未完全打开，仅有14%的农村居民家庭认为在网上购物能够选择到物美价廉的商品，如图6-13所示。网上购物作为一种伴随互联网技术发展起来的消费渠道，对于促进消费、提升需求具有非常显著的影响，而在西部地区农村，由于受到多

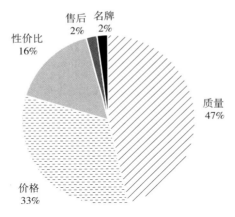

图 6-12　样本农户消费时的关注点比较

方面条件的限制，网上购物并没有发挥其应有的作用，使得农村居民的消费渠道非常狭窄，选择范围有限，将本应释放出来的消费需求又挤压回去，限制了农村居民消费能力的提升。

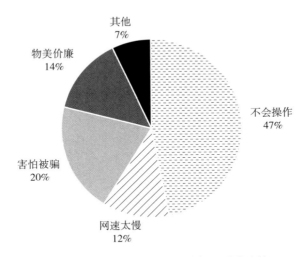

图 6-13　样本农户对于网上购物的看法比较

数据来源：作者调查整理所得。

　　进一步从不同省份来看，西藏有 66.5% 的农村居民不会操作电脑进行网上购物，甘肃和青海也有接近 50% 的农村居民面临同样的问题，如表 6-22 所示，这些地区在电脑和互联网的普及等方面还有很多工作要做，宁夏和陕西的农村居民则认为网上购物不安全、风险隐患较大，虽然互联网已经成为居民消费的一个新型渠道，但是西部地区农村由于通信设施相对落后、人民生活并不富裕，真正利用这一渠道来释放消费潜能还需要做出更大的努力。

表 6-22 不同省份样本农户对于网上购物的看法比较

单位：%

省份	不会操作	网速太慢	怕被骗	物美价廉	其他
甘　肃	50.0	26.0	16.0	11.0	6.0
内蒙古	39.6	8.8	22.0	12.6	3.8
宁　夏	18.6	14.3	32.9	27.1	4.3
青　海	47.7	6.3	23.9	14.2	8.0
陕　西	27.3	11.8	28.2	15.1	8.0
西　藏	66.5	11.4	7.6	8.9	5.7
新　疆	41.8	9.1	17.3	10.0	11.8
重　庆	39.3	15.9	11.2	15.9	8.4
四　川	35.0	10.0	40.0	15.0	10.0

数据来源：根据调查数据整理所得。

（二）消费信贷力度不够

目前，西部地区农村居民对于消费信贷理念的认同度还不高，根据调查数据，仅有三分之一的农村居民在过去办理过贷款，而对于贷款用途，33%的农村居民希望用于子女上学等教育投资，20%的农村居民希望用于子女婚嫁，23%的农村居民希望用于生产经营，14%的农村居民希望用于买房买车，10%的农村居民希望用于家人看病，如图 6-14 所示，换句话说，农村居民认为当前在子女上学、儿女婚嫁和生产经营上还有很大的资金缺口，即使有贷款也并不会用于消费，现有的收入还无法满足教育和家庭生活上的一些最基础的支出，这也真实反映出当前西部地区农村居民的收入水平还普遍偏低，基本的家庭生活保障还没有得到满足，这也是导致消费潜能未能完全释放的主要原因。

而农村居民对于消费信贷的态度，有 35%的农村居民都希望使用，说明西部地区农村居民对于消费的渴望还是非常强烈的，消费潜能有进一步释放的空间，29%的农村居民害怕还款，这也说明西部地区农村居民现有的收入不足

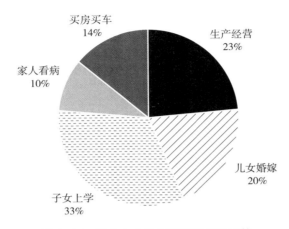

图 6-14　样本农户获得贷款的用途比较

数据来源：根据调查数据整理所得。

以支持农村家庭的各项消费开支，另外，还有 20% 的农村居民对消费信贷并不习惯，他们表示还需要对消费信贷做进一步的了解和接触。如图 6-15 所示

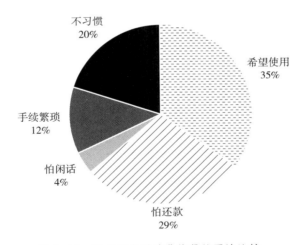

图 6-15　样本农户对消费信贷的看法比较

数据来源：根据调查数据整理所得。

进一步从不同省份来看，西藏、新疆、内蒙古、宁夏、青海等省（区、市）农村居民对消费信贷的需求比较强烈，重庆、四川、青海、甘肃等省（区、市）农村居民担心还不上款，而对消费信贷持保留态度，甘肃、内蒙

古、陕西等省（区、市）农村居民对消费信贷还存在不习惯、不了解等认知方面的问题，如表6-23所示。

表6-23 不同省份样本农户对消费信贷的看法

单位：%

省份	希望使用	怕还款	怕闲话	手续烦琐	不习惯
甘 肃	33.0	31.0	6.0	11.0	23.0
内蒙古	37.1	23.9	6.9	15.7	23.9
宁 夏	37.1	14.3	25.7	8.6	12.9
青 海	36.4	32.4	4.0	9.1	14.8
陕 西	29.0	22.7	13.03	5.5	20.6
西 藏	39.9	34.2	4.4	13.9	6.3
新 疆	39.1	25.5	5.5	10.9	18.2
重 庆	20.6	39.3	13.1	18.7	19.6
四 川	25.0	35.0	20.0	15.0	15.0

数据来源：根据调查数据整理所得。

第五节 农村居民消费潜能释放制约因素的实证分析

根据课题组的调查研究数据，按照消费能力—消费意愿—消费环境的逻辑关系对西部地区农村居民消费潜能释放的制约因素进行了定性分析和统计描述，接下来本书将以调查数据为研究基础，建立相关理论分析模型，对西部地区农村居民消费潜能释放的制约因素进行定量分析。

一、模型设定

结合课题组设计的调查问卷，下面建立西部地区农村居民消费支出影响因素的分析模型，通过找到影响农村居民消费支出的关键因素来分析其消费潜能释放的制约因素。基于此，本书将消费支出按结构划分为4类，按事项划分为8类，具体可表示为：

（1）分结构的消费支出影响因素模型：

$$C_i = \alpha_0 + \alpha_1 edu + \alpha_2 age + \alpha_3 population + \alpha_4 school + \alpha_5 income + \alpha_6 net + \varepsilon$$

（2）分事项的消费支出影响因素模型：

$$C_j = \beta_0 + \beta_1 edu + \beta_2 age + \beta_3 population + \beta_4 school + \beta_5 income + \beta_6 net + \mu$$

其中，$i = 1，2，3，4$，$j = 1，2，3，4，5，6，7，8$，edu 为农村居民的文化程度，age 为农村居民的年龄，population 为家庭总人口数，school 为农户中上学的人数，income 为 2015 年度的家庭收入，net 为代表经常使用手机或电脑上网。

二、实证结果分析

实证分析结果如表 6-24 所示。从回归结果中可以看出，农村居民的文化程度对其消费支出的影响显著，文化水平每提升一个等级，其生活消费支出会增加 964.3 元，生产投资支出提升 1198.5 元，投资放贷支出上涨 830.6 元，各项消费支出的提升意味着文化程度较高的农村居民收入更高，对生活质量的提升有着更高的要求，其消费潜能也会更大。而年龄较大的农村居民，其生活消费支出需求也更强烈，年龄每上涨 1 岁，生活消费支出增加 115.0 元，相反，人口越多的农村居民家庭，其生产投资支出有显著的减少，每增加 1 个人，家庭生产投资减少 819.3 元，这是由于家庭需要减少投资性支出而更多地用于家庭人口的生活性开支。另外，上一年度的家庭收入对生活消费、生产投资、储蓄存款和投资放贷这四个方面的支出都有显著的正向影响，虽然影响系数并不大，但都会积极促进该年度的家庭消费，所以过往收入对于农村居民的消费支出具有全面的影响。有意思的是，经常接触互联网的农村居民在储蓄存款支出方面与不经常上网的农村居民有着显著的差异，前者的储蓄存款支出要高出 3808.6 元。近年来，随着互联网的发展和成熟，网上银行、手机银行、支付宝等互联网金融支付手段迅速崛起，这些金融支付手段极大丰富了农村居民的储蓄和支付手段，使得他们可以足不出户就满足了自己的储蓄、转账、支付等金融服务需求，经常使用互联网的农村居民正是得益于这些软件才能够逐步增加储蓄性消费。

表 6-24　西部地区农村居民消费潜能释放影响因素分析模型（分结构）

	（1） 生活消费支出	（2） 生产投资支出	（3） 储蓄存款支出	（4） 投资放贷支出
文化程度	964.3*	1198.5**	466.4	830.6**
	(577.6)	(597.8)	(703.4)	(377.2)
年龄	115.0**	76.3	-16.5	43.1
	(55.5)	(56.6)	(66.3)	(35.2)
家庭总人口	403.5	-819.3**	303.5	44.3
	(357.0)	(364.3)	(430.7)	(229.7)
已经上学的人数	-1368.2*	-174.6	-96.8	-111.9
	(732.9)	(755.4)	(886.0)	(472.2)
2015 年家庭收入	0.2***	0.2***	0.4***	0.1***
	(0.0)	(0.0)	(0.0)	(0.0)
是否经常使用手机/电脑上网	1122.8	-754.6	3808.6**	-11.5
	(1343.5)	(1357.8)	(1610.5)	(869.4)
Constant	-1674.4	-3836.3	-5597.0	-7309.5***
	(4094.7)	(4321.2)	(5042.8)	(2716.4)
Observations	912	748	803	606
Adjusted R^2	0.3	0.3	0.5	0.3

注：***、**、* 分别表示在 1%、5%、10% 水平上显著。

从消费的具体事项上来看，农村居民文化程度越高，其在食物衣物、交通通信和子女上学方面的消费需求更为旺盛。文化程度每提升一个等级，食物衣物、交通通信和子女上学的支出分别增加 456.70 元、283.76 元和 657.48 元。一般来讲，农村居民的教育水平与吃饭穿衣、出行和通信和子女教育需求正相关。其次，人口多的农村家庭对食物衣物、红白事和医疗支出的消费需求更多，因为人口多，所以吃饭、穿衣和看病这些生活基本需求要得到满足就必须要提高这方面的消费，相应的亲戚朋友也较多，所以参加红白事的机会就较多，这方面的支出也显著增加。家庭中上学孩子的人数也对其消费支出有显著影响，上学孩子每多一个，该家庭在子女上学方面的消费水平显著增加 2883

元，相应地，该家庭在房屋家电、红白事、人情开支、医疗支出等方面均有不同程度的减少，应该说现在的农村家庭越来越重视对于子女的教育，还会增加旅游娱乐方面的支出来给子女提供更加丰富多彩的成长环境。同样地，上一年度的家庭收入也会显著地增加每一个方面的消费事项支出。而经常使用网络的农村居民，其通信费用也会增加 704.35 元，如表 6-25 所示。

表 6-25　西部地区农村居民消费潜能释放影响因素分析模型（分事项）

	(1) 食物衣服	(2) 房屋家电	(3) 交通通信	(4) 子女上学	(5) 红白事	(6) 人情开支	(7) 医疗支出	(8) 旅游娱乐
文化程度	456.70**	177.23	283.76*	657.48**	232.09	353.83	-110.46	-22.88
	(190.72)	(364.38)	(152.23)	(266.22)	(156.67)	(495.08)	(195.21)	(102.16)
年龄	32.13*	6.57	45.73***	18.27	7.31	41.04	-6.87	-7.16
	(18.32)	(34.61)	(14.38)	(25.24)	(14.50)	(45.43)	(18.46)	(9.56)
家庭总人口	332.92***	-143.13	52.93	137.57	217.00**	144.12	375.81***	-51.92
	(117.91)	(219.31)	(94.44)	(162.61)	(91.87)	(305.13)	(119.17)	(62.51)
已经上学的人数	-416.82*	-816.47*	-170.34	2883.02***	-472.22**	-1244.80**	-1001.43***	261.47**
	(240.22)	(457.91)	(190.65)	(341.03)	(192.41)	(615.20)	(240.81)	(129.01)
2015 家庭收入	0.07***	0.11***	0.04***	0.07***	0.01***	0.06***	0.02***	0.06***
	(0.00)	(0.00)	(0.00)	(0.00)	(0.00)	(0.00)	(0.00)	(0.00)
是否经常使用手机/电脑上网	212.51	452.20	704.35**	484.34	331.37	1208.11	231.80	233.73
	(442.11)	(830.43)	(347.60)	(604.53)	(353.67)	(1114.61)	(446.10)	(233.53)
Constant	-552.92	1978.33	-2450.61**	-4580.47**	384.12	-1782.40	2829.51**	-977.04
	(1350.67)	(2566.31)	(1095.93)	(1907.93)	(1114.71)	(3525.68)	(1380.13)	(742.58)
Observations	922	870	871	841	742	757	835	637
Adjusted R^2	0.170	0.083	0.127	0.166	0.001	0.215	0.070	0.369

注：***、**、*分别表示在 1%、5%、10% 水平上显著。

根据已有文献，可以发现，是否在城镇拥有住房、是否办理社会保险、民族差异以及是否异地迁移都可能会对居民消费潜能的释放产生影响。基于此，本书通过以上四类异质性特征进行了分样本回归，具体结果如表 6-26 所示。

由第（1）、（2）列是否在城镇拥有住房情况下西部地区农村居民消费潜能释放的影响因素回归结果可以看出，没有城镇住房的居民的文化程度对总体消费潜能释放具有显著的正向影响，而有城镇住房的居民的文化程度对总体消费潜能释放的影响并不显著，考虑原因主要在于没有城镇住房的家庭往往收入水平相对较低，也没有偿还房贷的压力，根据边际消费倾向递减的规律，其文化程度提高带来的收入增加会更加明显地促进消费潜能释放。家庭总人口的系数在有城镇住房组显著为正，而在没有城镇住房组不显著，这可能是因为在城镇拥有住房的家庭也更愿意在城镇工作、生活，从而不仅获得了城镇所带来的"工资溢价"[95]，也会享受城镇更加多样化的消费商品以及更广阔的消费渠道，所以对消费潜能释放的促进作用更明显。

由第（3）、（4）列是否办理社会保险情况下西部地区农村居民消费潜能释放的影响因素回归结果可以看出，未办理社会保险的居民的文化程度对总体消费潜能释放具有显著的正向影响，而办理社会保险的居民的文化程度对总体消费潜能释放的影响并不显著。办理社会保险家庭已经上学的人数对总体消费潜能释放具有显著的负向影响，而未办理社会保险家庭已经上学的人数对总体消费潜能释放的影响并不显著。考虑原因主要在于未办理社会保险的个人和家庭对自身和家庭成员的身体状况、收入状况往往存在更加乐观的估计，因此，文化程度提高带来的收入增加对未办理社会保险家庭的消费潜能正向影响更大，与之相反，办理社会保险的个人和家庭对自身和家庭成员的身体状况、收入状况的预期往往更加谨慎，因此，已经上学人数增加的教育成本会更加明显的降低办理社会保险家庭的消费潜能。

由第（5）、（6）列是否民族差异情况下西部地区农村居民消费潜能释放的影响因素回归结果可以看出，少数民族居民的文化程度对总体消费潜能释放具有显著的正向影响，而汉族居民的文化程度对总体消费潜能释放的影响并不显著。汉族家庭总人口的系数显著为正，而少数民族家庭总人口的系数不显著。

由第（7）、（8）列是否异地迁移情况下西部地区农村居民消费潜能释放的影响因素回归结果可以看出，非异地迁移的居民的文化程度对总体消费潜能释放具有显著的正向影响，而异地迁移的居民的文化程度对总体消费潜能释放的影响并不显著。非异地迁移居民年龄的系数显著为正，而异地迁移居民年龄的系数不显著。异地迁移家庭已经上学的人数对总体消费潜能释放具有显著的负向影响，而非异地迁移家庭已经上学的人数对总体消费潜能释放的影响并不显著。

表 6-26　西部地区农村居民消费潜能释放影响因素的
异质性分析模型（总体消费）

	（1）	（2）	（3）	（4）	（5）	（6）	（7）	（8）
	没有城镇住房	有城镇住房	未办理社会保险	办理社会保险	汉族	少数民族	异地迁移	非异地迁移
edu	1691.99 *	2006.80	10001.24 **	484.20	212.85	4931.16 ***	665.53	10004.76 ***
	(1024.04)	(2646.38)	(4523.20)	(897.81)	(1061.30)	(1855.68)	(863.44)	(3245.55)
age	5.54	230.45	801.22 *	5.65	3.09	21.08	5.31	768.16 **
	(12.23)	(243.23)	(436.72)	(11.27)	(13.56)	(35.10)	(10.73)	(307.48)
population	176.11	5194.67 ***	-292.67	879.89	2414.21 ***	-518.15	981.67	-1203.42
	(726.18)	(1923.72)	(2390.20)	(637.63)	(846.46)	(1113.18)	(600.77)	(2054.64)
attend	33.45	-5501.75	2249.18	-2001.73 *	-3504.49 **	3291.27	-2404.12 **	2090.62
	(1392.57)	(3352.62)	(6286.57)	(1178.02)	(1467.69)	(2535.22)	(1167.77)	(4142.90)
income	0.82 ***	0.37 ***	0.61 ***	0.81 ***	0.81 ***	0.70 ***	0.73 ***	0.97 ***
	(0.03)	(0.09)	(0.13)	(0.03)	(0.03)	(0.06)	(0.03)	(0.08)
internet	-948.05	-3303.15	348.801	-2500.57	-858.11	-2403.37	-2506.30	-2309.47
	(2482.53)	(6316.16)	(10000.34)	(2155.28)	(2601.18)	(4651.75)	(2127.05)	(7224.18)
Constant	197.29	170.10	-58032.17	9292.73	6214.64	-13017.37	121004.62 *	-58120.43 **
	(7539.74)	(21004.32)	(37012.37)	(6582.66)	(7896.23)	(13104.86)	(6318.07)	(25206.29)
Obs	658	83	113	756	638	241	682	197
Adj - R^2	0.556	0.171	0.137	0.595	0.545	0.398	0.554	0.466

注：edu、age、population、attend、income、internet 分别表示文化程度、年龄、家庭总人口、已经上学的人数、2015 年家庭收入、是否经常使用手机/电脑上网；***、**、* 分别表示在 1%、5%、10% 水平上显著。表 6-27—表 6-30 同。

为了检验是否在城镇拥有住房、是否办理社会保险、民族差异以及是否异地迁移是否会对居民消费结构潜能的释放产生影响？本书通过以上四类异质性特征进行了针对消费结构的潜能释放影响因素的实证研究，具体结果如表 6-27—表 6-30 所示。从实证结果明显可以看出，与总体消费的检验结果类似，是否在城镇拥有住房、是否办理社会保险、民族差异以及是否异地迁移情况下西部地区农村居民消费结构的潜能释放影响因素同样存在着明显的差异。

表 6-27 是否在城镇拥有住房情况下西部地区农村居民消费潜能
释放影响因素的分析模型（消费结构）

	没有城镇住房				有城镇住房			
	生活消费开支	生产投资开支	储蓄存款开支	投资放贷开支	生活消费开支	生产投资开支	储蓄存款开支	投资放贷开支
edu	1054.89 **	1106.75	461.39	469.00	2243.97 *	-1504.78	-371.45	1672.38
	(509.81)	(938.91)	(874.24)	(1124.85)	(1202.58)	(1014.91)	(1893.11)	(1350.84)
age	1.63	-2.29	1.97	1.76	217.32 *	-129.67	174.38	70.68
	(5.96)	(10.52)	(7.95)	(13.67)	(109.37)	(83.77)	(165.68)	(107.52)
population	789.14 **	-974.49	-273.79	781.49	496.77	145.82	4233.21 ***	1092.65
	(360.74)	(734.62)	(583.22)	(851.50)	(867.07)	(745.05)	(1384.29)	(734.86)
attend	-551.39	376.29	-317.20	2175.59	-1207.32	-1405.90	-2132.65	-1834.05
	(685.42)	(1259.05)	(1184.15)	(1668.98)	(1532.68)	(1208.19)	(2595.22)	(1221.06)
income	0.20 ***	0.19 ***	0.36 ***	0.17 ***	0.13 ***	0.07 *	0.11 *	0.05
	(0.02)	(0.03)	(0.02)	(0.02)	(0.04)	(0.04)	(0.06)	(0.04)
internet	-200.36	2160.75	-3937.62 *	5109.65 *	-226.05	878.06	-4343.21	-435.59
	(1236.09)	(2247.75)	(2021.07)	(2790.50)	(2846.91)	(2279.80)	(4575.38)	(2828.74)
Constant	3438.76	-1045.79	8466.09	-23262.55 **	-4743.89	15002.32 *	-5803.53	-5324.22
	(3737.01)	(7089.74)	(6434.73)	(9402.35)	(9614.55)	(8136.45)	(15032.54)	(1104.67)
Obs	635	406	408	91	82	58	62	29
Adj - R^2	0.253	0.113	0.431	0.402	0.084	0.051	0.116	0.008

**表 6-28　是否办理社会保险下西部地区农村居民消费潜能
释放影响因素的分析模型（消费结构）**

	未办理社会保险				办理社会保险			
	生活消费开支	生产投资开支	储蓄存款开支	投资放贷开支	生活消费开支	生产投资开支	储蓄存款开支	投资放贷开支
edu	2787.67	22242.65 **	369.17	603.16	655.48	101.47	453.55	1524.64 *
	(3157.64)	(8349.19)	(1122.42)	(429.83)	(471.44)	(574.78)	(832.93)	(857.94)
age	276.66	1945.36 **	-21.72	-111.02 *	1.00	-3.70	2.61	4.68
	(306.18)	(868.61)	(107.16)	(43.99)	(5.77)	(7.01)	(8.19)	(13.18)
population	1327.58	-11372.54 **	536.24	21.63	921.37 ***	-301.12	483.77	888.43
	(1675.33)	(5128.72)	(570.86)	(265.23)	(331.72)	(428.91)	(581.96)	(685.63)
attend	-3111.95	1749.03	-725.03	-1106.47	-1147.95 *	-1230.00	-594.45	749.38
	(4383.03)	(1129.03)	(1592.32)	(724.76)	(609.92)	(754.71)	(1115.17)	(1235.56)
income	0.32 ***	0.28	0.37 ***	-0.03 **	0.20 ***	0.19 ***	0.32 ***	0.17 ***
	(0.09)	(0.19)	(0.04)	(0.01)	(0.01)	(0.02)	(0.02)	(0.02)
internet	-8123.85	7673.80	5250.97 **	1149.82	78.96	1124.64	-4605.67 **	3328.09
	(7245.67)	(1443.06)	(2581.05)	(705.99)	(1127.23)	(1371.13)	(1925.46)	(2202.05)
Constant	1052.77	-17045.54 **	-9604.54	8039.67 *	5353.00	3946.35	8553.44	-18003.43 **
	(2640.43)	(6539.14)	(8940.66)	(3317.85)	(3422.22)	(4377.12)	(6171.61)	(7051.63)
Obs	108	39	80	12	733	492	473	138
Adj - R^2	0.079	0.163	0.582	0.377	0.273	0.245	0.363	0.357

**表 6-29　民族差异下西部地区农村居民消费潜能释放
影响因素的分析模型（消费结构）**

	汉族				少数民族			
	生活消费开支	生产投资开支	储蓄存款开支	投资放贷开支	生活消费开支	生产投资开支	储蓄存款开支	投资放贷开支
edu	379.52	219.56	496.89	1528.50 *	1041.95	5598.03	1156.21	1971.21
	(692.55)	(618.41)	(728.69)	(904.26)	(747.31)	(3367.29)	(1668.87)	(1441.86)

	汉族				少数民族			
	生活消费 开支	生产投资 开支	储蓄存款 开支	投资放贷 开支	生活消费 开支	生产投资 开支	储蓄存款 开支	投资放贷 开支
age	2.98	-4.26	3.52	2.34	0.74	375.97	-2.97	240.39 **
	(8.67)	(7.23)	(7.30)	(13.05)	(13.61)	(261.64)	(24.83)	(115.67)
population	1345.18 **	225.12	902.92	1243.32 *	644.46	-3407.54 *	-75.35	758.95
	(548.03)	(493.94)	(560.09)	(654.05)	(445.05)	(1969.28)	(976.93)	(1238.19)
attend	-1705.76 *	-1505.65 *	-2503.54 **	199.14	-219.05	3602.86	4468.79 *	4562.78
	(946.84)	(823.43)	(1029.14)	(1252.17)	(1009.08)	(4622.90)	(2260.01)	(2780.28)
income	0.19 ***	0.20 ***	0.29 ***	0.17 ***	0.27 ***	0.07	0.44 ***	-0.03
	(0.02)	(0.02)	(0.02)	(0.02)	(0.02)	(0.09)	(0.04)	(0.06)
internet	-2500.32	1302.324	-2304.54	5190.77 **	1335.85	9298.77	-6244.21	-4283.42
	(1688.69)	(1477.47)	(1707.92)	(2318.92)	(1899.44)	(7242.28)	(4060.75)	(2983.22)
Constant	11003.32 **	1655.91	8907.85 *	-21054.64 ***	-4032.12	-34905.32	-6000.33	-21047.54 *
	(5138.29)	(4597.88)	(5343.70)	(6743.00)	(5419.18)	(27403.54)	(12004.65)	(11005.90)
Obs	625	453	412	121	224	82	143	31
Adj - R^2	0.158	0.262	0.403	0.405	0.401	0.029	0.427	0.223

表6-30 是否异地迁移下西部地区农村居民消费潜能
释放影响因素的分析模型（消费结构）

	异地迁移				非异地迁移			
	生活消费 开支	生产投资 开支	储蓄存款 开支	投资放贷 开支	生活消费 开支	生产投资 开支	储蓄存款 开支	投资放贷 开支
edu	709.70	66.80	-137.26	1408.58 *	838.55	8570.69 ***	2915.11	4450.89 **
	(481.98)	(594.18)	(686.47)	(792.11)	(2175.58)	(3015.62)	(2363.17)	(2170.02)
age	2.15	-3.78	2.17	6.60	140.50	566.57 *	-1.00	286.27
	(5.89)	(6.83)	(6.79)	(11.62)	(196.78)	(305.12)	(220.26)	(215.24)
population	1242.77 ***	-693.53	896.53 *	360.08	-583.06	-2109.57	-151.57	1729.49
	(334.55)	(432.97)	(466.88)	(618.80)	(1331.48)	(2193.01)	(1447.61)	(1421.08)

续表

	异地迁移				非异地迁移			
	生活消费开支	生产投资开支	储蓄存款开支	投资放贷开支	生活消费开支	生产投资开支	储蓄存款开支	投资放贷开支
attend	−1205.46*	−897.45	−1943.32**	2312.30**	−1804.55	4356.47	5673.71*	−1206.54
	(647.25)	(778.77)	(958.40)	(1143.10)	(2649.36)	(4105.77)	(2917.82)	(3312.54)
income	0.20***	0.15***	0.37***	0.07***	0.27***	0.28***	0.21***	0.24***
	(0.01)	(0.02)	(0.02)	(0.02)	(0.05)	(0.06)	(0.05)	(0.03)
internet	−1403.44	904.30	−2012.66	199.51	−1406.58	3533.44	−8298.76	6875.39
	(1185.99)	(1401.89)	(1641.91)	(2014.60)	(4759.92)	(6528.80)	(5048.49)	(4716.19)
Constant	6140.39*	7028.18	5704.36	−1046.87*	8072.138	−57055.43**	−4243.77	−45643.22**
	(3519.26)	(4351.64)	(5060.47)	(5830.56)	(16453.89)	(23001.35)	(18345.54)	(17004.76)
Obs	666	416	433	116	183	119	122	36
Adj-R^2	0.265	0.157	0.487	0.108	0.122	0.159	0.208	0.699

通过对西部地区农村居民消费潜能释放制约因素的实证分析，本书发现文化程度较高的农村居民有更多的消费潜能未得到释放，较高的文化程度不仅能够给农村居民带来更多家庭收入，还能够拓宽农村居民的眼界，丰富农村居民的消费需求，他们对生活品质有着更高的追求，其消费潜能也会更大。而人口较多的农村家庭也具有较高的消费潜能，他们对生活性开支有着更大的需求，但是对投资性开支的需求却很少，家庭中上学人数也会显著影响到农村居民的消费潜能，越来越多的农村家庭开始重视对于子女的教育，在这方面的消费需求显著提升。在实证分析过程中，本书还发现互联网的发展及其对农村居民的影响也非常重要，特别是对农村居民消费潜能的提升具有显著作用，互联网不仅增加了农村居民的消费支出，还在储蓄、支付等金融服务方面丰富了农村居民的选择，所以互联网的快速发展也是释放农村居民消费潜能的重要因素。此外，本书还发现，是否在城镇拥有住房、是否办理社会保险、民族差异以及是否异地迁移都可能会对居民消费潜能的释放产生影响。

本章小结

　　本章基于西部地区农村居民实地微观调研数据，从消费能力、消费意愿和消费环境等三个视角对制约西部地区农村居民消费潜能释放的主要因素进行了深入分析，在分析消费能力制约因素时发现：低下的收入水平、较大的收入差距和单一的收入来源是制约西部地区农村居民消费能力提升从而释放消费潜能的主要因素。在分析消费意愿对西部地区农村居民消费潜能释放的影响时发现：制约西部地区农村居民消费意愿的因素主要集中在传统的消费观念、强烈的储蓄意愿和滞后的社会保障。在消费环境对西部地区农村居民消费潜能释放的影响时主要从宏观、中观和微观三个层次进行论证，研究发现：宏观消费环境的制约因素主要体现在生产供给的"城市偏好"显著和固定投资的"东部倾斜"显著，中观消费环境的制约因素主要体现在薄弱的基础设施和农村消费市场混乱，微观消费环境的制约因素主要体现在稀缺的消费渠道和消费信贷服务。进一步通过实证分析发现，农村居民的文化程度、年龄、家庭总人口和上学的人数，以及是否经常接触互联网都是影响西部地区农村居民消费潜能释放的重要显著因素。

第七章　西部地区农村居民消费潜能释放的对策建议

对西部地区农村居民消费潜能的释放规模和结构展开分析后，进而以课题组调研数据为基础，对消费潜能释放的制约因素展开实证分析。研究表明，西部地区农村居民消费潜能的释放取决于三大因素，即消费能力、消费倾向和消费环境。由于西部地区不同省份农村居民消费之间存在较大差异，因此，建立基于西部地区省域差异的释放农村居民消费潜能对策体系就显得很有必要。具体对策内容如下。

第一节　探索增收长效机制，提升农村居民消费能力

增加农村居民可支配收入进而提升其消费能力，是释放西部地区农村居民消费潜能的首要举措。改革开放 40 年来，由于实施家庭联产承包责任制、乡镇企业兴起、进城务工人员进城务工及国家取消农业税等惠农政策，西部地区农村居民的收入得以快速增加，其消费能力大幅增强。[96]但农业"靠天吃饭"的属性并未改变，收入的不确定性依然凸显，预期收入很难持续增长，最终影响到消费潜能的释放。因此，我们建议从以下几个方面建立农民收入增长的长效机制，稳步提升其消费能力。

一、立足西部地区资源禀赋差异，推动特色乡村产业发展[①]

我国西部农村地区幅员辽阔，不同省份、不同地区的农村资源禀赋差异极

---

① 《三部门联合印发〈特色农产品优势区建设规划纲要〉》，2017 年 10 月 31 日，见 ht-tp://www.gov.cn/xinwen/2017-10/31/content_5235803.htm。

189

大。因此，应该以西部地区农村资源禀赋为基础，推动西部特色乡村产业发展，切实提高农村居民的可支配收入水平，这是释放西部地区农村居民消费潜能的首要环节。西部地区每一个省份、每一个县域都有各自的特色产业，这与县域的地理位置、特有资源、人文环境、历史发展都息息相关，如安塞的苹果、庆安的大米、禹州的钧瓷、万全的燕麦等，特色的产业具有特色的资源禀赋、产品优势、人才优势和科技优势，最能体现出县域的经济特色，具有较强的竞争力和市场带动力。

当前，"特产之都""特产之乡"的称号遍布全国各地，全国经过正式申报评选出来的"特产之乡"有400多个。比如，乳业之都（呼和浩特）、炒货之都（合肥）、凉茶之都（广州）、速冻之都（郑州）、鸭脖之都（武汉）、葡萄之都（烟台）、榨菜之都（涪陵）、泡菜之都（眉州）、寒地黑土之都（绥化）。特色资源禀赋是发展西部地区农村经济的基础，而特色产业体系是支撑西部地区农村经济的脊梁。所以说立足特色资源禀赋，构建特色产业体系，形成特色品牌效益是推进西部农业现代化的根本途径。[97]

西部大多数农村地区经济基础较为薄弱，在资金、技术、人才、基础设施等方面很难与发达地区比拼。这种情况下唯有根据本地区实际情况，依托资源优势、创造性地培育地方特色产业，通过政府引导、市场主导的方式将特色产业聚集起来，以独特的自然地理条件和特色农产品为根本，以满足市场需求为原则，形成规模化的特色产业集群，才能在竞争中找到自身的位置，赢得市场。

西部地区部分"农业主导型"的区域发展，应以"创品牌、培龙头、促融合"为发展原则。首先，在"品牌"上发力，对具有较高市场知名度和鲜明地域特色的农产品，通过注册商标，加大对品牌的扶植，搭建特色农产品的展示平台，努力将本区域的特色资源转变为特色产业。其次，在"龙头企业"上下功夫，培育一批西部地区农产品加工龙头企业，同时与农户形成利益共享、风险共担的经营机制，促进农业生产经营的标准化、规模化与集约化，推动西部地区农业的产业化发展。最后，在"融合"上细琢磨，发挥农业的关联效应，提升农产品加工水平的同时，推动乡村旅游、休闲农业和电子商务的发展，最终促进西部地区农村三次产业的融合，为提高西部地区农村居民的可支配收入水平奠定坚实基础。

二、大力发展非农产业，提升居民预期收入

消费经济学的经典理论告诉我们，预期收入对消费潜能释放有着重要影响。从表 7-1 可知，多数西部地区农村居民对于未来收入预期并不乐观。比较西部地区不同省份农村居民对预期收入的判断，发现存在着显著差异。宁夏和陕西的农村居民对于未来预期收入的判断比较乐观，而内蒙古、新疆和甘肃的农村居民对未来收入增长的预期非常悲观，这势必会极大地影响其消费潜能的释放。

表 7-1　2015 年西部地区不同省份农村居民预期收入比较

单位：%

预期收入	增长	不变	减少	不确定
重　庆	42	25	9	24
新　疆	29	27	11	33
西　藏	48	19	11	22
陕　西	60	19	14	7
内蒙古	23	26	25	26
甘　肃	33	21	29	17
宁　夏	70	14	9	7
青　海	41	30	7	22
四　川	50	5	5	40
西部地区平均	44	21	13	22

数据来源：根据课题组调研数据统计整理。

事实上，以西部地区各省农村资源禀赋差异为基础，大力发展非农产业，有助于提升居民的收入预期。在 20 世纪 90 年代，农村乡镇企业形成"三分天下"的格局，极大程度地提高了农村居民收入预期。因此，西部地区政府应鼓励部分农村个体户兴办企业，尤其给部分返乡进城务工人员提供培训、创业、政策及金融支持，鼓励其创业，最终带动家族和乡村的共同富裕。

三、增加工资性收入比重，减少收入不确定性

一般而言，工资性收入比重越高，居民的收入不确定性越低。由图7-1可知，与全国其他地区相比，西部地区农村居民的工资性收入比重普遍偏低。与城镇居民按月领取固定工资不同，西部地区农村居民收入的绝大部分来自农业经营所得。由于农业的弱质性导致农村居民收入的不稳定，农村居民获取收入的时间极不均匀，一定程度上造成了农村居民不敢放开消费，显著增强了其储蓄倾向。随着越来越多的农村居民进城务工，他们在将部分务工收入寄回农村的同时，也很好地提升了西部地区农村居民家庭收入的稳定性，在一定程度上有助于提升农村居民自身的消费倾向，从而释放农村居民的消费潜能。

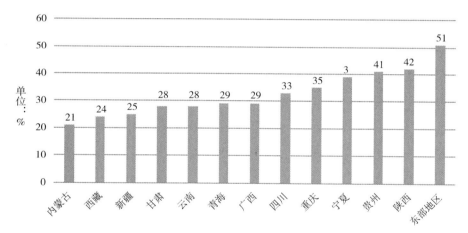

图7-1　2017年不同地区农村居民的工资性收入占比比较

数据来源：根据《中国统计年鉴2018》相关数据整理而得。

西部地区农村居民务工有两种选择：一种是就近务工，另一种外出务工。在当前经济总体增长缓慢的情况下，中部、西部地区农村居民的打工收入已呈现出较快增长的趋势，与东部地区农村居民的务工收入之间的差距逐渐缩小，农村居民就近务工的比重也与日俱增。同时，随着一线、二线城市竞争的日益激烈，农村居民的吃住成本也长期居高不下，就近务工除了可以获得更多的净收入外，就近的县域经济在未来都有较大的发展空间。因此，就近务工择业对于西部地区农村居民提升收入更具有重要意义。

需要指出的是，做好西部地区农村居民进城务工是一个系统工程，需要一系列的条件支撑。例如，对户籍制度进行改革，建立城乡劳动力自由流动的户籍制度等。首先需要打破"非农业人口"和"农业人口"的界限，保证城乡居民的发展机会平等，保证进城务工农村居民的权益得到有效保障。同时，在尊重本地农村居民个人意愿的前提下，地方政府可尝试推动农村土地流转，使农村剩余劳动力向非农产业转移，最终达到提高农业生产效率和增加农村居民收入的目的。另外，通过培育中介组织将农村居民组织起来，有序引导农村剩余劳动力就业，从而稳步增加其非农收入。

四、针对居民收入省域差异，细化增收政策体系

2015年，在对当前收入是否满足消费的调研中，多数西部地区农村居民认为，家庭收入水平偏低是影响他们消费潜能释放的首要因素。但是，绝对收入水平对消费潜能释放的制约程度有所不同。就绝对收入水平对消费潜能的制约来讲，青海、甘肃、重庆与宁夏的农村居民较为显著，而陕西、内蒙古、新疆、青海与四川的农民绝对收入对其消费潜能释放的影响不是很明显。

首先，对于青海、甘肃和重庆而言，当务之急是提升农村居民的可支配收入水平。根据调研问卷统计数据，青海农村居民收入水平对消费潜能释放的制约最为严重，有高达70%的农村居民表示收入相对于消费偏少或严重不足，甘肃和重庆这一指标分别为62%和60%。对于上述三省（区、市）的地方政府而言，提升本地区农村居民的可支配收入水平就显得至关重要。因此，通过建立特色乡村产业、推动非农产业发展以及提高工资性收入比重等措施，真正把西部地区农村的资源优势变为经济优势，最终将农村居民增收作为其释放农村消费潜能的重要抓手。

其次，对于宁夏农村居民而言，收入不稳定是导致其消费潜能无法释放的主要原因，而内蒙古、新疆与甘肃农村居民对预期收入增长的判断非常悲观。因此，对于以上省（区、市）政府而言，应适度加快推进农村居民城镇化进程，鼓励农村居民进城务工，增加工资性收入在家庭收入中的比重，实现收入稳定性的提升。

第二节　提升农村居民消费意愿，释放农村居民消费潜能

对于西部地区农村居民而言，其消费潜能的释放除了受到消费能力的制约之外，居民个人消费意愿的提升更为关键。收入水平的增长固然重要，但消费倾向的提升更是潜能释放的核心环节。本节试图从提高农村社会保障、引导网上消费行为转型、完善金融体制和降低子女教育支出等方面对提升西部地区农村居民消费意愿提出以下对策。

一、完善农村社会保障，提高居民消费倾向

长期以来，我国社会保障体系也形成城乡二元的双轨制运行特征。虽然城市与农村均设置了基本养老保险，但城市老年人享有相对较高的养老金覆盖率。为解决农村居民日益严重的养老问题，2009 年国家开始试点运行新农合保险制度。当前西部地区农村社会保障正由传统型向现代型转变，而这种转变会影响到决定农村居民消费的各种因素，包括当期可支配收入、未来预期收入、对私人养老储蓄的替代、对未来不确定性的预期、预防性储蓄以及遗赠储蓄等诸多方面。毫无疑问，农村社会保障支出对西部地区农村居民消费行为有正向影响，虽然其影响在短期内比较微弱，但长期影响非常显著。[98]

通过第六章消费意愿制约因素的分析不难发现，当前西部地区农村居民的社会保障水平普遍较低，对未来的不确定预期导致较高的预防性储蓄，这极大地削弱了农村居民的消费能力。主要原因在于新型农村社会养老保险的养老保障水平较低，基础养老金支付仅停留在最低水平生活保障方面，无法起到增加农村居民消费能力的作用。而且农村居民个人缴费边际回报率低，使得整体参保率不高，缴费水平偏低，导致个人账户发挥作用有限。[99]

因此，在制度设计时，要重视养老保险缴费的边际收益率对人们消费行为的影响，未来建设的重点应放在逐步提高养老金待遇上，通过提高个人账户基金收益率，增加基础养老金补贴水平，使西部地区农村居民对新农保产生稳定长久的收入预期，进而降低其养老预防性储蓄，最终起到提高居民消费倾向的

目的。具体从以下几个方面提出建议。

（1）增加社会保障资金，实现西部地区农村全覆盖。政府应该找到多种筹资渠道，利用多种形式来增大农村社会保障资金。无论是中央财政还是地方财政，都应增大对农村社会保障的投入，适当向西部地区农村贫困地区倾斜，以实现更广泛的社会公平，同时还可通过农村集体经济和发动社会捐助筹集西部农村社保资金。此外，还须加快推进新型农村社会养老保险在西部地区农村的全覆盖，而且要在全覆盖过程中逐步提高制度参保率。

（2）完善社会保障法规，提高保险给付水平。我国台湾地区的实践表明：居民储蓄率在实施医疗卫生体系以后降低了10%以上。[100]因此，我国政府应进一步增加对农村公共卫生和医疗的投入比例，加强对公共卫生设施建设，提高医疗医务人员素质，健全医疗救助体系。同时还须提高新型农村社会养老保险给付水平，其中个人账户给付提升依赖于缴费增加和投资收益，可能暂时会产生消费抑制，基础养老金给付提升增加老年人收入，直接产生消费刺激，因此，提高基础养老金给付比提高个人账户给付更具有拉动消费的作用。

（3）加大新型保险宣传力度，努力提高社会保险参保率。通过课题组调研发现，西部地区有部分农户由于不知道办理手续或认为手续过于烦琐而放弃办理保险，如西藏农户未办理保险的原因中，有40%以上的农户不知如何办理，宁夏有30%以上的农户认为保险没有太大用处。因此，必须加大对新型农村社会养老保险制度的宣传力度，建立财政投入可持续机制和公开透明的宣传渠道，让农民对新型农村社会养老保险形成稳定长久的收入预期，进而降低农民养老预防性储蓄。[101]

二、培育网上购物习惯，引导消费行为转型

（一）西部地区农村居民网上购物的态度比较

农村居民消费环境的改善、消费行为的转变以及消费能力的提升是一个长期过程，不可能一蹴而就。令人欣喜的是，近年来，随着计算机在农村的快速普及和互联网成本的迅速下降，西部地区农村居民，尤其是"80后""90后"农村居民的网上购物比重明显有所提升。但是，对于西部地区多数农村居民而

言，他们对网上购物依然觉得可望而不可即。课题组调查数据显示，有高达45%的农村居民不会使用网上购物，有25%的农村居民害怕在网上购物被欺骗，还有14%的农村居民反映网上购物的速度太慢。因此，西部地区地方政府有责任去帮助农村居民学会如何科学地网上购物，防止被骗，这样才有望净化西部地区消费环境，从而引导西部地区农村居民消费行为转型，发挥其后发优势，真正释放其消费潜能，扩大消费市场。

（二）促进农村居民网上消费措施的省域差异

首先，对于西部地区多数省份而言，帮助农村居民学会如何进行网上购物是首要任务。西藏有高达72%的农村居民表示不会操作电脑来进行网上购物，主要是由于农村居民知识水平普遍偏低，对于电脑等新兴电子产品认知不够。因此，当地政府应该组织专业人士为农村居民普及电脑操作等基本知识，加大网上购物的教育普及力度，将教育重点对象放在"70后""80后"等农村消费群体上。其次，对于甘肃和重庆来讲，分别有24%和18%的农村居民表示，网速太慢导致其不能很好地网上购物。因此，甘肃和重庆的地方政府除了帮助引导农村居民学会网上购物外，还须向农村互联网投资倾斜，切实提升农村地区的网络速度，从而增加网上购物比重。最后，就陕西和宁夏而言，分别有35%和34%的农村居民表示，害怕上当受骗不敢进行网上购物。所以，当地政府应引导农村居民增加风险意识，学会甄别网上诈骗，科学、理性地展开网上购物。

（三）以西部地区进城务工人员为载体，引导农村居民消费观念转型

截至2018年年底，我国进城务工人员规模已达到2.88亿人，其中，外出进城务工人员达到1.2亿人。进城务工人员进城务工后，除了会增加农村居民家庭工资性收入外，更重要的是，由于新生代进城务工人员比例的日益增加，伴随着城市居民消费的耳濡目染，其原先固有的农村传统消费习惯开始发生潜移默化的改变。再加之智能手机的普及，网上消费、手机消费、电视广告、报纸期刊等一系列媒介的普及，都使进城务工人员的消费模式更趋城镇化。当他们每年返乡时，其消费习惯、消费行为以及消费品位，对家人有着较强的示范

效应。因此，长期以来，困扰国内学界的农村居民消费观念转变的难题有望得到解决，许多学者倡导的城乡居民的消费示范效应通过"城镇居民—进城务工人员—农村居民"得以实现。

三、完善农村金融体制，消除潜能释放的信贷约束

西部地区多数农村居民不能从农村金融机构中获得较好的金融服务，存在着农村消费性金融需求严重受限、金融资源获取成本过大、农村金融服务水平低下等现象。究其原因，这些问题与农村信用基础薄弱、征信体制与担保体系不健全直接相关，以上因素都会导致金融机构很难对农村消费发挥有效的支持作用。与农村居民形成鲜明对比的是，城市居民可以较好地运用消费信贷工具实现大宗消费，有效实现其消费潜能的释放。因此，完善西部地区农村金融体制，培育农村居民信贷消费习惯就显得尤为重要。

（一）厘清农村大宗消费需求，逐步培育信贷消费习惯

不可否认，西部地区农村居民普遍缺乏金融机构的信贷支持。当前中国多数金融机构主要围绕工业、服务业和城市居民需求展开，对于农村居民，尤其是西部地区农村居民没有给予足够重视，导致了西部农村地区金融机构的严重不足。农业生产投资者的信贷需求很难得到满足，多数农村居民转而向民间高利贷来解决信贷需求。在此背景下，开展信贷消费显然有些不合时宜。就当前信贷消费的需求而言，宁夏、西藏、新疆、内蒙古和青海农村居民的使用预期较高，35%—40%的农村居民愿意使用信贷消费。

（二）信贷消费态度的省域差异及应对措施

西部地区不同省份农村居民对使用信贷消费仍有所顾虑，担心还款成为首要因素。诸如甘肃、新疆及重庆三个省（区、市）40%的农村居民都有此顾虑，这个跟农村居民收入来源有关，如果能有效增加工资性收入，该顾虑有望得到缓解。对西藏和内蒙古的农村居民而言，不习惯（58%）和手续烦琐（24%）是不使用信贷消费的主要原因。事实上，消费习惯的养成需要一段时间的培养，因此，金融机构应结合西部地区农村居民收支实际状况，尽可能地减少农村居民消费信贷的业务操作流程，提升有效释放消费潜能的效率。对陕

西农村居民而言，37%的农村居民认为其信贷消费最大的顾虑是怕周围邻居说闲话。因此，可以看出，陕西农村居民的从众消费习惯非常明显，当地政府应该加大农村信贷消费的工作宣传力度，转变陕西农村居民从众消费的传统习惯，使其能够真正地释放农村居民的消费潜能。

（三）推进西部地区农村金融改革，为潜能释放提供工具助推

第一，改进农村金融准入制度，完善农村金融激励机制。首先，改变当前农村金融结构单一，存在一定市场垄断的现状。关键在于大力发展区域性的农村中小金融机构，降低其市场准入门槛，发展适合西部地区农村需求的多元化的农村金融组织。其次，还须提高农民贷款的可获得性，有利于非农资金流入农村；构建财税扶持制度，通过降低农村金融机构税率，增加农村贷款利息补贴等措施，解决农民贷款难问题。此外，对于农村金融风险规避与分散而言，需要加强农村信用体系建设，优化农村金融生态环境，构建系统化、规范化、网络化的信用管理体系；完善农村金融贷款担保制度，在大力发展农村互助担保机构的同时，完善农村担保风险补偿制度。最后，还须完善农村金融风险分散机制，要探索形成政策性农业保险经营机制和发展模式。

第二，推进农村信用社改革，有效利用民间金融组织。农村信用社是西部地区农村重要的正规金融机构之一，它的作用是否得到充分发挥对于提升西部地区农村金融服务水平至关重要。首先，农村信用社要加大对农村居民的信贷力度，创新面向农村居民的小额贷款制度，保证发挥农村信用社在农村金融市场支农的主力军作用。仅靠农村信用社系统的信贷实力，显然不能完全满足西部地区农村居民的信贷需求，故而需要强化中国农业银行及其他金融组织的责任意识，完善西部地区农村金融体系。当前西部地区农村居民正处于消费结构的升级阶段，很多农村居民具有较强的消费愿望，但受困于消费信贷受限，不能充分释放其消费潜能。因此，需要对现有的农村金融体制进行改革，使其真正能对农村消费潜能释放起到支撑作用。在给西部地区农村居民提供信贷消费工具的同时，更应该结合西部不同地区农村居民对于信贷消费的态度，逐步打消其顾虑并培育消费信贷习惯。

第三，发展农村消费市场，健全农村消费信贷和金融服务。最重要的两点

是发展农村消费信贷和金融服务。消费信贷和金融服务可以帮助农村居民实现跨期消费和提前消费，扩大现期消费以及完成大额消费。没有完善的农村社会保障体系的构建和消费信贷的支持，"家电下乡""汽车下乡"的效果将会越来越小。

四、降低子女上学开支，解决教育负担过重问题

课题组调研发现，对于西藏与新疆农户家庭而言，降低农村家庭子女上学负担无疑是首要任务。根据调研问卷的统计数据，大约有 39% 的西藏农村居民和 33% 的新疆农村居民认为，子女上学费用较高对其家庭消费支出产生了明显的挤出效应。尤为严重的是，子女上学的较高费用会促使农村居民增加其储蓄倾向，从而削减其他项目的消费开支。鉴于此，西藏和新疆的地方政府应该均衡城乡教学资源，尽量将更多的优质教学资源分配给农村居民。如果条件成熟的话，可以考虑试点实施 12 年义务教育，解决农村子女上学负担过重的问题。

具体而言，要提升西部地区农村居民的收入预期，必须减轻其家庭支出负担，努力保证居民家庭负担低于其收入增速。增加农村居民的现金持有量，让腰包鼓起来。这是提升农村居民消费能力的核心环节。此外，地方政府还要增加对农村居民生产及运输环节等补贴。对于西部地区多数省份而言，降低子女上学开支在家庭消费的比重是当务之急。地方政府应致力于教育资源的均等化，使西部地区农村居民家庭在减少子女上学开支的同时，使其享受最基本的教育机会。

第三节　改善西部地区农村消费环境，释放农村居民消费潜能

农村居民消费能力直接与其绝对收入水平相关，对于西部地区农村居民而言，除了增加其可支配收入外，提升农村居民的消费倾向无疑更具有挑战。农村居民消费倾向涉及收入来源、预期收入、社会保障、消费习惯等多个环节，因此，需要设计一个综合的政策应对体系。在短期来看，提升西部地区农村居

民的消费意愿更具有可行性。本节尝试从消费环境、消费风险、消费观念及消费行为等方面具体分析如何提升西部地区农村居民的消费意愿。

一、确定基础设施建设优先顺序，改善西部地区农村消费环境

（一）西部地区基础设施建设的重点环节与优先顺序

在西部农村地区，农村基础设施的落后限制了当地居民对家电等耐用品的消费需求。基础设施建设是支撑农村居民消费的基础环节，它不仅能够有效降低农村居民的消费成本，还可直接促进其消费需求增长，还将会有效促进农村居民的收入增长。在当前中国生产能力普遍过剩、市场需求整体疲软的宏观背景下，基础设施投资在释放西部地区农村消费潜力的同时，还为当地创造了更多的就业机会，从而为提高农村居民收入水平，缩小城乡收入差距提供了更多的机会。西部地区不同地区农村公共设施的完善程度直接影响到消费环境的提升，从而影响到消费潜能的释放。从调研数据可知，2015 年，西部地区农村居民对于公路交通的改善需求最为强烈，有高达 45.7% 的农村居民认为改善公路交通是当务之急；互联网和公共卫生需求也占有较高的比例，分别占 38.1% 和 36.4%。因此，对于西部地区政府而言，应该将有限的资源优先改善公路交通、建设互联网和提升公共卫生水平，最终达到优化消费环境和释放消费潜能的目的。

（二）西部地区农村基础设施建设投资的省域差异

对于西部地区不同省份的农村地区而言，其改善公共设施的重点环节和优先顺序也有所不同。第一，对于西部地区多数省份而言，改善公路交通服务水平仍然是第一选择，尤其对内蒙古来讲，62% 的农村居民认为应尽快改善农村公路交通服务水平；第二，对于重庆、陕西和甘肃来说，改善公共卫生是提升公共设施水平的首要环节；而提升互联网服务水平则是宁夏改善公共设施的当务之急；第三，在农村自来水的建设和服务方面，甘肃农村居民 43% 的诉求位居西部地区首位，而新疆 44% 的农村居民则认为，提升电力设备服务水平对于释放其消费潜能也非常重要。因此，西部地区不同省份在加大对农村基础设施投资力度的同时，也应结合农村居民需求，有重点、有选择地改善农村公

共设施，这样才能有效提升农村居民消费倾向，充分释放其消费潜能。

（三）加快西部地区农村基础设施建设的主要措施

加快西部地区农村基础设施建设，首先需要划分清楚中央与地方各级政府的具体职责。坚持资源向西部地区倾斜，加大对西部经济落后农村地区的支持力度。在合理界定不同基本政府事权的基础上，理顺政府间的财政分配关系，合理分摊西部地区农村公共投资的资金比例，避免出现"中央请客，地方买单"，甚至是"地方请客，农民买单"的情形。同时，还须提升新农村建设投资资金的使用效率，确保多元化的投资主体，进一步推动农村基础设施建设，为西部地区农村居民耐用消费品的升级换代创造较好条件。推进西部地区农村地区的道路革命、厨房革命及厕所革命。对于西部地区多数省份而言，当务之急是进一步提升公路交通的服务水平。因为农业耕作、家用电器、运输机械等消费高潮的形成，都是以道路交通的改善为前提。此外，还须大力建设西部农村电网，改善农村饮用水质量，尤其增大农村移动网络覆盖面，为启动农村居民网上消费创造条件。

二、注重公共品需求的省域差异，使其供给与需求相互匹配

作为释放西部地区农村居民消费潜能的突破口，农村公共服务水平的提升，不仅可以直接提升农村居民消费水平，而且更有助于减少其不确定性预期，提高消费信心。公共产品一般包括基础设施和公共服务两个层面，前者是指公路交通、上网通信、水利和电网等，后者则包括社会保障、医疗卫生、农村教育和金融信贷服务等。由于当前农村公共品供给存在着总量不足、结构失衡、效率低下等问题，严重制约了西部地区农村居民扩大消费的动力。要破解这一难题，必须从供求匹配、决策机制、供给机制三方面着手努力，才有望释放农村居民的消费潜能。

（一）厘清公共品需求差异，确定改善环节和优先顺序

对于西部不同农村地区而言，它们在公共产品需求的种类和数量方面，都存在着较大差异。根据西部地区农村居民消费实际，不同省份农村公共设施的完善程度直接影响到消费环境的提升，从而影响到消费潜能的释放。根据调研

的统计数据，西部地区农村居民对于公路交通的改善需求最为强烈，互联网和公共卫生需求也占有较高的比例。因此，对于西部地区政府而言，应该将有限的资源优先改善公路交通、建设互联网和提升公共卫生水平。

（二）改革农产品供给的决策机制，使供给与需求相互匹配

长期以来，我国形成"自上而下"的决策主导型的农产品供给机制，而这导致西部地区农村公共品需求与供给的严重脱节。正是农村公共产品供给与需求的错位，导致其供给效率低下，不能有效满足农村居民的消费需求。因此，应该形成"自下而上"的需求表达机制，即以西部地区农村居民需求为依据，提供其真正有需求的公共产品，才能有效提高供给效率最终达到释放农村消费潜能的目的。对于西部地区多数省份农村居民而言，改善公路交通仍然是农村居民的第一选择。但内蒙古62%的农村居民认为应尽快改善农村公路交通服务水平；重庆、陕西和甘肃农村居民认为，改善公共卫生是当务之急；提升互联网服务则是宁夏改善公共设施的迫切需求；甘肃43%的农村居民将农村自来水的建设放到诉求首位；新疆44%的农村居民则认为，提升电力设备水平对于释放其消费潜能非常重要。

因此，西部地区不同省份在加大对农村基层设施投资力度的同时，也应结合农村居民自身需求，有重点、有选择地改善农村公共设施，这样才能有效提升农村居民消费倾向，充分释放农村居民消费潜能。

（三）改革公共品的供给体制，以竞争提升效率

我国学者卢洪友将公共品的供给总结为"一品两制"，即公共产品的城市乡村供给存在显著差异，城市通过税收支付其成本并给城市居民免费使用，而农村则由农村居民支付其成本，政府只给出少量补贴。[102] 长期以来，城乡公共品供给之间的差距致使农村公共品供给严重不足，西部地区尤为突出。这已经影响到农村居民消费能力的提升，并对其人力资本积累和发展能力提升造成不利影响。因此，需要改革我国现有的公共品供给制度，真正实现城乡公共服务的均等化。首先，需要调整公共财政支出的"政府倾向"，在消除工农产品价格"剪刀差"的同时，通过工业反哺农业，让西部地区农村居民享受到更多公共服务。其次，在制度安排上，使城乡居民享有同等的公共品消费权。由

于行政管理体制、分税制和当前税费改革的实施，导致西部地区基础财政压力较大，在"吃饭财政"的背景下，创新西部地区政策机制和管理制度就显得迫在眉睫。最后，改变当前公共品供给的政府垄断，应鼓励企业参与进来，形成政府主导与私人参与相结合，建立多元化的公共品供给渠道。具体包括简化公共品的行政审批环节，减少政府的过度管制，有序向外国资本和民间资本开放公共品供给市场，将政府职责限制在最低范围内，最终提升西部地区农村公共产品的供给效率。

三、改变生产的"城市偏好"，引导企业分层开拓市场

企业须改变产品生产设计以城市居民为主的习惯，应了解当前西部地区农村居民生活消费的迫切需求，了解各省份的差异，这样才能有的放矢，真正提升农产品的供给效率，释放农村居民的消费潜能。因此，改变长期以来企业产品生产的"城市偏好"，在了解西部地区各省份农村居民具体消费需求的基础上，为其生产、设计适合西部地区农村居民消费需求的产品。

（一）企业生产西部地区农村产品的整体排序

根据课题组调研可知，盖房、子女教育和购买汽车是西部地区农村居民的三大迫切需求。对于房地产相关企业、教育型企业以及汽车厂商而言，在未来5—10年，西部农村地区应该成为其潜在的目标市场。与此同时，西部农村居民的个人保健需求、家电及家具购买意愿并不是非常强烈，这说明西部地区农村整体消费结构已过了"千元家电消费"阶段，企业应将更多精力用于生产消费升级的系列产品。

从西部地区农村居民消费结构来看，就电动车而言，四川农村居民家庭的拥有量已接近饱和，其消费潜能相对较低，而西藏和甘肃的消费潜能较高；西藏、内蒙古和甘肃农村居民家庭对空调的消费潜能远大于西部地区其他省份，同时西藏、内蒙古农村居民家庭在热水器和家用电脑方面也有着较大潜能；对于冰箱来讲，虽然西藏、陕西和甘肃农村居民家庭的拥有量均超过了50%，但消费潜能仍有很大的提升空间；第四，对于汽车消费而言，内蒙古、陕西和甘肃农村居民家庭拥有量都低于15%，说明其消费潜能相对较大。

（二）企业生产农产品的省域差异

西部农村居民消费潜能存在显著的省域差异。甘肃、新疆及西藏农村居民在收入翻番后，整体的购买意愿较强。而内蒙古、重庆与四川的农村居民消费意愿整体偏低。对于企业而言，西部地区各个省份的生产侧重项目如下。

第一，甘肃。甘肃农村居民的消费意愿位居西部地区首位。在七大类消费支出项目当中，除旅游支出外，甘肃在其他项目支出的意愿都位居西部地区农村居民第一位。因此，对企业而言，应加大对适合甘肃农村居民需求农产品的生产研发力度，努力满足其消费需求。

第二，新疆与西藏。新疆在家具、盖房、个人保健及子女教育方面的消费潜能较大，而在家电和旅游方面的消费意愿较低。西藏农村居民在家具、家电和汽车方面消费意愿较强，而在个人保健与旅游方面的消费潜能较小。因此，对于企业而言，务必结合新疆、西藏农村居民消费潜能差异，有重点、有针对性地为其提供合适产品。

第三，宁夏、陕西与内蒙古。宁夏农村居民对汽车存在较高需求，陕西农村居民在家电和旅游消费潜能方面都存在较高需求，陕西和宁夏农村居民的个人保健需求较低，内蒙古农村居民的消费意愿在西部地区诸省份间普遍一般，相对而言，其个人保健和家具消费潜能较低。

第四，重庆与四川。四川农村居民的旅游支出消费潜能位居西部首位，重庆位居第三位。四川农村居民的家电、个人保健及家具需求潜能都非常低，而重庆农村居民的个人保健和家电需求较低。

综上所述，基于供给侧改革的视角，要解决西部地区农村居民的消费潜能释放问题，就必须给西部地区农村居民提供满足其需求特征的合适产品。只有这样，才能使农产品的供给侧改革真正成为西部地区农村居民消费潜能释放的突破口。

第八章　总结与展望

　　行文至此，我们的研究已基本告一段落。不忘初心，方得始终。通过我们几年的研究，对于西部地区农村居民消费潜能有了更深的认识，也取得了一定的研究成果。但我们深知，学无止境，受限于自身研究水平和课题研究经费与研究周期，我们的研究也存在着诸多不足。

第一节　研究总结

　　本研究以西部地区农村居民为对象，聚焦于消费潜能这一研究视角。我们以经典消费理论和相关文献为基础构建消费潜能的分析框架，考虑到西部地区农村的省域差异，我们以调研数据为基础对西部地区农村居民消费现状展开具体分析。同时结合《中国统计年鉴》数据，运用现代统计计量方法寻找制约西部地区农村居民消费的主要障碍，最终提出释放西部地区农村居民消费潜能的具体对策。

一、消费潜能概念的拓展与完善

　　当前直接研究西部地区农村居民消费潜能的学者较少，就消费潜能的释放规模、区域差异、结构分布及制约因素而言，尚无学者做系统性研究。究其根源，在于未对消费潜能的概念加以明确界定。基于对经典消费理论与现有文献的梳理，结合我国农村居民消费特点，我们对农村居民消费潜能做出如下定义：农村居民尚未得到满足的合理性消费需求。需要指出的是，消费潜能的释放不是由消费不足走向过度消费，而是合理需求得到一定满足。消费潜能既包括当前收入水平下的沉淀消费潜能，也包括收入提升和消费环境改善后的动态消费潜能。我们认为，农村居民消费潜能释放主要受到消费能力、消费意愿和消费环境的制约。

二、西部地区农村居民消费现状的初步判断

就西部地区农村居民消费现状而言，我们主要从消费能力、消费水平、消费结构、消费特征和消费问题五个方面展开分析。研究发现：居民收入是影响西部地区农村居民的消费能力的首要因素。我们从收入水平、收入结构和收入特征三个方面对西部地区农村居民的消费能力展开评价。研究表明：西部地区农村居民的人均消费能力低于全国平均水平，工资性收入在农村家庭收入的比重偏低。最终，我们将西部地区农村居民消费问题总结为：居民消费能力不足影响其消费潜能释放；子女教育支出对西部地区农村家庭消费的抑制效应显著；消费结构的优化趋势比较显著；居民消费倾向偏低且省域差异显著；消费环境有待进一步改善。

三、西部地区沉淀消费潜能规模较大，但人均消费潜能偏小

对于沉淀消费潜能的测算，我们主要分析现有收入水平下的人均消费潜能水平和不同省份的消费潜能规模。研究发现，2017 年西部地区农村居民人均沉淀消费潜能是 1186 元。其中，西藏的人均沉淀消费潜能达到 3639 元，位居西部地区首位；而青海农村居民的人均消费潜能为 -440 元，说明其消费倾向较高，而绝对收入水平对其消费潜能释放产生决定性影响。此外，西部地区农村居民沉淀消费潜能总规模达到 2162 亿元，云南与广西的农村沉淀消费潜能规模较大，而青海的沉淀消费潜能为负数，甘肃的沉淀消费潜能较小。

四、西部地区农村未来消费潜能释放的省域差异显著

（一）未来消费潜能释放规模预测的省域比较

随着 2018—2022 年西部地区农村居民的收入增长，我们对其消费潜能释放规模和结构展开预测。预测结果表明，2022 年，西部地区农村居民消费潜

能规模从大到小排序为：新疆、重庆、四川、内蒙古、广西、青海、贵州、甘肃、宁夏、西藏和陕西。具体表现，新疆、重庆和广西的农村居民消费潜能始终为正，并沉淀了一定规模的消费潜能；贵州、陕西、甘肃、西藏和宁夏的农村居民消费潜能始终为负，并处于"启而未动"的状态；四川、青海和内蒙古的农村居民消费潜能从2019年后开始由负转正。

（二）未来消费潜能释放的结构层次差异显著

研究发现，2022年西部地区农村居民消费潜能的释放结构存在着显著的省域差异。其中，青海、内蒙古和宁夏农村居民的消费潜能集中在享乐型消费，即家庭设备用品及服务消费的潜能最大；西藏农村居民的最大消费潜能集中在发展型消费，表现为医疗保健消费的潜能最大；而四川、重庆、贵州、广西、甘肃、新疆和陕西农村居民集中在生存型消费，具体表现为衣着消费的潜能最大。

五、消费能力、消费环境与消费意愿制约着消费潜能的释放

我们以课题组1289份调查问卷数据为基础，围绕消费能力、消费意愿与消费环境三个视角对西部地区农村居民消费潜能的制约因素展开实证分析。研究发现：西部地区农村居民的收入水平低下、收入差距较大、收入来源单一对于消费潜能制约明显；而基础设施不足、社会保障缺失、产品供给的"城市偏好"、固定投资的"东部倾斜"以及农产品生产的"留守群体"忽视都成为制约西部地区农村消费潜能释放的重要因素。实地调查研究发现，收入不稳定、收入水平低下以及子女上学费用是影响西部地区农村居民消费潜能释放的三大因素，而且西部地区农村居民消费潜能释放的制约因素存在显著的省域差异。

六、建立基于省域差异的消费潜能释放对策

对消费潜能测算及预测的实证研究和制约因素分析之后，我们从增强消费能力、提升消费意愿、改善消费环境三个视角出发，提出了包括立足西部地区资源禀赋差异大力发展非农产业以提升工资性收入比重、完善农村社会保障机

制和金融体制、培育网上购物习惯引导农村居民消费行为转型、降低子女上学支出以提升居民消费倾向以及扩大农村公共产品供给以优化农村消费环境等对策。需要指出的是，由于西部地区不同省份农村居民消费潜能释放的制约因素存在较大差异，因此，各省份释放消费潜能政策执行的侧重点和优先顺序会有很大不同，如表 8-1 所示。

表 8-1　2019 年西部地区农村居民消费潜能释放对策侧重点比较

释放对策	省份	内蒙古	广西	陕西	甘肃	青海	宁夏	新疆	四川	贵州	云南	西藏	重庆
增强居民消费能力	增加可支配收入	√		√	√	√	√			√			
	减少收入不确定性						√						
	提升预期收入	√			√								
	降低子女上学开支							√				√	
改善公共产品供给	改善公路交通	√	√			√		√	√	√	√	√	
	改善公共卫生			√									√
	提升物联网服务							√					
	改善自来水服务				√								
	提升电力设备服务							√					
鼓励信贷消费	信贷消费预期高	√				√	√			√		√	
	担心还款	√											√
	不习惯		√								√		
	手续烦琐	√											
	怕别人议论				√								
引导网上消费	不会操作	√			√	√		√		√			√
	网速较慢												
	担心被骗		√	√			√		√				
优化家电供给改革	汽车			√	√	√				√		√	√
	电脑		√		√								
	冰箱				√								√
	热水器	√						√					
	微波炉									√			

数据来源：根据本书实证结论和调查问卷数据分析而得。

第二节　研究不足与展望

由于居民消费潜能这一方向研究的匮乏，我们的前期研究基础非常薄弱。在西方消费理论和国内外相关文献基础上，我们尝试对消费潜能的内涵外延给予界定，并且以调研数据为支撑对消费潜能展开实证分析。但受困于自身研究水平和研究周期，研究存在很多不足。

一、部分西部地区的消费样本有待扩充

由于课题经费不足和时间精力有限，课题组虽然先后组织相关人员开展调研，但只调研了西部地区的九个省份，还有三个省份尚未涉及。而在调研的九个省份中，除陕西调研较为密集之外，其他省份调研主要是以区域及收入水平为依据，调查所获取的样本数据过小，不能完全代表西部地区农村居民收入水平及消费结构。因此，在后续的研究中，课题组将聚焦于某一省份，并展开深入调研，获得更多样本数据，来继续进行深入分析。

二、消费潜能的测算预测指标仍须完善

虽然本书对消费潜能的概念内涵做出了一定程度的清晰界定，并结合西部地区农村居民收入与消费现状，从规模扩大和结构优化两个方面深入分析了西部地区农村居民消费潜能。但受限于自身的研究水平，对本书中农村居民消费潜能的科学评价还有待进行深入的探讨。另外，对于当前研究而言，评价一个地区，评价某一群体的消费潜能，始终缺乏一个较为成熟的方法和行之有效的工具。因此，在后续研究中，我们将进一步增强对农村居民消费潜能的量化研究。

三、消费潜能的区域细分研究还须深化

西部农村地区幅员辽阔，人口众多，12 个省份之间存在明显的差异。无论西北地区，还是西南地区，其农村居民的收入来源、收入结构、消费水平、消费结构、消费阶段和消费潜能都存在很大的差异。因此，后续应继续从省份差异的角度来深入分析西部地区农村居民消费潜能释放的影响因素，提出差异化的提升农村居民消费潜能的对策建议具有重要的研究价值。

附录 1：阶段性研究成果简介

共发表论文 10 篇（其中，CSSCI 期刊 7 篇，

北大核心期刊 1 篇，普通期刊 2 篇）

（一）中文社会科学引文索引（CSSCI）来源期刊

王张明、王君萍：《环境变迁、结构优化与主体迁徙——农村居民消费的一个综述》，《现代经济探讨》2014 年第 11 期。

秦晓娟、孔祥利：《省域内农村居民消费潜能模型构建与实证研究》，《统计与信息论坛》2015 年第 11 期。

杨晶等：《农村居民旅游消费意愿的影响因素研究——基于西部 6 省的微观数据》，《干旱区资源与环境》2017 年第 10 期。

王张明、孔祥利：《农民工城乡消费二元性探析》，《经济体制改革》2015 年第 3 期。

王张明、孔祥利：《中国居民劳动要素报酬探析——基于分配习惯、产业发展模式及企业改革路径的视角》，《现代经济探讨》2015 年第 2 期。

王张玥、孔祥利：《代际差异、身份认同与家庭消费：农民工消费的一个研究综述》，《西北农林科技大学学报（社会科学版）》2014 年第 5 期。

李怡涵等：《中国不同职业省际迁移人口的空间分布特征及影响因素研究》，《西北人口》2016 年第 6 期。

（二）北大核心期刊

秦晓娟、孔祥利：《对政府与市场关系的再认识——从〈资本论〉视角》，《理论导刊》2015 年第 12 期。

（三） 普通期刊

王君萍、阿茹罕：《西安农村居民消费对周边地市经济增长的影响——基于空间面板数据的分析》，《西安石油大学学报（社会科学版）》2014 年第 6 期。

王君萍、王杜方玫：《医疗支出、抚养比例与农村消费——基于西北五省面板数据的实证分析》，《西安石油大学学报（社会科学版）》2016 年第 2 期。

附录 2：2016 年西部地区农村居民消费调查问卷

调研地点：_____ 省 _____ 县 _____ 乡 _____ 村 调研日期：2016 年____月____日 采访员签字： 验收人签字： 录入人签字：	备　注 　　1. 本问卷以**农村家庭**为调查对象，采取**入户访谈**的调查方式。 　　2. 以农村居民**收入水平**为依据进行分类，每村调查问卷份数不超过 10 份。 　　3. 每户访谈时间请控制在 **15 分钟**以内。

前　　言

　　由西安石油大学师生合作进行一项有关西部地区农村居民消费潜能释放的学术研究。本研究试图了解在未来 5 年"收入倍增"的背景下，西部地区农村居民消费潜能的规模测评、障碍因素及释放路径，从而为政府的相关决策提供真实可靠的研究素材。我们很高兴能有机会采访您，您的意见对这项研究非常重要。本问卷仅用于研究人员的统计分析，您的回答无所谓对错，我们保证不会泄露您的个人信息，请放心回答。

《西部地区农村居民消费潜能释放》课题小组

2016 年 2 月 18 日

所调查农村基本情况表（2016）

人口分布	全部人口	农户数量（户）	
		人口规模（人）	
	常住人口（人）		
	打工人口（人）		
	打工区域分布比例（%）	本乡（镇）内	
		本乡（镇）外	
收支概况	户均收入（元）		
	在本乡的位置	□低收入　□中等偏下　□中等　□中等偏上　□高收入	
	收入来源（%）	农业经营	
		打工收入	
	粮食作物	小麦、玉米、豆类、薯类、花生、棉花、烟叶、蔬菜、茶叶	
	经济作物	苹果、梨、葡萄、柑橘、核桃、冬枣、杏	
	人均耕地（亩）		
	红白喜事（元）	□30　□50　□100　□150　□200　□300　□500	
	贷款途径	□农村信用社　□商业银行　□亲戚　□朋友　□高利贷	
	贷款利息（年）	□6%以下　□6%—11%　□11%—15%　□15%—25%　□25%以上	
	拥有电器家庭比例（%）	电动车		空调	
		热水器		电脑	
		冰箱		汽车	

问卷编号：_____

（一）基本情况

1. 您的性别：　□男　□女

2. 您的出生年份：_____年

3. 您的民族：_____族

4. 您的文化程度：　□小学以下　□小学　□初中　□高中　□大专

以上

5. 您的婚姻状况：□未婚 □已婚 □离异 □丧偶

6. 您的家庭共有_____人，其中，60 岁以上_____人，18 岁以下_____人。

A 1 B 2 C 3 D 4 E 5 F 6 G 7 H 8 I 9 J 10

7. 需要您在家照看的子女（孙）有_____人，已经上学的有_____人？

A 0 B 1 C 2 D 3

8. 在上学的子女（孙）中，其分别在何处上学？（孩 1 _____；孩 2 _____；孩 3 _____）

A 本村 B 乡镇 C 县城 D 随父母在打工城市上学 E 自己在城市上大学

9. 您的家人如果外出务工，具体在哪里？（家人 1 _____；家人 2 _____；家人 3 _____；家人 4 _____）

A 本乡 B 本县 C 本省 D 外省中小城市 E 外省大城市 F 国外

10. 2014 年您家人外出打工时间是几个月？（家人 1 _____；家人 2 _____；家人 3 _____；家人 4 _____）

A 0 B 1—3 C 4—6 D 7—9 E 10—12

（二）收支状况

11. 您的家庭收入在村里是何种水平？□高收入 □中等偏高 □中等 □中等偏低 □低收入

12. 过去三年，您的家庭总收入分别是多少元？2015：_____ 2014：_____ 2013：_____

13. 2014 年，您家庭收入的各种来源分别是多少元？

农业生产_____； 外出务工_____； 非农经营_____； 财产投资_____； □其他_____

14. 您估计，2015 年家庭收入能否增长？ □增长 □不变 □减少 □不确定

15. 如果增长，您估计能增加多少？

□10% 以下　　□10%—25%　　□25%—50%　　□50%—75%　　□75%—100%　　□100%以上

16. 如果增长，您估计增长点来自_____？如果减少或不确定，主要源于_____？

A 农业生产　B 非农经营　C 外出务工　D 集体经济　E 财产投资　F 其他_____

17. 2014 年，您的家庭收入开支分别是多少元？

生活消费_____；　生产投资_____；　储蓄存款_____；　投资放贷_____；　其他_____

18. 2014 年，您的家庭消费支出项目分别是多少元？

食物衣服	房屋家电	交通通信	子女上学	红白喜事	人情开支	医疗支出	旅游娱乐	其他

19. 您储蓄的主要目的是什么？（可选多项）

□防病养老　□子女教育　□盖（买）房子　□生产投资　□红白喜事　□其他_____

20. 除了本村住房外，您的家庭是否还有其他住房？具体位置在_____？

□没有　□乡镇　□县城　□地级市　□省城　□外省

（三）消费现状

21. 您的家庭现有以下哪几种家用品？（可选多项）

□彩电　□洗衣机　□电冰箱　□三轮车　□摩托车　□电动车
□热水器　□空调　□电磁炉　□微波炉　□电脑　□汽车
□其他_____

22. 您日常购物是在何处？　□村、乡商店　□县城超市　□城市商场
□其他_____

23. 您购买物品最看重？□质量　□价格　□性价比　□售后　□名牌 □其他_____

24. 您觉得孩子的上学费用高吗？　□非常高　□高　□一般　□不高

25. 日常小病，您一般如何处理？

□能忍就忍　□自己买药　□村卫生所　□乡镇医院　□县医院　□其他_____

26. 您在休闲时间主要从事什么活动？（可选多项）

□看电视　□读书看报　□打牌（麻将）　□串门逛街　□上网

□外出旅游　□睡觉　□教育孩子　□广场舞　□其他_____

27. 您认为制约休闲娱乐消费的最主要因素是？

□经济因素　□空闲时间少　□缺乏场所　□缺乏兴趣　□其他_____

28. 您在村中办理了以下哪种社会保险？

□未办理　□新农合　□养老保险　□医疗保险　□工伤保险　□其他_____

29. 您如果没有办理保险，原因是？

□不知如何办理　□负担不起　□手续烦琐　□感觉没用　□年龄偏大 □其他_____

30. 您2014年有没有贷款？　□是　□否

31. 您愿意为以下哪种事情进行贷款？

□生产经营　□儿女婚嫁　□子女上学　□家人看病　□买房买车　□其他_____

32. 您对信贷消费（贷款买房、买车）怎么看？

□希望使用　□怕还款　□怕闲话　□手续烦琐　□不习惯　□其他_____

33. 您经常使用手机（或电脑）上网吗？

□是　□否（如填否，请直接至第35题）

34. 您上网的主要目的是？

□看新闻　□玩游戏　□聊天　□看电影　□购物　□其他_____

35. 您对网上购物怎么看？

□不会操作　□网速太慢　□害怕被骗　□物美价廉　□其他

（四）消费潜能

36. 您认为，自身收入与当前消费支出相比？

□基本满足　□偏多，有剩余　□偏少，不够花　□严重不足　□其他_____

37. 假如您的家庭收入增长 10000 元，您的家庭消费会增长多少元？

□不变　□1000 元以下　□1000—2500 元　□2500—5000 元　□5000—7500 元　□7500—10000 元　□10000 元以上

38. 假如未来 5 年您的家庭收入增长 1 倍，您最想消费以下哪种物品？（可选多项）

□家电　□家具　□盖房　□旅游　□汽车　□个人保健　□子女教育□其他_____

39. 当前阻碍您购买以上物品的主要因素是？（可选多项）

□收入水平低　□收入不稳定　□子女上学　□儿女结婚　□医疗支出高□其他_____

40. 您购买上述物品受谁的影响最大？

□自己　□配偶　□父母　□子女　□朋友　□广告

41. 您认为目前村里急待改善的公共设施是？（可选多项）

□公路交通　□公共卫生　□电力设备　□自来水　□互联网络　□其他_____

42. 假如政府再次实施"家电下乡"，你最想购买哪些家电？（可选多项）

□电冰箱　□热水器　□汽车　□电磁炉　□微波炉　□电脑　□其他_____

43. 您对当前家庭消费需要满足程度的评价（请在相应的方格中打"√"）

	非常满意	比较满意	一般	不太满意	非常不满意
食物衣着					
房屋居住					
交通通信					
子女教育					
医疗保健					
娱乐享受					
家电设备					
度假旅游					

44. 您对下列说法持何种态度（请在相应的方格中打"√"）

	非常同意	同意	一般	反对	强烈反对
A. 吃饭能凑合就凑合，不饿肚子就行					
B. 生活越简朴越好，能省就省，多存少花					
C. 衣着应讲花色、款式、质量，显示个性					
D. 读书很重要，再苦也要让孩子读					
E. 消费应该像城里人一样追求生活质量					
F. 明年您想存更多的钱					

附录 3：2018 年西部地区农村居民消费调查问卷

1. 您的性别： □男 □女

2. 您的出生年份：_____年

3. 您的民族：_____族

4. 您的文化程度： □小学以下 □小学 □初中 □高中 □大专以上

5. 您的婚姻状况： □未婚 □已婚 □离异 □丧偶

6. 你的家庭所在地：_____省_____市_____县_____乡_____村

7. 您的家庭共有 _____ 人？其中，外出务工_____人；正在上学_____人。

8. 家庭收支：2018 年收入_____花费_____；2017 年收入_____花费_____

9. 2018 年，您家庭收入的各种来源分别是多少元？

农业收入_____务工工资_____投资收入_____政府补助_____

10. 您预测 2019 年家庭收入有何变化？ □增长 □不变 □减少 □不确定

11. 您存钱的最主要目的是什么？

□防病养老 □子女教育 □盖（买）房子 □生产投资 □红白喜事 □其他_____

12. 2018 年，您的家庭消费支出项目分别是多少元？

日常花费（包括食品烟酒、衣着、居住、生活用品、交通通信等）	人情花费（红白喜事）	教育文化子（孙）女上学	医疗费用	旅游娱乐

13. 您一般在哪里购买东西？

□村乡商店 □县城超市 □城市商场 □网上渠道

14. 您觉得子女上学费用怎样？

□非常高 □比较高 □一般 □比较低 □非常低

15. 您认为目前村里最急需改善的 1 个项目是？

□满意不需改善 □公路交通 □公共卫生 □电力设备 □自来水
□互联网络

16. 您 2018 年向银行（私人）借了多少钱？

□0 □1 万元以下 □1 万—3 万元 □3 万—5 万元 □5 万元以上

17. 您愿意为以下哪种事情进行贷（借）款？

□生产经营 □儿女婚嫁 □子女上学 □家人看病 □买房买车

18. 您平时上网主要干啥？

□不上网 □看新闻 □玩游戏 □微信 □看电影 □看小说

19. 您对网上购物怎么看？

□操作不便 □网速太慢 □害怕被骗 □物美价廉

20. 假如 2019 年您的家庭收入增长 1 万元，您预计家庭花费会增长多少元？

□0 □1000 元以内 □1000—2500 元 □2500—5000 元 □5000—7500 元 □7500—10000 元 □1 万元以上

21. 假如 2019 年您的家庭收入大幅增长，您会优先增加何种物品花费（仅选 1 项）

□食品烟酒 □衣着开支 □居住支出 □生活用品
□交通通信 □教育文化 □医疗 □旅游娱乐

22. 当前阻碍您花费增长的最主要的因素是？（仅选 1 项）

□收入水平低　　□收入不稳定　　□子女上学　　□子女结婚　　□建房买房

□医疗费用高　　□商品价格高　　□售后服务差　　□消费环境差

□预留养老金

附录 4：2018 年西部地区农村居民消费访谈提纲

1. 访谈方式：入户访谈；电话或微信访谈

2. 访谈时间：控制在 30 分钟以内。

3. 访谈内容：

（1）访谈对象的性别、年龄、学历特征。

（2）日常居住地是乡村还是城镇？在家务农还是进城务工，或两者兼之？

（3）收入调研：收入水平、收入来源、收入变化及预期。

收入来源：工资性收入、土地经营收入、财产投资（土地承包归属?），转移补助（农村 60 岁以上老人补助 85/月；国家土地粮食补贴 68 元/亩/年）

（4）消费调研：消费水平、消费结构、消费的变化预期。购房对消费的挤出效应。

日常开支（食品烟酒、衣着、居住、生活用品、交通通信等）	人情消费（红白喜事）	教育文化（孙）子女上学	医疗保健	旅游娱乐

（5）收入—消费比较：是否有盈余？储蓄、借（贷）款水平？储蓄目的？

（6）假如家庭收入增长 10000 元，消费有何变化？消费不增长的顾虑是什么？如果增长，能增长多少，最愿意消费何种项目？

附录5：西部地区农村居民消费潜能测算预测的部分数据

表1 贵州农村居民消费支出的时间序列预测模型

	常数项	AR（1）	AR（2）	MA（1）	AIC 值
食品	1618.975 **	1.606 ***	−0.631 ***	−	234.564
	（0.031）	（0.000）	（0.007）	−	
衣着	230.383	1.588 ***	−0.614 ***	−	177.763
	（0.143）	（0.000）	（0.002）	−	
居住	1048.803	1.874 ***	−0.898 ***	−	214.395
	（0.158）	（0.000）	（0.000）	−	
家庭设备及服务	210.485	1.646 ***	−0.677 ***	−	179.278
	（0.199）	（0.000）	（0.002）	−	
医疗保健	369.691	1.886 ***	−0.904 ***	−	172.964
	（0.204）	（0.000）	（0.000）	−	
交通通信	538.872	0.985 ***	−	1.000	203.509
	（0.286）	（0.000）	−	（0.999）	
文化教育娱乐	503.874	1.476 ***	−0.534 *	−	230.625
	（0.357）	（0.000）	（0.072）	−	

注：***、**、* 分别表示在1%、5%、10%水平上显著。

表2 四川农村居民消费支出的时间序列预测模型

	常数项	AR（1）	AR（2）	MA（1）	AIC 值
食品	2597.824 *	1.733 ***	−0.754 ***	−	248.496
	（0.087）	（0.000）	（0.001）	−	

续表

	常数项	AR（1）	AR（2）	MA（1）	AIC 值
衣着	360.004	0.978***	–	0.520**	195.703
	(0.184)	(0.000)	–	(0.049)	
居住	1051.397	0.966***	−0.018	–	262.318
	(0.200)	(0.000)	(0.932)	–	
家庭设备及服务	406.140	1.527***	−0.557***	–	206.831
	(0.198)	(0.000)	(0.003)	–	
医疗保健	604.064	1.813***	−0.835***	–	201.332
	(0.220)	(0.000)	(0.000)	–	
交通通信	858.262	1.865***	−0.884***	–	208.644
	(0.222)	(0.000)	(0.000)	–	
文化教育娱乐	465.463	1.422	−0.463	–	214.325
	(0.174)	(0.207)	(0.673)	–	

注：***、**、*分别表示在1%、5%、10%水平上显著。

表3　重庆农村居民消费支出的时间序列预测模型

	常数项	AR（1）	AR（2）	MA（1）	AIC 值
食品	2191.381*	1.698***	−0.727***	–	249.178
	(0.082)	(0.000)	(0.009)	–	
衣着	294.265*	1.744***	−0.779***	–	180.799
	(0.088)	(0.000)	(0.006)	–	
居住	976.123	1.520***	−0.559**	–	244.434
	(0.267)	(0.000)	(0.041)	–	
家庭设备及服务	401.245	0.987***	–	0.835***	188.122
	(0.244)	(0.000)	–	(0.000)	
医疗保健	408.257	1.742***	−0.769***	–	196.508
	(0.198)	(0.000)	(0.003)	–	

	常数项	AR（1）	AR（2）	MA（1）	AIC 值
交通通信	1039.868	1.903***	−0.918***	—	208.990
	（0.283）	（0.000）	（0.000）	—	
文化教育娱乐	596.777	1.508***	−0.545*	—	226.344
	（0.246）	（0.000）	（0.094）	—	

注：***、**、*分别表示在1%、5%、10%水平上显著。

表4 广西农村居民消费支出的时间序列预测模型

	常数项	AR（1）	AR（2）	AIC 值
食品	1735.016**	1.279***	−0.359	263.571
	（0.012）	（0.001）	（0.459）	
衣着	178.862	1.725***	−0.746**	155.983
	（0.117）	（0.000）	（0.027）	
居住	1140.948	1.613***	−0.633*	234.928
	（0.215）	（0.000）	（0.050）	
家庭设备及服务	265.269	1.449***	−0.479	190.588
	（0.144）	（0.008）	（0.379）	
医疗保健	544.295	1.778***	−0.799***	202.712
	（0.252）	（0.000）	（0.000）	
交通通信	1050.101	1.866***	−0.904***	214.489
	（0.291）	（0.000）	（0.000）	
文化教育娱乐	504.129	1.527***	−0.597*	226.447
	（0.324）	（0.000）	（0.070）	

注：***、**、*分别表示在1%、5%、10%水平上显著。

表5　陕西农村居民消费支出的时间序列预测模型

	常数项	AR（1）	AR（2）	MA（1）	AIC 值
食品	1427.591*	1.034	-0.066	-	252.903
	（0.078）	（0.173）	（0.934）	-	
衣着	303.786	0.983***	-	0.487	181.511
	（0.142）	（0.000）	-	（0.213）	
居住	1099.013	1.767***	-0.791***	-	225.059
	（0.157）	（0.000）	（0.000）	-	
家庭设备及服务	306.154	1.683***	-0.708***	-	183.696
	（0.154）	（0.000）	（0.001）	-	
医疗保健	544.295	1.778***	-0.799***	-	202.712
	（0.252）	（0.000）	（0.000）	-	
交通通信	594.682	0.980***	-	0.434	217.897
	（0.249）	（0.000）	-	（0.341）	
文化教育娱乐	586.309	0.948***	-	0.169	230.224
	（0.112）	（0.000）	-	（0.790）	

注：***、**、* 分别表示在1%、5%、10%水平上显著。

表6　甘肃农村居民消费支出的时间序列预测模型

	常数项	AR（1）	AR（2）	MA（1）	AIC 值
食品	1468.606*	1.635***	-0.659***	-	231.605
	（0.054）	（0.000）	（0.001）	-	
衣着	283.118	0.986***	-	0.751***	175.645
	（0.207）	（0.000）	-	（0.000）	
居住	845.101	1.485***	-0.514***	-	232.388
	（0.174）	（0.000）	（0.008）	-	
家庭设备及服务	238.699	1.719***	-0.748**	-	177.387
	（0.172）	（0.000）	（0.000）	-	

	常数项	AR（1）	AR（2）	MA（1）	AIC 值
医疗保健	436.442	1.672***	−0.701***	−	203.694
	(0.213)	(0.000)	(0.003)	−	
交通通信	471.180	1.768***	−0.796***	−	201.219
	(0.209)	(0.000)	(0.008)	−	
文化教育娱乐	469.265	1.357***	−0.422	−	225.514
	(0.190)	(0.003)	(0.440)	−	

注："***"、"**"、"*"分别表示在1%、5%、10%水平上显著。

表 7 青海农村居民消费支出的时间序列预测模型

	常数项	AR（1）	AR（2）	MA（1）	AIC 值
食品	1764.614*	1.079**	−0.107	−	257.069
	(0.068)	(0.015)	(0.819)	−	
衣着	363.059	1.420***	−0.451*	−	201.398
	(0.131)	(0.000)	(0.082)	−	
居住	989.789	1.589***	−0.611**	−	231.454
	(0.193)	(0.000)	(0.015)	−	
家庭设备及服务	249.104	1.105***	−0.147	−	204.315
	(0.171)	(0.000)	(0.623)	−	
医疗保健	613.934	0.956***	−	0.349*	233.689
	(0.229)	(0.000)	−	(0.081)	
交通通信	748.549	0.572***	0.367	−	263.656
	(0.250)	(0.008)	(0.158)	−	
文化教育娱乐	441.643	0.903	0.054		230.732
	(0.235)	(0.101)	(0.913)		

注："***"、"**"、"*"分别表示在1%、5%、10%水平上显著。

表 8　西藏农村居民消费支出的时间序列预测模型

	常数项	AR（1）	AR（2）	AIC 值
食品	1743. 201**	1. 800***	−0. 862***	236. 529
	（0. 046）	（0. 000）	（0. 000）	
衣着	406. 205	1. 601***	−0. 625**	198. 787
	（0. 181）	（0. 000）	（0. 034）	
居住	426. 626	0. 908	−0. 004	240. 732
	（0. 148）	（0. 201）	（0. 996）	
家庭设备及服务	225. 144	1. 167***	−0. 197	194. 084
	（0. 191）	（0. 000）	（0. 571）	
医疗保健	75. 153	1. 049***	−0. 120	165. 305
	（0. 114）	（0. 003）	（0. 772）	
交通通信	365. 640	0. 638	0. 338	222. 478
	（0. 266）	（0. 140）	（0. 335）	
文化教育娱乐	110. 165	1. 559***	−0. 616*	171. 666
	（0. 197）	（0. 000）	（0. 059）	

注：*** 、** 、* 分别表示在 1% 、5% 、10% 水平上显著。

表 9　内蒙古农村居民消费支出的时间序列预测模型

	常数项	AR（1）	AR（2）	MA（1）	AIC 值
食品	1983. 346*	1. 325***	−0. 352*	−	256. 637
	（0. 072）	（0. 000）	（0. 357）	−	
衣着	457. 386	0. 977***	−	0. 477***	203. 416
	（0. 153）	（0. 000）	−	（0. 124）	
居住	1189. 395	0. 981***	−	0. 595**	234. 365
	（0. 182）	（0. 000）	−	（0. 010）	
家庭设备及服务	251. 408	1. 781***	−0. 818***	−	174. 145
	（0. 119）	（0. 000）	（0. 000）	−	

续表

	常数项	AR（1）	AR（2）	MA（1）	AIC 值
医疗保健	659.086	1.554***	-0.584***	–	222.869
	（0.172）	（0.000）	（0.001）	–	
交通通信	1061.005	0.981***	–	0.624***	234.805
	（0.247）	（0.000）	–	（0.001）	
文化教育娱乐	801.679	1.519***	-0.574	–	236.370
	（0.150）	（0.000）	（0.101）	–	

注：***、**、*分别表示在 1%、5%、10%水平上显著。

表 10　新疆农村居民消费支出的时间序列预测模型

	常数项	AR（1）	AR（2）	MA（1）	AIC 值
食品	1533.042*	1.629***	-0.659***	–	237.583
	（0.061）	（0.000）	（0.003）	–	
衣着	369.946	1.606***	-0.644**	–	195.753
	（0.107）	（0.000）	（0.022）	–	
居住	875.349	0.957***	–	0.371**	240.658
	（0.129）	（0.000）	–	（0.041）	
家庭设备及服务	194.991	1.695***	-0.735***	–	173.793
	（0.138）	（0.000）	（0.002）	–	
医疗保健	553.238	1.729***	-0.751***	–	203.301
	（0.183）	（0.000）	（0.000）	–	
交通通信	733.921	1.520***	-0.544**	–	227.902
	（0.236）	（0.000）	（0.015）	–	
文化教育娱乐	355.001	1.266***	-0.335	–	219.251
	（0.198）	（0.000）	（0.380）	–	

注：***、**、*分别表示在 1%、5%、10%水平上显著。

表 11 宁夏农村居民消费支出的时间序列预测模型

	常数项	AR（1）	AR（2）	AIC 值
食品	1352.802	1.355***	-0.388	252.852
	（0.146）	（0.002）	（0.365）	
衣着	392.937	1.323***	-0.349	205.018
	（0.137）	（0.000）	（0.185）	
居住	1086.092	1.359***	-0.383	241.691
	（0.170）	（0.000）	（0.240）	
家庭设备及服务	261.739	1.698***	-0.745**	187.191
	（0.151）	（0.000）	（0.043）	
医疗保健	597.476	1.761***	-0.785***	204.542
	（0.158）	（0.000）	（0.000）	
交通通信	796.889	1.630***	-0.661**	230.726
	（0.251）	（0.000）	（0.019）	
文化教育娱乐	585.581	1.317*	-0.366	233.769
	（0.251）	（0.091）	（0.671）	

注：***、**、*分别表示在1%、5%、10%水平上显著。

参考文献

［1］林毅夫：《90 年代中国农村改革的主要问题与展望》，《管理世界》1994 年第 3 期。

［2］张平：《中国农村居民区域间收入不平等与非农就业》，《经济研究》1998 年第 8 期。

［3］尹世杰：《论需要——兼论实现社会主义生产目的的一些理论与方法问题》，《探索》1981 年第 3 期。

［4］文启湘、高觉民：《消费需求结构升级与经济结构转型——消费需求的成长及其方略研究》，《消费经济》1999 年第 6 期。

［5］卢嘉瑞：《论按生产要素分配》，《经济学动态》1998 年第 4 期。

［6］黄娟：《从人性需要内涵的演化论消费潜力》，《财经问题研究》2011 年第 3 期。

［7］黄娟：《论中国消费潜力的质与量——基于人性需要视角》，《经济问题探索》2011 年第 3 期。

［8］黄娟：《我国居民基本需要的消费潜力估计》，《现代经济探讨》2014 年第 9 期。

［9］Sicular, T., et al., "The Urban-Rural Income Gap and Inequality in China", WIDER Working Paper Series, Vol. 53, No. 1 (2006).

［10］Yusuf, F., et al., "Household Consumption in China: An Examination of the Utility of Urban-Rural Segmentation", *Applied Demography in Century*, Vol. 27, No. 1 (2008). ［11］Taylor, A., Foster, J., "Migrant Workers and the Problem of Social Cohesion in Canada", *Journal of International Migration and Integration*, Vol. 16, No. 1 (2015).

［12］辛翔飞等：《中西部地区农户收入及其差异的影响因素分析》，《中国农村经济》2008 年第 2 期。

［13］卜森：《农村"留守人口"消费问题研究》，《农村经济》2012 年第 7 期。

［14］陈冲：《人口结构变动与农村居民消费——基于生命周期假说理论》，《农业技术经济》2011年第4期。

［15］王华：《"身体政治"与女性农民工》，《云南民族大学学报（哲学社会科学版）》2012年第1期。

［16］温涛等：《农民收入结构对消费结构的总体影响与区域差异研究》，《中国软科学》2013年第3期。

［17］卜靖、成丽敏：《中等收入阶段消费升级的国际经验》，《宏观经济管理》2013年第9期。

［18］王炳：《我国农村消费需求难以启动的深层原因及改善路径》，《消费经济》2012年第1期。

［19］李秀红：《西部地区农村消费市场困境及拓展对策研究》，《甘肃理论期刊》2015年第6期。

［20］闫星宇、高佳林：《基于消费潜力挖掘的江苏农村市场流通方式创新》，《商业经济研究》2015年第36期。

［21］董小麟、陈娟娟：《利用税收政策释放居民消费潜力的思考》，《经济纵横》2014年第7期。

［22］臧旭恒、贺洋：《初次分配格局调整与消费潜力释放》，《经济学动态》2015年第1期。

［23］王美艳：《农民工消费潜力估计——以城市居民为参照系》，《宏观经济研究》2016年第2期。

［24］贺洋、臧旭恒：《家庭财富、消费异质性与消费潜力释放》，《经济学动态》2016年第3期。

［25］张昊：《改善零售服务供给与挖掘居民消费潜力》，《商业经济与管理》2016年第11期。

［26］宋明月、臧旭恒：《不确定性、粘性信息的叠加效应与我国农村消费潜力释放》，《经济评论》2018年第3期。

［27］吴石英、马芒：《人口变动、消费结构与居民消费潜力释放——基于省际动态面板数据的GMM分析》，《当代经济管理》2018年第4期。

［28］仪明金等：《农村消费市场的潜力研究——基于1978—2010年的消费趋势分析》，《经济问题探索》2012年第4期。

［29］秦晓娟、孔祥利：《省域内农村居民消费潜能模型构建与实证研究》，《统计与信息论坛》2015年第11期。

［30］赵霞、何秀荣：《扩大内需的最大潜力在农村吗?》，《农业经济问题》

2010 年第 1 期。

　　［31］范剑平、向书坚：《我国城乡人口二元社会结构对居民消费率的影响》，《管理世界》1999 年第 5 期。

　　［32］范剑平、刘国艳：《我国农村消费结构和需求热点变动趋势研究》，《农业经济问题》2001 年第 1 期。

　　［33］李伟：《农民工城市融入问题研究综述》，《经济研究参考》2014 年第 30 期。

　　［34］朱信凯：《关于启动农村消费市场政策展望》，《农业展望》2009 年第 1 期。

　　［35］朱信凯：《扩大内需的最大潜力在农村》，《农业展望》2011 年第 5 期。

　　［36］陈溪泽、陈俊：《提升我国农村消费能力的措施探讨》，《当代经济》2013 年第 14 期。

　　［37］牛飞亮、杨恒芬：《云南省农村居民消费潜力分析》，《云南农业大学学报（社会科学版）》2013 年第 5 期。

　　［38］董小麟、陈娟娟：《利用税收政策释放居民消费潜力的思考》，《经济纵横》2014 年第 7 期。

　　［39］梁达：《顺应多样化趋势，释放居民消费潜力》，《宏观经济管理》2015 年第 3 期。

　　［40］余芳东：《扩大我国居民消费潜力的国际比较研究》，《统计研究》2010 年第 6 期。

　　［41］刘振中、吕欣：《挖掘消费潜能需要分群体施策》，《中国发展观察》2016 年第 16 期。

　　［42］王蕴：《新形势下如何进一步促进消费潜力释放》，《人民论坛·学术前沿》2019 年第 2 期。

　　［43］刘伟：《完善分配结构，释放消费潜力，转换增长动能》，《上海行政学院学报》2019 年第 1 期。

　　［44］孙小素、王培勤：《山西农民消费潜力分析》，《经济问题》2002 年第 4 期。

　　［45］杨清、魏永红：《甘肃农村消费市场的潜力分析及启动思路》，《甘肃农业大学学报》2004 年第 6 期。

　　［46］范金等：《江苏农村居民收入差距、消费差异与消费潜力研究——基于江苏农村细化 SAM 的乘数分析》，《系统工程理论与实践》2006 年第 11 期。

　　［47］牛飞亮、杨恒芬：《云南省农村居民消费潜力分析》，《云南农业大学学报

（社会科学版）》2013 年第 5 期。

［48］杨敬东：《潜人才学》，山西教育出版社 2004 年版。

［49］秦晓娟、孔祥利：《中国农村居民消费潜能测度及省域差异研究》，《经济经纬》2017 年第 3 期。

［50］张晓霞：《恩格尔系数与恩格尔定律的正确解读》，《华北金融》2006 年第 7 期。

［51］朱信凯、骆晨：《消费函数的理论逻辑与中国化：一个文献综述》，《经济研究》2011 年第 1 期。

［52］余永定、李军：《中国居民消费函数的理论与验证》，《中国社会科学》2000 年第 1 期。

［53］［英］威廉·配第：《赋税论》，华夏出版社 2006 年版。

［54］［英］亚当·斯密：《国富论》，商务印书馆 2014 年版。

［55］［英］大卫·李嘉图：《政治经济学及赋税原理》，商务印书馆 2013 年版。

［56］［法］魁奈：《魁奈经济著作选集》，商务印书馆 1981 年版。

［57］［瑞］西斯蒙第：《政治经济学研究》，商务印书馆 1989 年版。

［58］［德］马克思：《资本论》，三联书店 2009 年版。

［59］晏国祥：《消费者行为理论发展脉络》，《经济问题探索》2008 年第 4 期。

［60］［英］布莱克：《经济学的边际革命》，商务印书馆 2016 年版。

［61］李晓平：《关于边际效用理论的思考》，《财贸研究》1997 年第 4 期。

［62］［英］阿弗里德·马歇尔：《经济学原理》，华夏出版社 2013 年版。

［63］［美］萨缪尔森、诺德豪斯：《经济学（第 19 版）》，商务印书馆 2014 年版。

［64］刘飞：《炫耀性消费——凡勃伦与布迪厄比较》，《消费经济》2005 年第 3 期。

［65］［英］凯恩斯：《就业、利息和货币通论》，译林出版社 2011 年版。

［66］Duesenberry, J.S., *Income, Saving and the Theory of Consumption Behavior*, Cambirdge, Mass.: Harvard University Press, 1949.

［67］Modigliani, F., "Life Cycle, Individual Thrift, and the Wealth of Nations", *Science*, Vol.234, No.4777(1986) .

［68］Streissler, E., Friedman, M., "A Theory of the Consumption Function", *Econometrica*, Vol.28, No.1(1960) .

［69］邰秀军等：《中国农户谨慎性消费策略的形成机制》，《管理世界》2009 年第 7 期。

［70］龙志和、周浩明：《西方预防性储蓄假说评述》，《经济学动态》2000 年第 3 期。

［71］Deaton, A., " Saving and Liquidity Constraints", *Econometrica*, Vol.59, 1991.

［72］叶阿忠：《空间计量经济学》，厦门大学出版社 2015 年版。

［73］Elhorst, J.P., "Specification and Estimation of Spatial Panel Data Models", *International Regional Science Review*, Vol.26, No.3(2003) .

［74］Elhorst, J.P., "Dynamic Panels with Endogenous Interaction Effects When T is Small", *Regional Science and Urban Economics*, Vol.40, No.5(2010) .

［75］刘思峰等：《灰色系统理论及其应用（第 7 版）》，科学出版社 2017 年版。

［76］谢子远等：《农村居民消费倾向的变参数估计及其演化机理分析》，《数量经济技术经济研究》2007 年第 5 期。

［77］刘大勇：《中国农村居民消费倾向的区域特征分析》，《统计与决策》2011 年第 9 期。

［78］李玉明、杜春颖：《对不同地区农村居民消费倾向的研究》，《经济研究导刊》2012 年第 6 期。

［79］刘建国：《城乡居民消费倾向的比较与城市化战略》，《上海经济研究》2002 年第 10 期。

［80］方福前、张艳丽：《城乡居民不同收入的边际消费倾向及变动趋势分析》，《财贸经济》2011 年第 4 期。

［81］潘勇涛、卢建：《中国城乡居民消费倾向决定因素的实证研究》，《统计与决策》2013 年第 21 期。

［82］范剑平：《我国城乡居民消费结构的变化趋势》，《宏观经济研究》2000 年第 6 期。

［83］臧旭恒、裴春霞：《转轨时期中国城乡居民消费行为比较研究》，《数量经济技术经济研究》2007 年第 1 期。

［84］孔祥利、王张明：《我国城乡居民消费差异及对策分析》，《经济管理》2013 年第 5 期

［85］Carroll, C.D., et al., "Saving and Growth with Habit Formation", *American Economic Review*, Vol.90, No.3(2000) .

［86］Streissler, E., Friedman, M., "A Theory of the Consumption Function", *Econometrica*, Vol.28, No.1(1960) .

［87］Modigliani, F., Cao, S.L., " The Chinese Saving Puzzle and the Life‐Cycle Hypothesis", *Journal of Economic Literature*, Vol.42, No.1(2004) .

［88］ Hall, Robert E., "Stochastic Implications of the Life Cycle – Permanent Income Hypothesis: Theory and Evidence", *Journal of Political Economy*, Vol.86, No.6(1978) .

［89］ Dynan, Karen, E., "How Prudent are Consumers? ", *Journal of Political Economy*, Vol.101, No.6(1993) .

［90］ Carroll, C.D., Samwick, A.A., "How Important is Precautionary Saving? ", *Review of Economics and Statistics*, Vol.80, No.3(1998) .

［91］ Flavin, M.A., "The Adjustment of Consumption to Changing Expectations About Future Income", *Journal of Political Economy*, Vol.89, No.5(1981) .

［92］ 黄娟:《基于人性需要视角的中国消费潜力研究》, 江西财经大学博士学位论文, 2012 年。

［93］ 孙凤、王少国:《农民工消费能力研究》,《学习与探索》2013 年第 4 期。

［94］ 秦晓娟、孔祥利:《省域内农村居民消费潜能模型构建与实证研究》,《统计与信息论坛》2015 年第 11 期。

［95］ 踪家峰、周亮:《大城市支付了更高的工资吗?》,《经济学（季刊）》2015 年第 7 期。

［96］ 陈力源:《改革开放 40 年来我国农村居民收入增长演变与未来展望》,《价格月刊》2018 年第 11 期。

［97］ 农业部课题组、张红宇:《中国特色乡村产业发展的重点任务及实现路径》,《求索》2018 年第 2 期。

［98］ 姜百臣等:《社会保障对农村居民消费行为的影响机制分析》,《中国农村经济》2010 年第 11 期。

［99］ 范辰辰、李文:《 "新农保" 如何影响农村居民消费——以山东省为例》,《江西财经大学学报》2015 年第 1 期。

［100］ 沈毅、穆怀中:《新型农村社会养老保险对农村居民消费的乘数效应研究》,《经济学家》2013 年第 4 期。

［101］ 王静:《不确定性、社会保障对农村居民消费的影响研究》,《农村经济》2018 年第 7 期。

［102］ 卢洪友、张军:《中国公共品供给制度变迁与制度创新》,《财政研究》2003 年第 3 期。

后　记

　　岁月如梭，转瞬间五年已过，本书作为我主持国家社科基金项目（编号：14BSH067）的最终成果，即将为五年的课题研究画上句号。不忘初心，方得始终。作为一名西部地区高校的教师，基于对西部地区农村居民生活消费的长期关注，我将研究方向聚焦于西部地区农村居民消费问题。回想起五年来课题研究的点点滴滴，从课题的选题论证、申报修改、获批启动、实地调研、问卷统计、发表论文，最后到项目结题及书稿修订出版。一切皆历历在目，心中充满了感激之情。

　　首先，要感谢我的研究团队，他们分别是西安石油大学经济管理学院的王张明、杨晶、杨矗及李怡涵四位老师。本书具体分工如下：第一、二、三、七、八章及附录内容由王张明副教授撰写，第四章第1—2节内容由李怡涵博士撰写，第四章第3节及第五章内容由杨晶博士撰写，第六章内容由杨矗博士撰写，最后由王张明协助我完成全书的统稿与修订工作。研究团队中的四位成员皆为青年才俊，他们在承担繁重的教学科研工作之余，还有各自的家庭需要照顾。所以，课题的顺利完成与本书的出版，完全归功于他们的辛勤劳动和不懈努力。在此，表示深深的感谢，我也以拥有这样的研究团队为荣为傲。

　　其次，要感谢我的博士生导师——国家行政学院丁文锋教授、西北农林科技大学罗剑朝教授和陕西师范大学郭剑雄教授，几位专家学者的真知灼见和睿智思想，使我们的研究受益匪浅。同时，西安石油大学的吴文杰教授、唐娟丽副教授、毛毅博士、张珩博士以及我的研究生汪玥、鲁怡娜、王杜方玫和陈婕等人，都为课题研究和书稿完成，提出了宝贵意见和建议，在此一并致谢！

　　再次，我要感谢西安石油大学优秀学术著作出版基金和油气资源经济管理研究中心对本书的资助；感谢西安石油大学提供的研究平台以及经济管理学院良好的学术氛围。在此，还要特别感谢人民出版社曹春编辑的辛勤付出，你们辛苦了！

最后，要感谢我的家人！丈夫陕西师范大学孔祥利教授的醍醐之言与点睛之笔；儿子长安大学孔令达与儿媳西安交通大学张慧雯小伙伴的陪伴；还有我年迈的父母，他们的身体健康，就是对我最大的支持与帮助。谢谢，所有我爱和爱我的人们！

王君萍
2019 年 6 月 29 日

责任编辑:曹　春
封面设计:汪　莹

图书在版编目(CIP)数据

西部农村居民消费潜能释放研究/王君萍 等著. —北京:人民出版社,2020.8
ISBN 978－7－01－021698－0

Ⅰ.①西…　Ⅱ.①王…　Ⅲ.①农村-居民消费-消费力-研究-中国
　Ⅳ.①F126.1

中国版本图书馆 CIP 数据核字(2019)第 295083 号

西部农村居民消费潜能释放研究

XIBU NONGCUN JUMIN XIAOFEI QIANNENG SHIFANG YANJIU

王君萍 等 著

人 民 出 版 社 出版发行
(100706　北京市东城区隆福寺街 99 号)

北京盛通印刷股份有限公司印刷　新华书店经销

2020 年 8 月第 1 版　2020 年 8 月北京第 1 次印刷
开本:710 毫米×1000 毫米 1/16　印张:15.25
字数:232 千字

ISBN 978－7－01－021698－0　定价:88.00 元

邮购地址　100706　北京市东城区隆福寺街 99 号
人民东方图书销售中心　电话 (010)65250042　65289539